公司法实训教程

GONGSIFA SHIXUN JIAOCHENG

王德山　张长利　主编

撰写分工
王德山　朱　帝　张长利
牛　稼　王新鸽

法律出版社
LAW PRESS·CHINA

总　序

首都经济贸易大学的法学本科教育始于1983年。1993年开始招收经济法专业硕士研究生。2006年开始招收民商法专业硕士研究生。2011年获得法学一级学科硕士学位授予权,目前在经济法、民商法、法学理论、国际法、宪法与行政法等二级学科招收硕士研究生,同时招收法律硕士研究生。2013年设立交叉学科法律经济学博士点,同时招聘法律经济学、法律社会学等方向的博士后研究人员。三十多年来,经过几代法律人的薪火相传,首都经济贸易大学法学院已经形成了相对完整的人才培养体系。

为了更好地培养高素质、实务性的法律专门人才,首都经济贸易大学法学院组织编写了这套法学实训教材。这套法学实训教材的预期目标,在于培养学生的实践能力。既有的数量庞大的传统型法学教科书,注重传授体系化的基本概念、基本理论、基本知识。比较而言,这套法学实训教材更多地注重实践、实务与实用,更多地为学生提供有关法律的操作指南,特别注意培养学生把法律实务办好、办妥、办成的行动能力。为了实现这个目标,这套教材的各位作者尽可能依靠自己的教学经验与实务经验,尽可能根据法律实践的需求来安排教材的结构,尽可能模拟法律实务的过程来设计教材的内容。

这套法学实训教材不同于传统型法学教科书,但它只是传统型法学教科书的补充。它与传统型法学教科书的关系可以概括为:传统型法学教科书是源头与基础,这套法学实训教材是拓展与延伸。对于法学专业的学生来说,应当首先阅读、学习传统型法学教科书,弄清楚法学知识的基本架构,只有在此基础之上,才谈得上实践性的拓展与训练。打个比方,传统型法学教科书提供的训练,仿佛习武者必须积累的童子功,旨在让习武者的一招一式中规中距;这套法学实训教材提供的个性化训练,旨在让习武者的工夫能够学以致用,不至于总是停留在童子功的阶段。作为一套法学实训教材,就是因此而设立的。

喻　中

2015年11月30

首都经济贸易大学法学院

前　言

很多法学院校将法学本科人才培养目标定位于既具有基本理论知识又具有问题分析能力和实际操作能力的应用型人才。为了适应法律人才培养目标的要求，我们在公司法教材方面进行探索，力争使得教材尽量贴近和适合于人才培养目标要求，在讲授公司法基本制度和基本知识的基础上，更多地体现公司法的实际应用，让学生尽可能多地进行应用与实际操作训练，不但注重学习和掌握公司法基本制度和基本知识，而且更注重培养学生的实际操作能力，学中用，用中学，以培养具有实际操作能力、分析问题和解决问题能力的法律人才，提高学生的实际工作能力和知识应用能力。

根据公司法课程特点，我们在知识应用方面进行精心设计，采取公司法模拟运营教学模式，即在课程教学活动中，将公司法课程教学实践化，从公司设立、公司运行，直到公司终止，根据公司法中的不同内容，开展实际应用教学活动。本教材总体分两大部分，第一部分是基本知识和基本原理的讲授，是学生对公司法必须要掌握的基本内容，内容力求简明扼要。第二部分是应用操作训练，即根据本节内容，设置不同的训练形式，对所学知识一一进行实际操作训练，目的是让学生学以致用。此外，一些章节后面附上了一些辅助资料，一方面使学生对相关实务知识有一感性认知，另一方面便于学生训练参考。总之，让学生在理论与实践相结合的环境下主动、灵活地接受公司法知识，解决实际问题，达到学以致用的目的。

本教材共十一章，分别由各位作者编写，最后由王德山、张长利通稿。在编写过程中，作者参考了广大同人已有的科研成果，在此我们向您表示衷心的感谢。由于作者水平有限，难免出现这样或者那样的不妥之处，敬请读者批评和指正。

笔　者

2015年9月

目　　录

第一章　公司与公司法知识与应用

第一节　公司的概念和特征

【基础知识】

一、公司的概念

我国《公司法》既没有对公司给出统一的定义，也没有对有限责任公司和股份有限公司分别作出界定。《公司法》第 2 条规定："本法所称公司是指依照本法在中国境内设立的有限责任公司和股份有限公司。"该条仅仅说明公司法调整的公司类型，未反映出公司的本质。而第 3 条第 1 款规定："公司是企业法人，有独立的法人财产，享有法人财产权。公司以其全部财产对公司的债务承担责任"；第 2 款为"有限责任公司的股东以其出资额为限对公司承担责任。股份有限公司的股东以其认购的股份为限对公司承担责任。"这些规定反映出有限责任公司和股份有限公司的本质特征。

根据我国《公司法》的相关规定，公司是指依照法律规定，由股东在中国境内出资设立，股东以其认缴的出资额或认购的股份为限对公司承担责任，公司以其全部财产为限对公司债务承担责任的企业法人。简言之，公司是依法设立的以营利为目的的企业法人。

二、公司的特征

（一）公司以营利为目的

对法人的分类有很多种，如按照成立目的分类有公益法人和营利法人之分，而公司应当属于营利法人。《民法通则》将法人分为企业法人、机关法人、事业单位法人和社会团体法人，公司应当属于企业法人。

公司是以营利为目的的法人。设立公司的宗旨就是为了获取利润，这是公司与其他法人在设立目的上的本质区别，是其他种类法人所不具有的特征。我国《公司法》中虽然没有将公司明确表述为"以营利为目的"，但从《公司法》第 3 条"公司是企业法人"的规定中可以得出公司的营利性特征。在法律上，区分一个机构属营利性或非营利性的基本标准是出资者或股东是否分配利润。出资者或股东可依法分配利润的是营利性机构，依法不得分配盈余的则属于非营利性机构。[1] 由此不难得出，公司属于“以营利为目的”的法人。

公司为了实现股东的利益、延续公司自身的生存与发展，以等价有偿及等价交换为原则，从事营利性的经营活动。“有限责任公司或股份有限公司必须是纯粹经营性的公司”，不应具有任何其他职能。[2] 《公司法》第74条规定，公司“连续五年不向股东分配利润，而公司该五年连续盈利，并且符合本法规定的分配利润条件的”，在股东会上投反对票的股东，有权请求公司购回其持有的股权。上述规定印证了我国公司法对公司的营利性特征所提出的要求。

当前国内有些经济组织虽不被称为公司，但其性质却符合公司的法律特征。因此，它们实质上应当属于公司的范畴，受到公司法的调整，如商业银行等。但在法律适用上，如该经济组织存在特别法规定，则优先适用特别法规定。例如，商业银行应当优先适用《商业银行法》，中外合资经营企业则优先适用《中外合资经营企业法》。

实践中，还有某些组织虽然可以通过自身活动“挣钱”，但其本身不以营利为目的，也不得向出资者、举办者、成员分配收益，如学校、医院等。对于这类组织，我们不将之作为商事组织和商人看待。但我国法律为了鼓励投资教育事业、公益事业，允许出资人取得一定的回报。[3] 对于公司以营利为目的的内在原因，一方面，股东的投资目的是公司设立的内在动力，而股东向公司出资的基本目的是获取利润，股东投资目的决定公司盈利性质；另一方面，公司欲生存与发展要求其必须获利。公司以股东的原始出资作为公司的运营本金，其今后的生存和发展完全依靠公司的营利性活动，如果公司不能赚取利润，股东投资的本金最终也会消耗殆尽。

当然，这里说的盈利只是公司运营目的，而非必然结果。一个公司在实际的运营过程中是否获利取决于方方面面，事实上有不少公司并未达到其目的，但并不会因为部分公司的亏损乃至破产而丧失公司“以营利为目的”的特征。

以营利为目的是公司的本质特征。同时，依据《公司法》第5条规定，公司的经营者在实现公司利益最大化的同时，应当承担相应的社会责任，必须遵守法律、行政法规，遵守社会公德、商业道德，诚实守信。

---

[1] 史际春：《企业和公司法》，中国人民大学出版社2014年版，第2页。

[2] 江平主编：《新编公司法教程》，法律出版社1994年版，第26页。

[3] 《民办教育促进法》第51条规定：“民办学校在扣除办学成本、预留发展基金以及按照国家有关规定提取其他的必需的费用后，出资人可以从办学结余中取得合理回报。”

（二）公司是独立的法人

公司是具有独立法人资格的组织，其法人资格受到大陆法系和英美法系一致确认。我国《公司法》第3条规定："公司是企业法人。"其他国家公司法也有类似规定，如日本《商法》第二编第54条规定："公司为法人"，法国《商事公司法》第5条规定："商事公司自在商业和公司注册簿登记之日起享有法人资格。"

法人资格将公司与同样具有营利性或社团性的组织区别开来，如合伙企业以及独资企业等。公司之所以能够成为独立的法人，是因为公司具备了独立法人条件。

1. 公司依法设立

公司是市场经济运行中重要的民事主体。为了保障交易的安全，保护债权人的利益，维护社会公共利益，设立公司必须具备法定的条件，履行法定的程序，才能取得法律的认可，受到法律的保护。法律规定了统一的公司设立条件和程序，公司设立的规范包括实体法和程序法两个方面。实体法方面，除《公司法》外，还包括其他相关的法律、法规，如设立银行或其他金融机构、中外合资公司等，不但要遵守《公司法》的规定，还要遵守相关的法律、行政法规的规定；程序法方面，除《公司法》外，还有其他诸多法律、行政法规，其中对公司设立程序做出专门规定的是《中华人民共和国公司登记管理条例》（以下简称《公司登记管理条例》），以及工商行政管理部门发布的一系列规章等。

2. 公司有名称、住所和组织机构

拥有自己的名称、住所和组织机构，一方面是法人必须具备的条件之一；另一方面，公司参与经营活动，客观上也必须具备这些要件，否则交易相对人就无法辨别，公司也无法独立享有权利和承担义务。公司作为组织，其运行需要法人机关，所以，公司设置有股东（大）会、董事会、监事会和经理等组织机构。

3. 公司有自己独立的财产

公司作为一个独立的经营主体，为了从事经营活动，承担民事责任，必须有与其经营规模相适应的财产。我国现行《公司法》虽然取消了公司资本最低限额要求，但并不意味着公司就无财产，无论从公司的生产经营，还是从公司的法人人格来讲，必须拥有相应的财产。

4. 公司独立承担民事责任

公司独立承担民事责任，是法人资格的具体体现。公司和股东是两种不同的民事主体，公司的责任独立于股东。股东对公司的责任仅限于出资，对公司的债务不直接承担法律责任。所以公司的债务只能由公司承担，公司以其全部财产为限进行清偿，而不能要求股东以其财产承担。如果公司资产不足以清偿到期债务，将依法被宣告破产。至于股东滥用公司人格等特定情况下，判令股东对公司的债务直接承担责任的“刺破公司面纱”制度，仅是股东有限责任的例外。

（三）公司是社团性法人

社团性或者团体性是公司这一法人组织的固有属性。大陆法系按照法人成立的不同基础，将法人区分为社团法人和财团法人，公司属于社团法人。社团性，是指公司应当由两个或两个以上的成员集合组成，即以其成员的组合为成立基础。公司的成员，也就是股东，可以是自然人，也可以是法人。多数国家早期公司法对公司设立的股东最低人数都有限制，根据不同的公司种类，其人数限制各有不同，一般都为两人以上。

随着社会经济的不断发展，“一人公司”在公司立法上逐步得到确认，对公司社团性的特征造成冲击。但公司的社团性不应因一人公司的出现而被否定，公司股东的数量随其出资或股份转让而变化，因此不能以成员数量作为衡量标准。一人公司仍是由成员所组成，尽管公司成员只有一人，但其社团性并未发生本质性变化。

三、公司与其他企业的关系

生活实践中，人们常常将公司与企业这两个概念并列使用，但事实上公司仅是众多企业组织形式中的一种。西方国家根据责任标准，将企业区分为公司、合伙企业和个人独资企业，形成了完整的企业体系。

我国按照企业所有制性质的划分标准，将企业区分为国有企业、集体企业、民营企业（私营企业）、外商投资企业、混合企业（即投资主体多元性）等，并分别颁布实施了相关的法律、法规。该种划分标准是适应于我国社会主义公有制的经济制度，但同时导致企业间的法律地位不平等、不同企业所享受的待遇大不相同，在市场经济体制下难以进行公平竞争。我国现已打破了原来按企业所有制性质的划分标准，并且先后颁布实施了《公司法》、《合伙企业法》和《个人独资企业法》。

【应用操作训练】

训练目的

通过实际操作训练，加强对公司基本特征和公司法最基本法律制度的理解和掌握，培养实际操作能力、分析问题、解决实际问题和创新能力，能够做到将所学知识应用于实践。

【操作训练一】

训练形式：法律咨询，提供法律意见和建议

训练素材

张某、李某是某村村民，看到本村周边很多人建养猪场等，于是两人商量开办一家饲料加工企业。他们两人资金不是很充足，只能拿出10万元，听说有个人独资企业、合伙企业、公司等很多形式的企业，但对各种企业并不了解，不知道开办一个什么性质的企业相对合适。因此，他们到某律师事务咨询以下问题：(1)各种不同类型的企业究竟有什么区别？(2)他们担心企业经营失败会搞的倾家荡产，所以要求是不想连累家人，不能风险太大。因此，他们想了解成立个人独资企业、有限责任公司、股份有限公司还是合伙企业更为合适？(3)有很多村民愿意出钱一起办企业。他们两人钱不多，所以是否可以通过向村民发行股票，筹集资金？

训练要求

请你作为律师，对他们的问题一一进行详细解答，并给出法律意见和建议。要求简明扼要，回答问题清晰，并提供一份法律意见书。

【操作训练二】

训练形式：案件评论、撰写法律文书

训练素材

某广告公司由三个股东共同出资设立。张甲出资50万元，张乙出资45万元（张甲之弟），张丙出资5万元（张甲之子）。张甲为公司法定代表人。2009年6月，某广告公司与印刷厂签订印刷合同，合同约定，由印刷厂为广告公司印刷某杂志。之后，印刷杂志的印刷费共35万元，但广告公司仅付15万元，尚欠20万元。2010年5月，张甲给印刷厂出具付款保证书，保证所欠款项将在2010年12月底付清。

2012年3月，广告公司仍未付款。印刷厂在追债过程中发现广告公司偿债能力有限，担心即便将来赢了官司也拿不到钱，但公司的股东有钱有房。于是印刷厂第一次向法院提起诉讼，被告为张甲、张乙和张丙，要求三被告偿付印刷款，理由是三被告是广告公司的出资人和受益人，因此应当偿付公司所欠债务。但在法院开庭审理前，经法院许可，原告撤诉。之后不久印刷厂第二次向法院起诉，被告改为广告公司和张甲，要求二被告连带偿付印刷款。理由是广告公司拖欠印刷款，理应付款；张甲既是公司第一大股东又是公司法定代表人，所以应当承担连带责任。

训练要求

请你根据原告印刷厂的诉讼请求和其提出的事实与理由，并根据相关法律规定，对原告两次提起的诉讼进行详细分析并作出评论。(1)请厘清本案的法律关系，就原告两次起诉的被告以及针对他们提出的诉讼请求、请求的理由，你

认为能否得到法律上的支持？请依据法律规定和公司法理论给予详细分析。(2)请你作为法官，针对原告两次起诉的诉讼请求各撰写一份民事判决书。(3)如果你是原告的律师，就你目前所学公司法知识，请你提出本案的诉讼被告，并根据你的设计方案，为原告撰写一份民事起诉状。

【操作训练三】

训练形式：课堂讨论、法律咨询、法律意见书

训练素材

上海华龙电器公司（以下简称上海公司）诉珠海南方贸易公司（以下简称珠海公司）货款纠纷一案，经法院判决，珠海公司应向上海公司立即支付货款2600万元。但因珠海公司经营陷入困境，无力支付货款。上海公司经多方查询了解到，珠海公司与澳门另两家公司三方出资设立了一家珠澳国际电器有限公司（以下简称珠澳公司），并在其中投资600万美元，拥有40%的股权。珠澳公司成立后，基本上没有开展经营活动，其名下也没有多少货币资金和其他有形资产。但该公司却在上海投资，与当地的金龙城建公司合资设立了中外合资东方房地产开发有限公司（以下简称房地产开发公司），珠澳公司在该公司投资1000万美元，拥有股权30%。房地产开发公司在某地开发建设一个名为"东方大厦"的高档写字楼。上海公司知悉该写字楼已基本完工并正在热销后，便立即申请法院对该楼尚未出售的价值约3000万元的楼层进行查封并申请将其强制执行，用于执行珠海公司所欠货款。法院根据上海公司的请求予以查封，并准备强制执行。

房地产开发公司咨询：上海公司依法是否有权申请执行我公司投资建设的"东方大厦"写字楼？上海公司依法可以申请执行珠海公司的什么财产？

训练要求

(1)针对上述案情，根据公司法基本原理和法律规定解答房地产开发公司提出的问题。(2)请各位同学向房地产开发公司出具一份书面的法律意见书（或者执行异议申请书）。(3)根据本案反映出的情况，珠海公司的哪些财产可供执行？

附:法律意见书

江苏和忠律师事务所
法律意见书[1]

和忠(2010)意字第××号

某某电器股份有限公司:

江苏和忠律师事务所为中华人民共和国司法行政机关依法批准、合法设立的在中华人民共和国境内具有从事法律服务资格的律师执业机构。现本所应贵司要求,指派本所律师就贵司与江苏A科技发展有限公司和江苏A电讯实业有限公司买卖合同货款纠纷案的相关问题,出具本法律意见书。

一、本所律师出具本法律意见书的主要事实依据:

(1)江苏A科技发展有限公司起诉贵司的《民事起诉状》;

(2)江苏A电讯实业有限公司起诉贵司的《民事起诉状》;

(3)贵司出具的《关于我司与江苏A公司货款纠纷案的后续处理意见报告》;

……

二、本所律师出具本法律意见书的主要法律依据:

(1)《中华人民共和国民法通则》;

(2)《中华人民共和国合同法》;

(3)《中华人民共和国民事诉讼法》;

(4)最高人民法院《关于民事诉讼证据的若干规定》;

(5)《中华人民共和国增值税暂行条例实施细则》。

三、事由

江苏A科技发展有限公司、江苏A电讯实业有限公司诉贵司的买卖合同纠纷案件,业经南京市某区人民法院受理,目前仍在诉讼一审阶段。

江苏A科技发展有限公司诉称:江苏A科技发展有限公司一直向贵司供应手机及配套产品,贵司尚欠自200×年×月至200×年×月22日期间的货款99,580元,且其已于200×年×月10日后停止供货,贵司应予归还质保金20,000元。综上,贵司应合计返还其119,580元。

为证明以上事实,江苏A科技发展有限公司提交了部分增值税发票和一张

---

[1] 摘自彭承发:《法律意见书范本》(本书对内容有省略),载 http://www.66law.cn/lawwrit/7318.aspx,最后访问日期:2014年5月20日。

售后服务费《收据》作为证据。

四、本律师发表的法律意见

根据上诉事实，本所律师认为，如果继续诉讼，需要厘清以下问题：

首先，若是能够找到主合同，且主合同中约定为代销关系，则贵司与江苏A科技发展有限公司对于库存货物的结算可以根据合同约定来解决；如果没有约定，在代销关系终止后，贵司作为受托人，应将尚未售完的库存货物返还给委托人。

目前，本所律师并不知悉江苏A科技发展有限公司举证期限是否届满，若未届满，则不排除其仍有补充提交相关证据材料的可能，加之法院对举证期限的要求并不严格，即当前尚不能确定其最终会提交何种证据材料。

其次，若其最终仍未补充提交证据材料，则法院能否仅仅根据"往来增值税专用发票并已合法抵扣"即判定双方为购销合同关系呢？

本所律师认为，根据《中华人民共和国增值税暂行条例》规定，作为增值税征税范围内的销售货物，包括一般的销售货物、视同销售货物和混合销售等几种情况。所谓视同销售货物，是指某些行为虽然不同于有偿转让货物所有权的一般销售，但基于保障财政收入，防止规避税法以及保持经济链条的连续性和课税的连续性等考虑，税法仍将其视同为销售货物的行为，征收增值税。其中，将货物交付他人代销也是视同销售货物的行为，同样需要开具增值税专用发票。

因此，增值税发票也并不能排他性地证明合同性质必然是购销合同。需要结合其他因素综合判断合同性质。

……

综上，本所律师认为，在找到主合同以前，建议以调解结案的姿态请求法院协调，若能按照贵司出具的《关于我司与江苏A公司货款纠纷案的后续处理意见报告》中陈述的调解方案谈判[即对方同意在不要求贵司返还库存的前提下，在10万元以内（注：具体数额请领导批示）一次性解决贵司与其众多关联公司（还包括未进入诉讼程序的百德公司）的所有货款纠纷]。可以考虑接受！

提示：若对方（包括但不限于江苏A科技发展有限公司、江苏A电讯实业有限公司、百德公司）提出的一次性打包解决所有货款纠纷，贵司能够接受，则建议可由其他相关公司（包括江苏A电讯实业有限公司、百德公司等）向贵司出具《债权转让通知书》，待债权集中于江苏A科技发展有限公司名下后，由贵司与江苏A科技发展有限公司通过协商一并解决。

五、声明与承诺

（1）本法律意见书所载事实来源于本法律意见书出具之日前贵司的陈述和贵司提交的相关材料。贵司应保证，已向本所律师提供了出具本法律意见书所必需的全部有关事实材料，并且提供的所需文件均真实、合法、有效、完整，并无任何虚假记载、误导性陈述或重大遗漏，文件上所有的签名、印鉴均为真实，所有的复印件或副本均与原件或正本完全一致。若在本法律意见书出具后，贵司发现新的证据材料或者案件有新情况发生，请及时与本所律师联系，本所律师将根据新的证据材料和新的进程重新制作《法律意见书》。

(2)本法律意见书中对有关对账单、财务报告、处理意见报告中某些内容的引述，并不表明本所律师对该等内容的真实性、准确性、合法性作出任何判断或保证。

(3)本法律意见书仅根据并依赖于本法律意见书出具之日公布并生效的相关法律、法规，并参照部门规章等本国的法律、法规、规章出具。本所不能保证在本法律意见书出具之后所公布生效的任何法律、法规、规章对本法律意见书不产生影响。

本所律师已经严格履行了法定职责，遵循了勤勉、尽职、诚信的执业原则，由于本意见书的出具涉及对法官自由裁量权的评价，而法官依据自由裁量权最终作出何种判决并非律师所能掌控。对此，特提示贵司对本意见持审慎采信态度。

本文件仅应贵司要求，供贵司参考，切勿外传。

江苏和忠律师事务所

律师：彭承发

二〇一四年五月十四日

第二节　公司法人人格否定制度

【基础知识】

一、公司法人人格概述

公司虽然由股东出资设立，但一旦成立，便成为具有独立法人资格的民事主体，公司以其所有资产为限对债权人承担责任。股东缴足出资后，即对公司法人完成了应尽义务。之后，公司可以根据股东会决议，独立开展经营活动，并以自身所有的财产对外独立承担责任，如果没有特殊情况，股东无须对公司的债务承担超过其出资范围的责任，债权人不能向股东追讨债务，而只能向公司进行追偿。

公司法人人格独立,股东以出资额为限对公司承担责任,可以内在地刺激股东投资,降低股东投资风险,方便了股东出资办企业,为经济发展作出了巨大贡献。但是,股东滥用公司法人人格独立制度的行为时常发生,既侵害了公司债权人的合法利益,又违背了法人人格独立这一制度设立的初衷。因此,在立法上和司法实务中便产生了公司法人人格否认制度。

二、公司法人人格否定的定义与特征

(一)公司法人人格否定的定义

公司法人人格否定,又称揭开公司面纱、刺破公司面纱,即在承认公司具有法人人格的前提下,在特定法律关系中对公司人格及股东有限责任加以否定,以规制股东滥用公司人格及股东有限责任,保护公司债权人及社会公共利益。

公司人格否定制度,起源于19世纪末的美国。在"美国诉密尔沃基冷藏运输公司"案中,美国法院建立起这一规则:除非有充分的反对理由,原则上公司法人的独立人格是被承认的。但法人的独立人格若被用来损害公共利益,使其不法行为正当化,进而保护欺诈,成为掩盖犯罪行为的工具,法院将会考虑"无视公司人格的单一实体性"而直接追究股东个人责任,以防止欺诈和实现平衡。

我国《公司法》第20条第1款规定:"公司股东应当遵守法律、行政法规和公司章程,依法行使股东权利,不得滥用股东权利损害公司或者其他股东的利益;不得滥用公司法人独立地位和股东有限责任损害公司债权人的利益。"第3款规定:"公司股东滥用公司法人独立地位和股东有限责任,逃避债务,严重损害公司债权人利益的,应当对公司债务承担连带责任。"由此可知,公司人格否认制度在于防范滥用公司法人独立人格和有限责任来逃避义务和责任,并不是对公司法人制度的否认,而是对这一制度的严格恪守,以便保护债权人的合法权利,维护公共利益和社会的正义、秩序和效益。

(二)公司法人人格否定制度的特征

1. 公司已合法取得法人资格

公司需依法设立,成为名副其实的具有独立人格的法人,其独立人格才有机会被滥用,法人人格否定制度才需要适用以维护公平正义。只有依法设立的公司法人才能成为法人人格否定的对象。这也是法人人格否定制度与法人瑕疵设立的责任制度相区别的基本依据。

2. 股东滥用公司人格

法律赋予了公司独立的人格,股东依法享有有限责任。但股东享有权利的同时,必须维护公司的独立人格,其行为必须符合法律规定。如果股东无视公司的行为规范,滥用公司人格,侵害了债权人的合法权益或社会公共利益,客观上已实施有悖于债权人利益或社会公共利益的行为,背离了公司制度的社会性和公共性,有悖于法律上设置股东有限责任制度的初衷,此时有必要给予矫正和惩处。

3. 对公司人格的个案否定

对法人人格的否定不是对公司人格彻底的、终极性的否定,不是对公司人格永久性地剥夺,而是在特定的法律关系中对公司人格暂时的否定,是法官在个案中判令滥用公司人格的股东对公司的债权人承担责任,但不因此而否定公司在其他方面还是独立的法人。在其他的法律关系中,如果没有法律规定取消公司人格的情形出现,公司人格将继续存在。另外,需要特别说明的是,判令股东对公司债务承担责任,仅限于滥用公司法人人格的股东,并不株连其他无辜的股东。

三、公司法人人格否定的条件

(一)适用对象必须是公司法人

公司法人人格否定的对象必须是按照法定条件和法定程序取得法人资格的公司。滥用法人人格行为,使公司法人丧失独立人格,股东在公司独立人格制度之下为所欲为,侵害公司债权人合法利益,甚至可能侵害社会公共利益。

(二)必须有损害事实存在

当滥用公司法人独立人格行为对公司债权人造成损害时,才有适用法人人格否定的必要性,否则将导致法人人格否认制度的滥用,从而违背建立这一制度的宗旨。尽管股东有滥用公司法人人格的行为,但并未给债权人造成损害,则不适用公司法人人格否定。

(三)行为与结果之间必须有因果关系

股东滥用法人人格行为与债权人实际损害之间必须有一种内在的必然联系,即二者之间存在因果关系,否则就不能适用法人人格否定制度。

(四)滥用法人人格行为必须存在规避法定或约定义务的主观恶意

滥用法人人格行为,就其实质而言是故意利用一个其控制的法人实体来规避法律规定或约定的义务,过失不应导致法人人格否认制度的适用。但由于受害人举证滥用法人人格行为存在故意非常困难,学者逐渐选择放弃这一条件。

四、公司法人人格否认的情形

我国《公司法》虽然规定了公司法人人格否定制度,但并未明确列举公司法人人格否定适用的具体情形,因此,法官对于在何种情形下可以认定股东滥用公司人格,并判令股东对公司债权人承担责任具有一定的自由裁量权。关于股东滥用有限责任的情形很多,学者对此多有归纳,如公司资本显著不足、股东与公司的人格混同、股东对公司进行不正当支配和控制等情形。

最高人民法院《关于适用〈中华人民共和国公司法〉若干问题的规定(三)》(以下简称《公司法解释三》)第13条规定:公司债权人请求未履行或者未全面履行出资义务的股东在未出资本息范围内对公司债务不能清偿的部分承担补充

赔偿责任的，人民法院应予支持；未履行或者未全面履行出资义务的股东已经承担上述责任，其他债权人提出相同请求的，人民法院不予支持。第 14 条规定："股东抽逃出资，公司或者其他股东请求其向公司返回出资本息、协助抽逃出资的其他股东、董事、高级管理人员或者实际控制人对此承担连带责任的，人民法院应予支持。公司债权人请求抽逃出资的股东在抽逃出资本息范围内对公司债务不能清偿的部分承担补充赔偿责任、协助抽逃出资的其他股东、董事、高级管理人员或者实际控制人对此承担连带责任的，人民法院应予支持；抽逃出资的股东已经承担上述责任的，其他债权人提出相同请求的，人民法院不予支持。

需要说明的是，出于对一人有限责任公司的特别规制，我国《公司法》第 63 条规定："一人有限责任公司的股东不能证明公司财产独立于股东自己的财产的，应当对公司债务承担连带责任。"根据该规定，对于一人有限责任公司法人人格否定采用举证责任倒置，即如果债权人主张适用公司法人人格否定，只要股东不能证明公司财产独立于股东自己的财产的，就要对公司债务承担连带责任。

【应用操作训练】

训练目的

通过同学们的实际操作，加深对公司法人人格否认制度的理解和掌握，掌握其基本知识和基本原理，培养学生们的独立思考能力和实际应用能力，将所学知识运用于社会实践中，为解决实际法律问题打下坚实基础。

训练形式：法律咨询、模拟法庭、撰写法律意见书

训练素材

2012 年 1 月，郑某一人出资 50 万元，注册成立了冬雨包装一人有限责任公司（以下简称包装公司）。公司注册资本一次性全部缴纳。郑某任执行董事、法定代表人。

2012 年 2 月，包装公司与台州鞋业有限责任公司（以下简称鞋业公司）签订了土地使用权及地上建筑物买卖合同。合同约定，鞋业公司将其拥有的土地使用权及地上建筑物转让给包装公司，总价款 1300 万元，同时约定包装公司预付定金 300 万元，办理土地使用权过户手续当日支付剩余款项。

合同订立后，包装公司向郑某借款 250 万元，另加公司自有的 50 万元共计 300 万元交付给鞋业公司。

为了筹集剩余的购地款，2 月 29 日，包装公司与梁某签订了 500 万元借款合同，借款期限 1 个月，即 2012 年 3 月 2 日至 4 月 3 日。按照借款合同约定，梁某将 500 万元打入包装公司的账户，郑某将该 500 万元转入个人账户。同时，包装

公司再次向郑某借款500万元。之后，郑某将借的500万元从银行取出，加上其本人借给公司的500万元，共计1000万元以现金形式交付给鞋业公司。

同年4月20日，应鞋业公司的债权人甲公司申请，法院将鞋业公司拥有的土地使用权及地上建筑一同拍卖，所得全部款项偿付给甲公司，致使包装公司与鞋业公司签订的买卖合同无法履行。鞋业公司的法定代表人携款逃跑且不知去向。

4月3日，包装公司与梁某的借款合同到期后，梁某多次催要，包装公司无力归还。梁某也曾要求郑某归还该笔借款，但郑某提出该笔借款是包装公司借款，与其无关，而且自己前后两次借给了包装公司750万元，经济损失巨大，故拒绝偿还该500万元借款。

现债权人梁某向律师咨询，包装公司无钱无财产，没有还款能力，而公司股东郑某也不同意还款，该怎么办？郑某也向律师咨询相关法律问题，主要是其个人是否有义务替公司还款，如果要起诉他个人，要求其还款，他该怎么办？

训练要求

(1)请你分别作为梁某和郑某的咨询律师，为其解答和分析相关法律问题，提供法律意见和建议；(2)举办模拟法庭；(3)请为债权人梁某写一份民事起诉状；(4)假设债权人梁某起诉郑某，要求郑某归还借款，请你写一份答辩状；(5)请你作为本案法官，写一份判决书。

第三节　公司的分类

【基础知识】

一、公司类型概述

为了明确不同公司的法律地位，研究公司与股东的法律关系，规范公司及股东的行为，立法和学理研究依据不同的标准，对公司进行了多种分类。

对公司的分类包括立法上的分类和学理分类。大陆法系在立法上的分类普遍是依据股东对公司所负责任，将公司分为无限公司、有限公司、两合公司、股份有限公司等。学理上依据不同的标准对公司做出了多种分类，如按照公司成立的信用基础不同，将公司分为人合公司、资合公司、人合兼资合公司。立法分类直接指导公司的设立、运转等，学理分类虽然没有直接在公司立法上反映出来，但对于公司立法具有十分重要的指导意义。

在英美法系国家，理论上还将公司分为封闭公司和开放公司。封闭公司（英国称 private company，美国称 close corporation），也称不上市公司、少数人公司、私公司，是指公司股东人数不多、股东股权转让受限制，公司股份不得公开募集、上市流通的公司。公开公司（public corporation），也称上市公司、多数人公司、公众公司，是指公司股东人数较多、股东股权转让不受限制，公司股份可以公开募集、上市流通的公司。[1] 学界多数学者认为，封闭公司性质类似于大陆法系的有限责任公司，公开公司性质类似于大陆法系的股份有限公司。但两者之间仅仅是类似，并非完全等同。

二、无限公司、两合公司、有限公司、股份有限公司

依据股东对公司所负责任的标准，将公司划分为无限责任公司、有限责任公司、两合公司、股份有限公司、股份两合公司。在上述五种公司类型中，有限责任公司和股份有限公司是目前实务中最主要的组织形式，而无限公司、两合公司和股份两合公司则并不多见。我国《公司法》也只对有限责任公司和股份有限公司做出了相应的规定，因此，我国实践中仅有该两种组织形式的公司。

（一）无限责任公司

无限责任公司（无限公司），指由两个或两个以上股东共同出资设立，股东对公司债务承担无限连带责任的公司。无限责任公司的股东对公司债务不以其出资额为限，当公司财产不能清偿公司债务时，股东将另行以其个人财产承担责任。无限公司股东的出资方式与合伙企业一样灵活多样，可以是货币、知识产权、土地，还可以是债权、信用、劳务等，只要其他股东同意，法律上对出资不作限制性规定。除此之外，无限公司对任何一个股东均可以对外代表公司执行公司业务。如法国《法国民法典》中《商事公司法》第 12 条规定："所有股东均是经理，但章程作相反规定的除外。章程可指定一名或若干名股东或非股东为经理。"[2] 但其单方的代表行为不得对抗第三人。[3]

无限公司是典型的人合公司，公司信用是建立在股东个人的信用基础之上的，股东对公司债务承担无限责任。除此之外，无限公司股东出资的转让、入股、退股均有严格限制，因为无限公司强调股东间的相互信任。正因无限公司的上述特点，决定了其股东人数少、规模不大的特性。

（二）两合公司

两合公司，是指由无限责任股东与有限责任股东所组成，无限责任股东对公司债务承担无限连带责任，有限责任股东对公司债务仅以其出资额为限承担有

---

〔1〕 徐燕：《公司法原理》，法律出版社 1997 年版，第 99 页。

〔2〕 卞耀武主编：《当代外国公司法》，法律出版社 1995 年版，第 378 页。

〔3〕 卞耀武主编：《当代外国公司法》，法律出版社 1995 年版，第 378 页。

限责任的公司形式。我国《合伙企业法》也规定了与之类似的有限合伙。

两合公司是一部分股东参加经营且承担无限连带责任，另一部分股东只以出资额为限承担有限责任，两种责任股东同时存在的公司形式。它的出现为拥有大量资本却不愿参与经营、承担过多风险的资本家、银行家对无限公司的投资找到了一个渠道。[1] 因为两种股东的责任风险不同，在两合公司中，无限责任股东对内执行公司业务，对外代表公司，而有限责任股东则不得执行公司业务，仅仅享有一定的监督权，如查阅公司账簿、了解公司的业务财产状况等权利。当有限责任股东参与了执行业务活动，或其行为足以使第三人误认其属于无限责任股东时，则该有限责任股东必须就其行为和进行的活动对第三人承担与无限责任股东相同的责任。除此之外，有限责任股东还不受到竞业禁止的限制。

除上述两合公司之外，一些国家的公司法还有股份两合公司的相关规定，即股份公司中有无限责任股东的公司形式。股份两合公司是股份公司与无限公司的融合，其本质仍属于股份有限公司。

(三)有限责任公司、股份有限公司

有限责任公司，是指由法定数量的股东依法设立的，股东以其所认缴的出资额为限对公司承担责任，公司以其全部资产对其债务承担责任的企业法人。

股份有限公司，又称股份公司，是指公司资本分为等额股份，并通过发行股票筹集资本，股东以其所认购的股份为限对公司承担责任，公司以其全部资产对公司债务承担责任的企业法人。

有关有限责任公司和股份有限公司的其他具体内容，将在其他章节中阐述。

三、人合公司、资合公司、人合兼资合公司

大陆法系国家的学者按照公司信用基础的不同，将公司分为人合公司、资合公司、人合兼资合公司。该种划分是学理上的一种分类。

(一)人合公司

人合公司，指以股东的个人信用为公司信用基础的公司。无限公司是典型的人合公司。在人合公司中，股东承担无限连带责任，当公司财产不足以清偿公司债务时，股东应以其个人财产清偿公司债务，因而这种公司对外从事交易时，其信用状况及实力并不在于公司的资产多少，而在于股东个人的信用及实力。再者，由于股东之间承担连带责任，股东彼此之间的信任与了解更显重要。因此，人合公司是一种人的结合而不是资本的结合。

(二)资合公司

资合公司，指以公司的资本和资产为公司信用基础的公司。有限责任公司

---

[1] 参见江平主编：《新编公司法教程》，法律出版社1994年版，第43页。

和股份有限公司均属资合公司,尤其是股份有限公司,是最典型的资合公司。在资合公司中,股东以其投资额为限对公司承担有限责任,公司则以其全部财产对公司债务承担责任。因此,这类公司对外进行经营活动时,其实力及信用状况并不在于股东个人的信用,而在于公司本身的资产状况及偿债能力。另外,资合公司的股东之间无连带责任,彼此无须以了解与信任为基础,尤其是股份有限公司,任何人只要认购公司股份,即可以成为股东,股东人数众多,彼此之间绝大多数根本不认识,更谈不上了解与信任。因此,资合公司所体现的是资本的结合而不是人的结合,属于社会公众性公司。

(三)人合兼资合公司

人合兼资合公司,指公司以股东个人信用兼公司资本信用为其信用基础的公司。两合公司和股份两合公司属于人合兼资合公司。在这种公司中,部分股东承担无限连带清偿责任,部分股东以其出资或者认购的股份为限承担有限责任。因此,公司兼具人合性与资合性,是人合公司与资合公司的结合。

大陆法系国家对公司所做的上述学理上的分类,揭示了公司对外进行经营活动至关重要的方面,即公司的信用基础上的差别。因此,这种分类对于公司立法具有重要的指导意义。公司法中对各类公司的不同规定,很大程度上也是基于其信用基础的不同而做出的。

四、本国公司、外国公司、跨国公司

(一)本国公司、外国公司

公司自成立之日起具有国籍,受国籍国的管辖与保护。以公司的国籍为标准,具有本国国籍的公司称为本国公司,具有外国国籍的公司称为外国公司。关于公司国籍的确定标准,存在不同的立法和学说,主要有住所地主义、设立准据法主义、股东国籍主义、设立行为主义、复合标准主义等。

我国采用的即是复合标准主义。我国《公司法》第 2 条规定:“本法所称公司是指依照本法在中国境内设立的有限责任公司和股份有限公司”;第 191 条规定:“本法所称外国公司是指依照外国法律在中国境外设立的公司。”我国兼采设立行为主义和设立准据法主义的标准。但是,中国公司必须在中国境内设有生产经营场所和管理机构,而不能仅在中国注册而不在中国进行生产经营和管理。

(二)跨国公司

跨国公司,又称多国公司,是指以本国为经营基地,通过在其他国家或地区设立分支机构或子公司,从事国际性生产、经营活动的经济组织。跨国公司虽名为公司,但它并不属于公司法严格意义上的公司概念。它不是一个独立的法律实体,而是一个具有国际性质的公司集团。其内部的法律关系具体表现为母公司与子公司,或总公司与分公司的关系,这些关系由相应的法律规范予以调整。

因此我国《公司法》并未专门设置规范跨国公司的条款。

五、母公司与子公司

(一)母公司与子公司的概念

我国《公司法》对母公司没有界定,但对控股股东有所规定。母公司是指拥有另一公司多数表决权股份,或者按照协议约定对另一公司掌握实际控制权的公司。母公司可以是有限责任公司,也可以是股份有限公司。子公司是指其多数表决权的股份被另一公司所控制,或者按照协议约定被另一公司掌握实际控制权的公司。从掌握股份和控制经营活动方面来看,母公司是一种带有控制性的公司,是拥有另一公司半数以上或者多数表决权股份并直接掌握其经营活动的公司。而半数以上或者多数表决权股份受其他公司控制的公司则被称为子公司。如上文所述,随着股份公司的发展、股份的分散化,对子公司的控制往往不再需要持有其半数以上股份,这一点在我国《公司法》第 216 条第(2)项也有规定。除了这种持股方式外,公司之间还可以通过其他方式进行相互的实际控制。这种控制显然超出了本来的母公司的意义。[1] 实际控制除了股权控制以外还包括非股权控制,如通过签订协议的方式达到实际上控制其经营管理决策的方式等。[2]

(二)母公司和子公司的法律特征

1. 母公司和子公司法人人格独立

母公司和子公司拥有各自独立的法人人格。母公司与子公司的关系实质上是股东与公司的关系,母公司是子公司拥有实际控制权的股东,对子公司实行控制。尽管如此,在法律上,母、子公司仍是彼此独立的法人。在这一点上,它们与总公司和分公司有本质的区别。

首先,母公司是一个独立的法人。母公司因其持有另一公司多数表决权股份,或者通过协议约定的方式取得该公司实际控制权而称为母公司,以其作为独立公司法人存在的身份为前提。其次,子公司也是一个独立的法人。尽管子公司受制于母公司控制之下,但其在法律上仍然是独立的法人,拥有独立的名称和财产,完整的组织机构,独立承担民事责任。因此,母公司和子公司是相互独立的两个法人。

2. 母公司和子公司间的控制与支配关系

子公司拥有独立的法人人格,但由于占其多数表决权的股份被另一公司所持有,或者根据协议的约定,受到另一公司的实际控制,其重大事项的决策取决

---

〔1〕 孔祥俊:《公司法要论》,人民法院出版社 1997 年版,第 75 页。

〔2〕 徐燕:《公司法原理》,法律出版社 1997 年版,第 125 页。

于另一个独立的法人主体,因此其被控制、支配的地位就毋庸置疑。在这对控制与被控制、支配与被支配的相互关系中,母公司居于控制和被支配地位,子公司处于被控制和被支配地位。如此一来,就形成了母公司与子公司在法律地位上平等而事实上并不平等的局面。

母公司对子公司实施控制的具体方式分为两种。其一是股权控制,即通过拥有子公司多数表决权的股份或股权来实施对子公司的控制。由于公司股东会决议的作出、董事人员的选举一般按股东所持股份或出资额行使表决权,占有公司股权比例较高的股东就会占有决定性的作用。理论上讲,母公司要想实现对子公司的控制需要拥有子公司至少半数以上的股份或股权,但在公司股份较为分散的情况下,股东拥有半数以下的股权同样能够控制子公司。这种持有的股份或股权超过另一公司股份总数半数以上的控股称为“绝对控股”,而虽未超过半数,但其持有的股份数额仍能够控制子公司的控股称为“相对控股”。我国《公司法》第 216 条对此做出了明确规定。

其二是通过协议的方式实现对子公司的实际控制。传统民法仅承认被母公司持有全部或多数股份的公司为子公司。但随着经济的发展,母公司的控制手段早已不限于股权的控制,越来越多的母公司通过协议方式进行控股,因此子公司的概念也就随之发生了调整。目前,很多国家的公司法都承认通过协议方式而被另一公司控制的公司也是子公司。

3. 子公司法人人格的不完整性

子公司具有独立的法人人格。它以自己的名义从事经营活动,享有民事权利,承担民事义务,但由于其决策权存在特殊性,受到拥有控制地位的母公司控制,所以其法人人格独立的同时存在一定的不完整性。母公司根据自身利益或集团利益的需要,运用对子公司股权的控制,对子公司的经营活动做出相应的筹划和决策,而子公司的意志则被母公司的意志所取代,听命于母公司,其决策权、经济地位和经济利益的完整性受到严重影响,子公司在经营过程中丧失了人格的完整性,事实上成为母公司的工具,具有法律上的独立性与事实上的非独立性特性。

(三)与母公司相关概念介绍

1. 控股公司

控股公司,也称控股股东,我国《公司法》第 216 条第 2 项对其作出了规定:“控股股东,是指其出资额占有限责任公司资本总额 50% 以上或者其持有的股份占股份有限公司股本总额 50% 以上的股东;出资额或者持有股份的比例虽然不足 50%,但依其出资额或者持有的股份所享有的表决权已足以对股东会、股东大会的决议产生重大影响的股东。”控股股东可以是自然人或者法人,如果是公司,便可以称为母公司。

2. 实际控制人

我国《公司法》第216条第3项对实际控制人作出了规定:"实际控制人,是指虽不是公司的股东,但通过投资关系、协议或者其他安排,能够实际支配公司行为的人。"换言之,实际控制人就是能够实际上对公司实施控制的自然人,法人或其他组织。例如,母公司对于子公司的子公司(孙公司),即为其实际控制人。

3. 关联关系、关联公司

关联关系是指公司的董事、监事、高级管理人员、控股股东、实际控制人与其直接或者间接控制的企业之间存在的关系,以及可能导致公司利益转移的其他关系。关联关系人包括与公司有关联关系的自然人和法人,自然人包括作为公司控股股东的自然人、公司的实际控制人以及董事、监事和高级管理人员,法人主要包括作为控股股东、实际控制人的企业。但是,国家控股的企业之间不会因为同受国家控股而具有关联关系。我国《公司法》第216条第4项也对此作出了规定。

关联公司是指两个或两个以上各自独立又具有关联关系的公司。首先,关联公司各自具有独立的法人人格,如母公司和子公司。因此在总公司与分公司之间,由于分公司不具有法人资格,因而分公司与总公司、分公司与其他公司之间不属于关联公司的关系。其次,关联公司之间需要一条纽带来维系,如公司之间具有从属关系、投资关系,关联公司直接或间接同受另一方控制。这种控制包括出自同一个实际控制人的情形,如同一个母公司的若干子公司之间为关联公司,但同受国家控股的公司之间不具有关联关系,故不属于关联公司。

法律规定关联关系的主要目的在于规制关联交易,而关联交易是指公司与其具有关联关系的自然人或法人之间的一切交易。随着经济的发展,我国母子公司之间或同受一个实际控制人控制的公司之间的关联交易大量存在,《公司法》、《证券法》等法律、法规对规范关联交易的具体规定应运而生。例如,股东会或董事会批准制度、表决权回避制度、股东会和董事会决议的无效与撤销制度、关联人赔偿与补偿制度、股东代表诉讼制度等,这些制度对于关联交易的制约和规范起着重要的作用。

4. 公司集团

我国的公司法中并无关于公司集团的规定,但在实务中公司集团大量存在,一些地方法规或部门规章对此也做出了相应的规定。

公司集团,是指由若干各自具有独立法人资格的公司或企业组成的联合体。公司集团中的各成员公司属于关联公司,具有关联关系。公司集团往往以母公司为核心,由若干个具有独立法人资格的企业组成。公司集团并非独立的公司组织形式,本身不具有独立的法人人格,其存在是一种事实上的结合。它具有多层次的组织机构,这其中可能会包括核心企业、紧密层企业、半紧密层企业和松散层企业等。

六、总公司与分公司

(一)总公司

总公司又称本公司,是指按照《公司法》设立的具有法人资格的公司本身。我国《公司法》第14条第1款规定:"公司可以设立分公司……分公司不具有企业法人资格,其民事责任由公司承担。"这一规定为总公司的存在提供了基础。

(二)分公司

《公司登记管理条例》第45条对分公司的界定是:"分公司是指公司在其住所以外设立的独立从事经营活动的机构。分公司不具有法人资格。"根据《公司法》第14条第1款规定,分公司只是隶属于总公司的经营机构,其不具有独立承担民事责任的能力,也不具有独立行使民事权利的能力,故其虽然称为"分公司",实际上却不能成为公司法意义上具有独立法人人格的公司。分公司具有如下法律特征:

1. 分公司是总公司的分支机构

分公司是总公司为实现拓宽营业范围的目的,在公司住所地之外设立的经营机构。它的存在可以便于实现总公司在异地经营活动的展开,缩短经营信息反射长度,降低经营成本,有利于总公司经济利益的实现。

2. 分公司不具有法人资格

分公司是总公司的组成部分,其本质上属于总公司经营机构的一部分。也就是说,分公司没有自己独立的财产,其财产属于总公司所有;分公司不能独立承担责任,其民事责任由总公司承担;分公司没有独立的公司章程、法人机关,其负责人由总公司直接任免。因此,分公司事实上不属于公司的范畴,不是一种独立的公司形式。这一特点正是分公司与子公司之间的区别。相较而言,子公司有自己独立的财产、公司章程、完整的组织机构,独立承担民事责任,是一个独立的法人主体。

3. 分公司具有营业资格

分公司虽然不成为独立的主体,但是其仍然具有营业资格。分公司办理营业登记、领取营业执照后便取得营业资格。营业执照是经营单位取得合法经营权的重要凭证,是公司对外交往的法律根据,也是认定分公司性质的主要标志。我国《公司登记管理条例》第47条规定:"公司设立分公司的,应当自决定作出之日起30日内向分公司所在地的公司登记机关申请登记;法律、行政法规或者国务院决定规定必须报经有关部门批准的，应当自批准之日起30日内向公司登记机关申请登记”。

分公司虽然不具有法人人格，但具有一定的经营能力，可以以自己的名义对外签订合同，从事经济活动，以自己的名义起诉和应诉，等等。但在某些情况下，法律对分公司的能力作出了一定的限制，如《担保法》第10条规定："企业法人的分支机构、职能部门不得为保证人。企业法人的分支机构有法人书面授权的，可以在授权范围内提供担保。"

【应用操作训练】

训练目的

通过实际应用训练，能够让学生学会运用所学知识，进一步理解和掌握不同种类公司之间的区别等，掌握公司法基本知识和基本原理，并能运用所学知识处理实践中遇到的法律问题。

【操作训练一】

训练形式：材料分析

训练素材

北京昆仑万维科技股份有限公司

对外投资公告[1]

证券代码：300418　证券简称：昆仑万维　公告编号：2015－064

本公司及董事会全体成员保证信息披露的内容真实、准确、完整，没有虚假记载、误导性陈述或重大遗漏。

一、交易概述

北京昆仑万维科技股份有限公司（以下简称公司）为拓展公司业务，依据公司战略发展规划，以公司全资子公司 Koram Games limited［昆仑在线（香港）股份有限公司］（以下简称昆仑香港）为投资主体，于2015年6月9日签署《关于Yinker Inc. 的增资协议》（增资协议）、《关于 Yinker Inc. 的股东协议》（股东协议），根据协议，公司共计向 Yinker Inc.（以下简称 Yinker）投资贰仟万美元（2000万美元），以取得 Yinker Inc. 增资完成后20.00%的股权，经法定程序向 Yinker 委派一名董事。公司进行本次交易的主要原因是看好 Yinker Inc. 的发展前景和投资回报，并通过本次投资涉足投资领域，进一步拓展公司的业务领域。本次交易不构成关联交易，也不构成《上市公司重大资产重组管理办法》规定的重大资产重组。根据公司相关制度规定，本次对外投资额度在董事会决定权限

---

〔1〕 本公告摘自“同花顺”。

范围内,无须股东会审议批准。

二、投资主体介绍

投资主体为昆仑在线(香港)股份有限公司,无其他投资主体。

三、投资标的介绍

公司名称:Yinker Inc.

设立时间:2014 年 8 月 12 日

注册地址:P. O. Box 2075, George Town , Grand Cayman KY1 - 1105, Cayman Islands

标的介绍:该公司是一家注册于开曼群岛的投资控股公司,公司运营的银客网(www. yinker. com)是国内领先的互联网金融平台。银客网依托互联网创新技术,为小微企业主提供高效、便捷的融资服务,同时为广大投资用户提供年化收益 8% ~15% 的安全投资理财产品。银客网于 2014 年 10 月获得源码资本领投、清风资本跟投的 A 轮融资,于 2015 年发起成立北京市网贷行业协会,并当选为副会长单位。截至目前,银客网注册用户超过 50 万,交易额超过 17 个亿,并持续保持快速、稳定的增长趋势。财务状况:

银客网 2014 年全年及 2015 年第一季度审计后经营情况如下:

利润表简要数据:(略)

四、出资方式

以货币方式出资。

五、投资协议主要内容

昆仑香港按照协议的条款和条件向 Yinker Inc. 投资 2000 万美元(贰仟万美元),增资完成后,昆仑香港共计持有 Yinker Inc. 20.00% 的股权。标的公司股权结构为:

股东名称	所占比例
其他股东	80%
昆仑香港	20%
合计	100%

六、本次对外投资对公司的影响

本次投资不会对公司未来财务状况和经营成果造成不利影响。有利于拓展公司业务,提高公司综合竞争力,为公司增加新的利润增长点,符合公司的发展战略和全体股东的利益。

七、风险提示

1. 标的资产的估值风险

Yinker Inc. 为互联网金融 P2P 公司,按照行业惯例收购股权的估值按照P/S

市销率方法，Yinker Inc. 100% 股权估值 1 亿美元，对应 2015 年预计收入（一季度收入 ×4）3200 万人民币，市销率约 18 倍；前述估值均略低于当地可比交易估值，体现了公司的谨慎原则，但上述标的资产未来经营仍然受多方面因素影响，可能出现资产价值与实际情况不符的情形。

2. 标的行业风险

Yinker Inc. 属于互联网金融产业，互联网金融属于互联网与传统金融的融合与创新，政府相关服务尚未完全配套。特别是中国金融牌照严格管制、行业垄断明显、利率市场化进程缓慢、多层次金融监管体系尚未建立，因此，整个金融市场环境的不完善，会给互联网金融业务带来一定风险。

3. 标的资产市场及运营风险

Yinker Inc. 主要从事 P2P 信贷平台等业务的互联网金融服务，与传统借贷一样，存在客户违约风险、运营管理风险等。

八、备查文件

1.《增资协议》

2.《股东协议》

特此公告。

北京昆仑万维科技股份有限公司董事会
2015 年 6 月 12 日

训练要求

请根据昆仑万维公司发布的"对外投资公告"材料，分析昆仑万维、昆仑香港、Yinker Inc. 三个公司之间的关系。

【操作训练二】

训练形式：模拟法庭、课堂辩论、代理词、判决书

训练素材

2004 年 11 月 10 日，马某和沈某签订一份股份转让协议，约定沈某将其持有的世纪公司 10% 的股份以人民币 100 万元的价格转让给马某。该协议签订后，世纪公司作出股东会决议予以确认。公司章程也进行了修改，马某、沈某以及公司另一股东郭某均签字表示认可。修改后的章程规定：马某持股 10%、沈某持股 80%、郭某持股 10%。

随后，马某如期支付了股份转让款人民币 100 万元。但沈某收到全部转让款后，没有依约办理工商变更登记手续，在未征得马某同意的情况下，又将其持有的世纪公司另外 10% 的股份以人民币 100 万元的价格转让给第三人丛某，且办理了工商变更登记手续。马某得知该情况后认为被告的行为已构成根本违

约，遂向法院提起诉讼，请求判令解除自己与沈某所签订的股份转让协议，同时沈某返还马某股权转让款人民币100万元。

针对马某的起诉，沈某提出了自己的意见：首先，沈某向第三人丛某转让股权并不构成违约。尽管沈某转让给丛某股权的数量和价格与转让给原告马某的数量和价格都是相同的，但沈某拥有世纪公司90%的股份，其前后两次出售的10%股份属于种类物，并不具有同一性，不存在"一股两卖"的情形；其次，即使将被告沈某的行为认定为违约行为，该行为也并未导致原告马某的合同目的根本无法实现。马某在与沈某签订股权转让协议之前，对于世纪公司的股本结构是明知的。即使沈某依约为马某办理了工商变更登记，马某作为一个只持有10%股份的小股东，也不可能在公司管理中发挥决定性的作用，其参股的目的只能是参与公司的分红。因此，即使被告沈某的行为违反了合同的约定，该"违约"行为也并未导致原告马某的合同目的根本无法实现，马某无权因此而解除合同。

法院经审理后认为：有限责任公司的人合性依法应当维护，即投资人有权选择投资的对象，有权确定目标公司的股东成员。在股权转让协议履行的过程中，被告沈某无权随意进行股权的转让，因为这一行为将不可避免地导致公司的股东成员发生变动。本案中，沈某在与原告马某签订股权转让协议后，又将另外10%股权转让给丛某的行为，虽然没有改变马某小股东的地位，但却使马某被迫接受其在签订股权转让协议时根本未曾考虑过的新股东丛某。被告沈某将原告马某订立合同的目的仅仅界定为分红过于狭窄。因此，虽然原、被告未就股权转让及原告的解除权做出明确的约定，但沈某再次转让股权的行为却使股权转让协议的缔约基础受到了破坏，也使马某"与且仅与"原股东沈某、郭某共同投资的合同目的无法实现，原告因此而享有解除股权转让协议的权利。

2006年9月12日，上海市金山区人民法院依法对此案做出判决：解除原、被告之间的股权转让协议；被告沈某在判决生效之日起10日内向原告返还股权转让款。宣判后，原、被告均未提出上诉，判决现已发生法律效力。[1]

训练要求

(1)请同学们根据本案案情、法律规定以及公司法理论，就本案原告的诉讼请求能否得到法律支持，举办模拟法庭。(2)请你作为原被告双方的代理人，写出代理词。(3)请你作为法官写一份判决书。要求逻辑清晰，从法律规定的角

〔1〕 沈敢锋、王永亮：《有限责任公司的人合性受法律保护》，载《法制日报》2006年10月10日。

度进行详细分析。

【操作训练三】

训练形式:课堂讨论、专家论证意见

训练素材

在马来西亚注册登记成立的盛誉私人有限公司(以下简称盛誉公司)于2000年1月依照中国《公司法》在上海设立了一个办事处,名称为"马来西亚盛誉有限公司上海办事处"(以下简称上海办事处),指定中国公民李某为该商务办事处的代表人,拨付人民币100万元,作为其从事经营活动的资金。因该公司的大部分业务在北京,2001年5月,经审批机关批准,工商行政管理机关登记,盛誉公司在北京设立一独资公司,注册资本是300万元人民币,名称为"北京盛荣有限公司"。

2002年8月,盛誉公司打算在中国购买一批体育保健用品,并决定将业务交给上海办事处和盛荣有限公司处理。于是两者先后分别与上海市某保健品进出口公司(以下简称保健品公司)签订了体育保健品买卖合同。盛荣有限公司收到保健品公司的供货后,便按约支付了全部货款;而上海办事处却因资金周转困难,在约定的期限内只给付了1/3的货款,尚有90万元货款没能清偿。后来保健品公司多次索款未果。

2012年12月,保健品公司以上海办事处和盛荣有限公司为被告向法院起诉,要求上海办事处清偿债务90万元,并要求盛荣有限公司承担连带责任。理由是:上海办事处和盛荣有限公司皆为盛誉公司的分支机构,根据中国《公司法》规定:外国公司对其分支机构在中国境内进行经营活动承担民事责任,当上海办事处的财产不足以偿还债务时,作为盛誉公司的分支机构——盛荣有限公司有义务代其偿还。

训练要求

(1)同学们依据本案事实和法律规定,进行课堂讨论,并撰写案件分析报告。(2)请你作为本案的论证专家,根据本案事实和法律规定,对两个被告人是否承担责任,该由谁承担责任等进行详细分析和论证,并撰写一份专家论证意见书。要求观点明确,条理清晰,有理有据。

【操作训练四】

训练形式:法律意见书

训练素材

平华有限责任公司是一家大型机械生产公司,华丽有限责任公司为其子公司。华丽公司自有资产1500万元,加上母公司投资的2000万元,全部资产为3500万元。在某一大型投资活动中,华丽公司投入资金1500万元,并从银行贷

款2000万元一并投入。由于投资决策失误,华丽公司血本无回,全部亏损3500万元,实际上已资不抵债,华丽公司向人民法院申请宣告破产。

人民法院受理后立即进行公告,在债权申报期间,共有七家债权人申报债权,总申报额为4000万余元,其中包括从银行贷款的2000万元、欠母公司货款500万元。在人民法院召集的第一次债权人会议上,部分债权人对华丽有限公司对其母公司的500万元货款作为破产债权提出异议。

阳光公司作为七家债权人之一,认为母公司作为子公司的股东,具有实质上的控制权,母公司和其子公司之间不存在什么债权债务关系,平华有限公司无权要求从华丽有限公司的破产财产中偿还所欠贷款,而只能由其他债权人共同分配破产财产。阳光公司还提出:母公司应对其子公司在经营活动中产生的债权债务关系承担民事责任,作为母公司,平华有限公司应以其全部资产对华丽有限公司的债务负清偿责任,故要求平华有限公司代位偿还。平华有限责任公司不知道其他债权人提出的异议依法是否成立,于是向律师提出咨询。

训练要求

请同学们作为律师,根据法律规定和公司法原理,针对债权人阳光公司提出的异议是否成立进行详细分析和解答,并向咨询人平华有限责任公司出具一份法律意见书。

第四节 公 司 法

【基础知识】

一、公司法的概念

一般认为,公司法是规定公司的设立、经营、解散以及其他社会关系的法律规范的总称。公司法的概念有广义和狭义之分。狭义的公司法,又称形式意义上的公司法,是指以“公司法”命名的法律文本,即制定于一定法律体系内的一部成文的法律文件,如《中华人民共和国公司法》。广义的公司法,又称实质意义上的公司法,泛指一切规范公司法律关系的法律规范。在我国,除《公司法》外还有一系列其他与其相关的法律、法规,如《证券法》、《商业银行法》、《公司登记管理条例》、《中外合资经营企业法》,等等。它们的名称虽各有不同,但共同点是都涉及对公司的规范和调整,是广义公司法的重要组成部分。在法律适用方面，特别法有特别规定的优先适用特别法，特别法未规定的适用《公司法》中的规定。

值得注意的是，公司法的调整对象是公司，其他企业形态则不受公司法的调整。公司法所调整的范围，从公司设立、存续期间的运营到公司终止，其间公司的内部关系与外部交易等关系均在公司法的调整之列。这里所说的内部关系主要是指股东与股东之间、股东与公司之间的一系列关系，外部关系主要是指股东与第三人、公司与第三人、公司与国家监管机构的一系列关系。

二、公司法的特点

（一）公司法总体属于私法

公司法总体上属于私法。理论层面，西方国家将法律划分为公法和私法两个领域，民商法属于私法的范畴，而公司法在学界被公认属于商法中的重要部分。立法层面，在民商合一的国家，民法中包括公司法性质的内容，在民商分立的国家，公司法规定在商法典中，也有不少国家在民法典或商法典之外，又单独制定了公司法。因此，无论从立法角度还是理论角度，公司法总体上都属于私法范畴。

但随着经济的发展，国家和政府为了实现社会公共利益，加大了对经济领域的干预。公司作为最主要的市场主体，受到公司法的规范。公司法被融入了较多具有公法性质的内容。例如，我国《公司法》关于设立公司、公司人员任职资格等规定，充分反映了我国《公司法》的公法性。因此不少学者提出，公司法是“公法化了的私法”。[1] 尽管如此，本书仍然认为不能因公法的内容而否定公司法的私法属性。整体而言，公司法调整的是平等民事主体之间的法律关系，调整的目的是保护和协调民事主体之间的私人利益，调整方法是通过民事权利义务的设定和民事责任的承担。[2] 因此，公司法的私法本质不容撼动。

（二）公司法是主体法，兼具行为法

公司法主要是主体法，也称组织法，它确立了公司的法律地位和主体资格，规定了公司从其设立直至终止整个过程所发生的各种法律关系。公司法不仅规定了公司类型、公司的设立、变更、终止，还包括公司的权利能力、行为能力、组织机构、股东权益等一系列内容，符合主体法的特点。

然而，公司法并不纯粹是主体法，它还兼具行为法的一些性质。公司法是行为法，也称活动法，它规定了有关行为规范，规定了与公司组织特点直接相关的行为内容。其中主要包括公司设立行为和终止行为，以及公司股票和公司债券

---

〔1〕 石少侠主编：《公司法教程》，中国政法大学出版社1999年版，第17页。

〔2〕 赵旭东主编：《公司法学》，高等教育出版社2006年版，第42页。

的发行与转让，股东、董事、监事及高级管理人员在公司运作中的行为，增加或减少注册资本，公司的合并与分立等内容。但与公司组织特点无关的纯经营行为，如出售产品、采购商品、借贷等，则不属于公司法的调整范畴，而由相关的法律、法规调整。

（三）公司法是强制规范，兼具任意规范

公司法具有强制性，这体现了国家意志对经济生活的干预。公司的设立和运转不仅影响着公司、股东的利益，还会涉及第三人、交易相对人的经济利益，以及国家和社会公众利益。为了保障上述外部主体的利益和社会交易的安全，公司法有必要进行相应的强制性规定。对于强制性规范，当事人必须遵照执行，不得违反，否则应承担相应的法律责任。

同时，公司法中也有很多规定则属于任意性规范，体现了尊重各方当事人的意志的私法特征。公司法的任意性是由其私法的基本性质决定的，私法是体现私人意志，为实现私人利益而服务的法，这就要求司法必须尊重当事人的意志。

至于《公司法》某个条款规定究竟属于强制性还是任意性规范，就要具体分析，本书认为可以从以下几个方面进行判断：第一，公司的组织形式。一般而言，由于有限责任公司的人合性较强，因此，《公司法》的规定大多采取任意性规范。而股份公司由于社会公众性较强，所以，多为强制性规范。第二，法律规定有"但书"，即法律明确允许股东另行约定或者公司章程另有规定，该规定一般属于任意性。如《公司法》第41条："召开股东会会议，应当于会议召开十五日前通知全体股东；但是，公司章程另有规定或者全体股东另有约定的除外。"第三，从立法宗旨进行判断。如果纯属于公司内部事务的，多数采取任意性规定，但如果属于公司外部事务，或者属于公司内部事务但同时涉及公司外第三人利益时，该规定往往具有强制性。如《公司法》第30条规定："有限责任公司成立后，发现作为设立公司出资的非货币财产的实际价额显著低于公司章程所定价额的，应当由交付该出资的股东补足其差额；公司设立时的其他股东承担连带责任。"此外，还有公司法第六章关于公司董事、监事、高级管理人员的资格和义务等规定。第四，关系到公司和多数股东的根本利益。当公司的事务涉及公司以及公司大多数股东的根本利益时，公司法也往往采用强制性规定，公司法中的很多规定基本都属于此类。如公司法明确规定的股东（大）会的职权、董事会的职权等，公司章程不得改变；再如关于公司解散、合并、分立、增加公司资本等特别决议，须经2/3以上有表决权的股东通过。当然，某些规定无论是属于强制性规范还是任意性规范，都可能会存在不同的理解，仁者见仁，智者见智。

（四）公司法是国际性的国内法

公司法是国内法，是重要的商事部门法，而商事法律因其特殊性往往都会具有国际性的特点。我国的《公司法》根据我国的传统习惯、社会制度等，对公司的成立、经营、解散等活动作出了规定，凡在本国境内设立公司以及公司的运营等活动，必须遵守我国《公司法》。但公司制度本为“舶来品”，而且随着经济全球化的进程，国际市场成为一个紧密联系的整体，国际经济交往频繁，国家或地区之间相互投资，相互融合，对公司法也提出了国际性的要求。无论是公司立法还是公司法的实施，都不可避免要涉及国际因素，要遵循国际通行的惯常规则，如公司类型、公司的责任、股东权利、组织机构等。总而言之，公司法是一部具有国际性的国内法。

【应用操作训练】

训练目的

通过实际训练，学会运用所学知识分析问题，进一步加深理解和掌握公司法的概念和各项特征，为以后学习理解和应用公司法等打下基础。

【操作训练一】

训练形式：模拟法庭、课堂辩论、书面法律意见书

训练材料

原告：童丽芳等13人。

被告：上海康达化工有限公司。

被告上海康达化工有限公司登记股东为49个自然人，原告童丽芳等13名自然人系该公司的股东。2006年7月29日，被告召开股东会会议，讨论修改公司章程事宜。会议记录表明：应出席54,100股，实际出席53,891股，出席股东所持表决权占全部股权的99.6%；经表决，同意42,451股，不同意11,440股（其中13名原告的表决意见均为不同意），同意的比例为78.8%，不同意的比例为21.2%，同意的比例超过2/3。

修改后引起争议的章程内容有：(1)第25条规定了股东享有的权利，共有七项。该条第4项规定：“按照出资比例分取红利，公司新增资本时，按照股东会决议可以优先认缴出资。”(2)第24条规定了自然人死亡后其股权的处置办法，其中第2项规定，合法继承人只继承部分股东权利（继承章程第25条规定的7项股东权利中的4项）和所有义务；第3项规定继承人可以出席股东会，必须同意由股东会作出的各项有效决议。(3)第29条规定，股东会作出的决议，须经出席会议的股东所持表决权过半数通过。但股东会作出有关公司增加或者减少注册资本，分立、合并、解散或者变更公司形式及修改公司章程的决议必须经出席会议的股东所持表决权的2/3以上通过。(4)第41条规定，公司不设监事会，设监事一名，由公司工会主席担任。

原告认为，上述章程条款内容由于违法而无效，且基于上述无效条款是章程

的一部分,故原告起诉请求法院确认2006年7月29日通过的《上海康达化工有限公司关于修改公司章程的决议》无效。

原告认为,公司章程是调整一个公司所有股东之间、股东与公司之间法律关系的必备性文件,它是股东意思自治的体现,但章程的自治性是相对的,以不违反法律、行政法规的强制性规范为前提。

第一,公司章程第24条第2项、第3项内容的效力。《公司法》第76条(修改前《公司法》,下同)规定:“自然人股东死亡后,其合法继承人可以继承股东资格;但是,公司章程另有规定的除外。”法律允许公司章程对已故股东的继承人成为公司股东设置一定的限制条件。然而一旦章程规定继承人可以继承死亡股东的股东资格,则该继受取得资格的股东就应当依法享有法律所赋予的股东权利,而不应当对其股东权利加以随意限制。

《公司法》第43条规定:“股东会会议由股东按照出资比例行使表决权;但是,公司章程另有规定的除外。”股东会会议是股东表达自己意志的场所,股东在股东会上有表决权,这是股东基于投资人特定的地位对公司的有关事项发表意见的基本权利。法律赋予公司章程自治权,即公司章程可以规定另外的行使表决权的方式,但并不能因此剥夺股东行使表决权的权利。现公司章程第24条第2项、第3项显然剥夺了继承股东的上述权利,违反法律的规定,应当确认无效。

第二,公司章程第25条第4项内容的效力。《公司法》第35条规定:“股东按照实缴的出资比例分取红利;公司新增资本时,股东有权优先按照实缴的出资比例认缴出资。但是,全体股东约定不按照出资比例分取红利或者不按照出资比例优先认缴出资的除外。”据此,在有的情况下,考虑到有限责任公司的人合因素,可以不按照出资比例优先认缴出资,但必须经过全体股东的约定。修改后的公司章程第25条第4项的内容违反了上述法律的规定,应确认无效。

第三,公司章程第29条内容的效力。《公司法》第44条规定:“股东会的议事方式和表决程序,除本法有规定的外,由公司章程规定。股东会会议作出修改公司章程、增加或者减少注册资本的决议,以及公司合并、分立、解散或者变更公司形式的决议,必须经代表三分之二以上表决权的股东通过。”修改后的公司章程第29条内容违反了公司法对于公司上述事项法定表决方式的规定,亦属无效。

第四,公司章程第41条内容的效力。本案被告注册资本达500多万元,且股东人数较多,被告应当设立监事会。现被告不设监事会,仅设监事一名,显然与公司法第52条的规定不符。

根据法律规定,监事会应当包括股东代表和适当比例的公司职工代表,股东代表由股东会选举产生,职工代表由公司职工通过职工代表大会、职工大会或者其他形式民主选举产生。现被告通过公司章程直接规定监事由公司的工会主席担任,与公司法规定不符。且并非所有职工都是工会会员,而作为职工代表的监事是由全体职工选举产生,工会主席和职工代表监事的选举受不同法律调整,两者的主体和范围亦不相一致。讼争条款实际上剥夺了一部分职工(未加入工会的职工)依法享有的选举监事的权利。故,原告主张章程第41条无效的主张成立。

由于被告对2006年7月29日上海康达化工有限公司《关于修改公司章程的决议》的表决程序和方式没有异议,故除上述四条内容因违反法律规定而无效外,章程其余条款均依法有效。[1]

训练要求:(1)请同学们举办模拟法庭,就本案所涉及的问题进行法庭辩论。(2)请你作为原告、被告的诉讼代理人,写出代理词,依据公司法规定和公司法基本理论进行详细分析和论证。

提示:本案的争议焦点在于,公司法在本案所涉及的规定是否属于强制性规范?当公司章程的条款与公司法强制性规范之间发生冲突时,其效力如何认定?

【操作训练二】

训练形式:分析报告

训练材料

农民王甲擅长种植玉米,家有良田五亩,种出的玉米品种优良、香甜可口,近十年来名声远扬,享有很高的声誉,且销量很好,每年还未收割就已被预定一空,每年都在农忙期间雇用若干邻居、工人帮忙。王甲淳朴,一直以市场均价出售自己的优质玉米。邻居张乙是25岁刚刚留学归来的研究生,张乙掌握了前沿的农产品加工生产技术,还有一笔叔叔赞助的30万元的创业基金。张乙希望与王甲合作,帮助王甲把他的玉米打造成为制作精良的驰名品牌,扩大生产量和销售线,将销售目标场所瞄准大型商场超市,帮助家乡人民发家致富。

农民王甲、张乙打算成立一个企业,但对公司法方面的知识不了解,主要有以下几个问题:(1)他们应该成立个人独资企业、有限责任公司、股份有限公司还是合伙企业更为合适?(2)如果成立有限公司或者股份有限公司,应当设立哪些组织机构?(3)如果将来公司经营亏损了,他们股东个人是否要对企业债务承担责任?

---

[1] 徐涛:《与公司法强制性规范冲突的公司章程条款无效发布日期》,载 http://www.duba.com/? f=desktopie&db_100_50,最后访问日期:2012年12月4日。

训练要求

将全班同学按照5~6人一组的规模分为若干组。小组讨论分析，并根据上述情况，回答农民王甲、张乙的问题，并作出最有利于农民王甲、张乙利益的书面分析报告。

第二章　有限责任公司法律知识与应用

第一节　有限责任公司概述

【基础知识】

一、有限责任公司的概念

有限责任公司，也称有限公司，是指由符合法律规定数量的股东组成，股东以其认缴的出资额为限对公司承担责任，公司以其全部资产对其债务承担责任的企业法人。

二、有限责任公司的特征

与股份有限公司等其他类型的公司进行比较，有限责任公司具有如下特征，并使之与其他类型的公司区分开来。

（一）股东人数的限制

我国《公司法》规定，有限责任公司最少 1 名股东，最多 50 名股东。除我国以外，很多国家或地区的公司立法对有限责任公司的股东人数都有最高限制。与此同时，对于其他组织形式的公司，例如股份有限公司等，则一般无最高人数的限制。

对股东人数的最高限制主要有以下两方面原因：第一，有限责任公司是人合兼具资合的公司，不仅资合公司，而且具有一定的人合性，其股东间存在一定的相互信任关系，所以公司法对股东转让其股权作出一定的限制。第二，有限责任公司的出现，其目的就是弥补股份公司股东人数过多、股权分散的缺陷。如果有限责任公司的股东人数没有最高限制，其与股份有限公司的本质区别就会消失，有限责任公司将失去其存在的价值与根基。

（二）公司以认缴出资方式募集资本

有限责任公司的资本由一定数量的股东认缴，不得向社会公开募集，不得发行股票；同时，股东转让出资也受到限制。有限责任公司成立后，公司给股东签发的出资证书是确定并记载股东与公司这两个主体之间发生投资与被投资关系的凭证,不是有价证券,不能流通,这也是出资证书与股票的本质区别。有限责任公司的这一特征是由它的封闭性所决定的。有限责任公司在理论上属于封闭性公司,股东人数也受到限制,如果允许有限责任公司向社会公开募集资本,对股东最高人数限制的规定就会失去意义,有限责任公司与股份有限公司之间的界限也会消失,其人合性优势也会消失。

(三)股东出资转让受到限制

我国《公司法》第71条规定,有限责任公司股东向股东以外的人转让其出资时,必须经全体股东过半数同意。经股东同意转让的出资,其他股东对该出资享有优先购买权。相比之下,股份有限公司的股东可以自由转让其股份,原则上不受限制。公司法对有限责任公司的股东出资转让进行限制,原因在于有限责任公司具有的人合性和封闭性。在有限责任公司成立之初,各出资人基于对彼此资金、经营、管理等方面的能力的信任而做出了投资经营的决定,在转让股权之后,出资人期待在经营活动中实现的利益将无法得到保障。为了保证有限责任公司成立后出资人的利益不因股权的转让而受到损害,《公司法》对有限责任公司股东转让其出资作出了严格的规定。

(四)股东承担有限责任

与无限公司股东对公司债务承担的连带责任不同,有限责任公司股东仅以其认缴的出资额为限对公司承担责任。在有限责任公司中,公司与股东是两个各自独立的责任主体,公司责任独立于股东,股东完成出资义务后,对公司的债务也不再承担任何责任。也就是说,公司的债权人与股东之间不会发生直接的债权债务关系,债权人不得根据公司债务向股东追偿债务。

但股东的有限责任也存在例外。按照"公司法人人格否定"制度,在特定情形下,股东对公司的债务应直接承担责任。我国《公司法》第20条第3款以及第63条对法人资格否定作出了明确的规定。另外,在股东虚假出资、抽逃出资等情况下,该股东应就虚假或抽逃部分向债权人承担责任。

(五)公司兼具资合性与人合性

如前文所述,有限责任公司既不是完全的资合公司,也不是完全的人合公司,而是兼具资合性与人合性的特点。有限责任公司的人合性体现在诸多方面。首先,有限责任公司股东人数有限,公司资本由全体股东认缴,不向社会公开募集。其次,有限责任公司股东转让其股权须经其他股东过半数同意,同时其他股东享有同等条件下的优先购买权。究其深层原因,有限责任公司股东之间不仅仅是资本的联合,更多的是人的联合,股东之间具有浓重的人格信任关系。

有限责任公司的资合性主要体现在责任承担的角度,股东仅以认缴的出资额为限对公司承担责任,而公司以现有的全部财产为限对公司债权人承担责任。

故,公司的信用是建立在公司资产的基础之上,充分体现了有限责任公司的资合性特点。

三、有限责任公司的历史与沿革

有限责任公司是最晚产生的一种公司形式。关于其由来有两种说法,一种认为最早的有限责任公司立法是德国1892年的《有限责任公司法》,随后很快在世界其他国家发展起来,并逐渐成为数量最多的公司主要形式之一。另一种则认为英国的封闭式公司是有限责任公司的最初形式。有限责任公司的概念最早是由德国法学家提出的,并将之付诸实践。[1] 有限责任公司的特点是它合并了其他公司形式的诸多优势,尤其是无限责任公司和股份有限公司,并在此基础上创设的公司形式。

无限责任公司、股份有限公司等公司形式虽然各有其优势,同时各有自身独特的缺陷。无限责任公司的优势在于其对债权人利益的保护,其信誉度与其他形式相比较高,股东间凝聚力也较强。其缺陷在于股东承担无限连带责任使得股东责任过重,风险较大,不利于公司的长期发展和股东的积极投资。股份有限公司的优势在于由于股东人数众多,风险较为分散,股东责任有限,股份自由转让等,其在资金筹集方面的优势和功能是其他任何形式的公司无法比拟的。其缺陷在于股东过于分散,流动性强,削弱了股东间的凝聚力,大多数股东只关心收益,不甚关心公司的经营方式、策略,同样不利于公司的长期发展。由于上述公司各有优缺点,德国学者将之取长补短,创设了有限责任公司,在股东承担有限责任的同时,对人数又加以限制,简化设立程序,这使得有限责任公司这种公司形式一经产生,便在世界各国广受欢迎,并迅速得到发展。从数量上看,在大多数国家,有限责任公司都居于首位。

【应用操作训练】

训练目的

通过实际操作训练,加强对有限责任公司的概念、法律特征的理解和掌握,并能够理论联系实际,在实践中熟练地进行应用。

【操作训练一】

训练形式:法律咨询、法律意见书

训练素材

江苏省兴化市锡山车行(以下简称锡山车行)与兴化市雄源五金交电建工有限公司(以下简称雄源公司)因摩托车联营销售合同纠纷诉至法院。法院于

---

〔1〕 江平主编:《新编公司法教程》,法律出版社2003年版,第125页。

2006年4月18日依法判决:终止原、被告双方所订联营销售合同的履行;被告在判决生效后立即归还原告摩托车销售款17,300元及尚未销售的银翔90型摩托车1辆。一审民事判决生效后,权利人锡山车行于2006年12月17日向法院申请执行。

法院在执行过程中查明:被执行人雄源公司系有限责任公司,注册资本50万元(实物出资),股东顾中明和舒远湘各出资25万元,租房经营,2005年7月25日领取营业执照,法定代表人为顾中明,2006年7月22日经工商行政管理部门核准注销。该公司在经营期间未建立完善的财务、会计制度,申请注销公司登记时也没有依法进行清算。

2007年5月19日,申请执行人锡山车行提出法律咨询:可否再次向法院提出申请,要求变更雄源公司股东顾中明和舒远湘为被执行人?

训练要求

请根据锡山车行叙述的案情,针对其咨询的问题做出解答,说明法律依据和理由,并给锡山车行出具一份书面法律意见书。

【操作训练二】

训练形式:模拟法庭、课堂辩论、撰写代理词

训练素材

2000年时,张洪量和吴志坚两人各出资25万元,各占50%的股份,成立了屏山旅游开发有限责任公司,开发距黄山市70公里的屏山村旅游业,把屏山村变成一个旅游景点。张洪量是公司的董事长,但公司的主要事务由总经理吴志坚负责。

公司成立一年后,张洪量和吴志坚产生了很大的矛盾。吴志坚于2001年离开了公司。吴志坚退出公司时签了协议书,内容是:经双方达成协议,吴志坚自愿退出屏山旅游股份。经过账务清算后,张洪量退给吴志坚股资款项13万元整。

吴志坚离开公司半年之后,又向张洪量提出回公司,被张洪量拒绝。2002年6月,吴志坚向法院提起诉讼,要求法院确认自己当时退出公司时所签的协议无效,恢复自己的股东身份,其理由是在受张洪量胁迫,无奈之下在那份协议书上签了字。依据《合同法》第54条第2款规定,一方以欺诈、胁迫的手段或者乘人之危,使对方在违背真实意思的情况下订立的合同,受损害方有权请求人民法院或者仲裁机构变更或者撤销。张洪量却对此表示否认。

之后,吴志坚又提出,他和张洪量签订的这份协议书并不是股权转让书,而是退股协议书,违反了公司法的强制性规定,意味着抽回了出资,所以,协议无效。《公司法》第35条规定,股东在公司登记后,不得抽回投资。依据《合同法》第52条第5款规定,订立的合同违反法律、行政法规强制性的规定,应视为无效。

但张洪量认为,从这个退股协议书内容来看,其实是两个股东之间就股权转让约定的内容。

由于屏山公司成立至今,公司没有专门的会计人员,根本就没有财务账目,在账目上看不出支付给吴志坚的13万元是来源于公司还是张洪量自己拿的钱。张洪量坚称13万元是自己掏的腰包,而吴志坚则一口咬定这13万元是从公司拿的,双方又都没有直接证据证明自己的观点。

2002年8月16日,安徽省黟县人民法院做出一审判决。法院认为,原被告双方所签的协议是双方真实意思的表示,公司并没有拿出相应的证据来证明13万元的款项不属于公司资本,所以,法院认定退股协议内容无效。

张洪量不服该判决,向黄山市中级人民法院提起上诉。二审法院到黄山市黟县农业银行查询公司的开户账号,查询结果是,屏山市旅游开发公司在签订协议的前4天,也就是在2001年11月28日到31日那段时间并没有流出13万元的资金。所以,法官认为:钱不是从公司里面支付他们的,不属于抽逃资金的行为,双方所签的退股协议,其实质是双方的股权转让,2002年12月16日,黄山市中级人民法院做出终审判决,协议有效,撤销安徽省黟县人民法院的民事判决。

训练要求

(1)请同学举办模拟法庭,就张洪量、吴志坚两人签订的协议属于何种性质进行辩论。(2)请同学们根据本案情,作为张洪量或者吴志坚的代理人,就两人签订的协议属于股权转让还是抽回出资,撰写一份代理词。

第二节　一人有限责任公司

【基础知识】

一、一人有限责任公司概述

一人有限责任公司,简称"一人公司",是指由一名股东(自然人或法人)持有公司的全部出资的有限责任公司。《公司法》第57条第2款规定,一人有限责任公司是指一个自然人股东或者一个法人股东的有限责任公司。

在一人有限责任公司中,原本基于多元股东构建的相互监督与制约机制不复存在,难以形成科学的公司治理机制,也极易出现股东财产与公司财产不分,导致股东滥用公司法人人格的现象,不利于社会公众尤其是公司债权人利益的保护。为抑制一人有限责任公司弊端滋生,在允许一人有限责任公司设立及存在的国家，法律上关于一人公司的规定更为严格，也多为强制性规范。《公司法》只允许一个自然人或法人设立一人有限责任公司，而不允许设立一人股份有限公司。《公司法》还对一人有限责任公司的登记公示、章程的制定、会计审计、法人人格否定等方面做了特别规定。

二、对一人有限责任公司股东身份的限制

根据《公司法》第57条的规定，只有自然人或法人可以单独出资设立一人有限责任公司。非法人组织则不能设立一人有限责任公司。

为防止一人有限责任公司的自然人股东将自己的财产无限制地细化成若干份，设立若干一人有限责任公司，滥用股东有限责任的优势和公司独立人格，损害债权人利益，禁止自然人设立多个一人有限责任公司。《公司法》第58条规定："一个自然人只能投资设立一个一人有限责任公司。该一人有限责任公司不能投资设立新的一人有限责任公司。"《公司法》对法人则没有此限制。一个法人可以同时出资设立多个一人有限责任公司，而且该一人有限责任公司还可以再出资设立其他一人有限责任公司。

三、对一人有限责任公司登记公示的特别规定

为使交易相对人能够充分获取公司的信息，减少交易风险，要求一人有限责任公司对相关情况作出必要的提示。《公司法》第59条规定，一人有限责任公司应当在公司登记中注明自然人独资或者法人独资，并在公司营业执照中载明。

四、一人有限责任公司组织机构的特别要求

一人有限责任公司天然地缺乏内部监督与制衡机制，法律对一人有限责任公司的组织机构作出专门规定。为加强对一人有限责任公司股东的监督，规范其决策行为，防止其滥用公司人格，《公司法》规定，一人有限责任公司股东在作出《公司法》第37条第1款（有限责任公司股东会行使的职权）所列决定时，应当采用书面形式，并由股东签名后置备于公司，使其决定公开化、透明化。

除《公司法》对一人有限责任公司组织机构有特别规定的以外，一人有限责任公司的组织机构应适用《公司法》关于有限责任公司的一般性规定。一人有限责任公司也应当设董事会或者设一名执行董事，可以设经理，应当设监事会或者设一至二名监事。

五、特殊财务会计审计制度

为了保持公司财务和资产的独立性，防止公司财产与股东个人财产混同，避免会计账簿记录不真实和会计处理违法，防止股东向公司转移风险、向自己输送利益，加强社会审计监督，有利于公司债权人及利益相关者了解一人有限责任公司的经营和财产状况，《公司法》第62条规定，一人有限责任公司必须于每一会计年度终了时编制财务会计报告，并要经会计师事务所审计。法定审计制度可能会增加公司的成本,但却是一人有限责任公司为取信于人所必须付出的,也是对股东与债权人利益的一种平衡。

六、一人有限责任公司的法人人格否定

《公司法》第20条规定,"公司股东滥用公司法人独立地位和股东有限责任,逃避债务,严重损害公司债权人利益的,应当对公司债务承担连带责任"。此规定是法人人格否定的一般条件。在一人有限责任公司股东有其他滥用公司独立人格和股东有限责任的情形时,则应当适用《公司法》第20条第3款的一般规定。与一般有限公司相比,一人有限责任公司更容易发生滥用公司法人独立地位和股东有限责任的情况,为此,《公司法》第63条针对一人有限责任公司特别规定:"一人有限责任公司的股东不能证明公司财产独立于股东自己的财产的,应当对公司债务承担连带责任。"而对于举证责任问题,立法采取了举证责任倒置的制度,即只要与公司发生纠纷的相对人提出法人人格否定的主张,股东就要对公司财产是否独立于其个人财产承担举证责任。否则,就应当对公司的债务承担连带责任,从而加重一人有限责任公司股东的义务和责任。

【应用操作训练】

训练目的

通过实际操作训练,加深对一人有限责任公司的理解,掌握相关法律知识,并能够利用所学知识解决实践中遇到的法律问题。

【操作训练一】

训练形式:法律咨询

刘先生具有从事多年家装业务的技术和经验,因此想开办一家企业从事家装业务。与别人一起开办企业,担心时间长了股东之间闹矛盾而影响企业经营和效益,因此想自己独自成立企业。但也不能风险太大,避免一旦经营失败倾家荡产,影响家人生活。由于对于个人独资企业、合伙企业、有限责任公司等法律规定以及其各自利弊不太了解,究竟成立什么企业心里没底,因此,咨询如下问题:第一,一个人能否成立有限公司?第二,成立这些企业的条件、各自的利弊、法律规定等。第三,他的情况该成立何种性质的企业比较合适?

训练要求

请你根据刘先生的情况和法律规定,对提出的问题进行详细分析,讲解各自的优势、不足等,为其提供一份书面的法律意见和建议。要求条理清晰,回答问题具有法律依据。

【操作训练二】

训练形式:撰写法律文书。

训练素材

某甲于2014年7月独资设立了一家摄像公司,主要经营照相、彩扩等业务。该公司有员工六名,三名是摄像师,另三名从事打杂工作。某甲是该公司唯一的股东,同时兼任经理。公司的日常事务都听从某甲的指挥。9月,因摄像公司业务的扩大需购买一批照相器械,于是某甲与中天摄像器材有限责任公司(以下简称中天公司)签订了买卖合同,合同约定:中天摄像器材有限责任公司向摄像公司提供一批照相器械,而摄像公司须于10月付清总价款26万元。某甲以公司的名义在合同上签了名。货款到期后,摄像公司迟迟不付款。在多次催促无果的情况下,中天摄像器材有限责任公司将摄像公司和某甲一同告上了法院,请求摄像公司还款,某甲承担连带还款责任。

训练要求

(1)请你作为中天公司的代理人,撰写民事起诉状,请求摄像公司的股东某甲对公司债务承担责任。(2)请你作为摄像公司某甲的代理人,撰写一份答辩状,就股东某甲对摄像公司的债务不应承担责任进行答辩,并准备举证材料。

第三节　有限责任公司的设立

【基础知识】

一、有限责任公司设立条件

公司因组织形式不同,设立条件也有所不同。2013年12月28日第十二届全国人大常委会第六次会议通过了《中华人民共和国公司法》的修正案,自2014年3月1日起施行。本次修改中包括有限责任公司设立条件。根据修改后的《公司法》第23条的规定,设立有限责任公司需具备下列条件。

(一)股东符合法定人数

《公司法》第24条规定,有限责任公司依法由50个以下股东共同出资设立。这50位以下股东必须都要出资,不出资的不能成为有限责任公司的股东。股东可以是自然人,也可以是法人。

(二)全体股东认缴的出资额符合公司章程规定

有限责任公司的设立必须有出资额,出资额不仅是公司全体股东认缴的总额,而且还必须符合公司章程的规定。现行《公司法》取消了公司资本最低限额要求,但是,全体股东必须足额认缴公司的注册资本,而至于股东何时缴纳、缴纳多少等则由公司章程规定，这样降低了设立有限责任公司注册资本的门槛。值得注意的是，对于特殊行业和领域，我国法律、行政法规对公司最低注册资本仍然保持较高的设立要求。例如，根据我国《商业银行法》第13条规定，设立全国性商业银行的注册资本最低限额为人民币10亿元；根据我国《保险法》第69条规定，设立保险公司，其注册资本的最低限额为人民币2亿元，而且必须为实缴货币资本。

（三）股东共同制定公司章程

公司章程是由股东制定的，在公司中具有最高法律效力的公司规章。公司章程对公司、股东、董事、监事和高级管理人员均有约束力。

按照公司法规定，公司章程由公司全体股东依法共同制定，股东应当在公司章程上签名、盖章。公司章程具体记载事项需包括（1）公司名称和住址；（2）公司经营范围；（3）公司注册资本；（4）股东的姓名或名称；（5）股东的出资方式、出资额和出资时间；（6）公司的机构及其生产办法、职权、议事规则；（7）公司的法定代表人；（8）公司股东会会议认为需要的其他事项。

（四）公司名称及组织机构符合规定

公司名称不但是公司成立必不可少的法律要件，同时是公司以自己的名义独立开展经营活动经营的客观需要。我国《公司法》第8条规定，依法设立的有限责任公司必须在公司名称中标明“有限责任公司或有限公司”的字样，以区别于其他企业形式。因为有限责任公司是独立的法人，故必须依法设立相应的组织机构，具体包括股东会、董事会和监事会等。

（五）公司有住所

公司住所，即公司在公司登记机关登记的公司所在地，公司住所类似于自然人的户籍地。依据《公司法》第10条规定，公司以其主要办事机构所在地为住所，但实际经营中，有些公司根据实际需要会设立若干办事机构，或者发生办事机构所在地变更，与公司登记机关登记的住所不一致的情况，很难判断其主要办事机构为何处。因此，判断公司住所应当以公司登记机关登记的地址为准。另外，公司的生产经营场所不同于公司住所，一家公司可以有多处生产经营场所，但公司的住所只能有一个。

二、有限责任公司的设立程序

按照我国现行《公司法》及《公司登记管理条例》的相关规定，设立有限责任公司须经过下列程序：

（一）签订设立协议

设立协议，也称公司设立协议，是发起人在设立公司之初确定设立公司的合意。它的内容包括所有发起人就设立公司各事项所达成的发起人的权利、义务等。

需要说明的是,实践中出资人设立公司均存在口头或者书面的设立协议,对各股东出资额、未来公司的经营管理等进行约定。但设立协议并非成立有限责任公司在法律上的程序要求,也非成立公司的必备书面文件。

(二)公司章程的制定

公司章程的制定对于公司成立后的经营运转起着至关重要的作用,制定章程是公司设立所必经的重要程序。有限责任公司的公司章程由全体股东共同制定,并在章程上签名、盖章。订立公司章程的目的是确定公司的宗旨、经营范围、注册资本、组织机构以及利润分配等重大事项,为成立后的公司、公司的组织机构及其人员、股东等活动建立基本的行为规范。公司章程对公司、公司董事、监事和高级管理人员均有约束力。

公司章程的制定、修改等应当符合公司法规定,否则,公司章程将会被认定为无效。对于章程的某些内容如果属于公司法强制性规定,公司章程不能改变,否则,该条款将会被认定为无效。

公司章程应在公司登记主管机关备案。公司成立后,如果设立协议与公司章程不一致,则以公司章程为准。

(三)主管部门的审批

为了维护国家安全和社会公共利益,我国对需要加以监督控制的行业实行准入制,即法律、法规规定的行政许可制度。只有获得国家相关主管部门的特别许可,才能进入相应的行业从事经营活动。当然,随着社会主义市场经济体制的不断完善,这些限制进入与经营的行业也将会不断地减少。

目前,我国对烟草医疗、金融行业等需要加以监督控制的行业实行公司(及各类企业)登记的前置行政审批制度,即行政许可制度,只有取得行业许可证之后,才能到工商部门办理注册登记,即“先证后照”。目前我国正致力于设立企业的前置行政许可改革,未来将实施先办理企业工商登记,之后再到行业主管部门办理行政许可,即“先照后证”制度。

(四)出资的缴纳

缴纳出资是发起人协议和公司章程的重要内容,是股东必须履行的法定义务。按照现行公司法规定,公司资本只需要全体股东认缴,而不再采用实缴制,即公司章程中所记载的资本总额,在公司成立时全部落实到每一个股东名下即可,即认缴。每个股东实际缴纳出资的数额、缴纳时间等由公司章程规定。

(五)确立公司组织机构

公司的组织机构不仅是成立公司的必要条件,同时是公司作为一个组织体必须应有的意思机关,否则即便设立成功,也无法正常从事经营活动。公司应依据《公司法》第36条到第56条的规定，成立股东会、董事会或执行董事、监事会或执行监事，以及董事长、董事、监事、经理等职位，之后才可以正式申请公司登记。

（六）申请登记

有限责任公司的设立申请，应由其全体股东共同指定的代表或共同委托的代理人向公司登记机关提出。申请登记时，应当向公司登记机关提交设立登记申请书、公司章程、股东的法人资格证明或者自然人的身份证明等有关文件。法律、行政法规规定或者国务院决定设立时必须经过审批的还应提交有关审批文件。经过公司登记机关审查，对符合法律、行政法规规定的，方可予以登记，发给《企业法人营业执照》，自营业执照签发之日起公司即告成立。

三、公司登记制度

（一）登记制度概述

公司登记，也称工商登记，是指公司登记机关根据申请人的申请，按照公司法规定的程序审查和记载公司的设立、变更、终止等事项，并以适当程序公示登记事项的公司法制度。任何形式的企业，无论公司、合伙企业还是个人独资企业的设立都必须经过企业登记机关注册登记，才能开展经营活动。

根据不同的划分标准，工商登记可以作出不同的分类。根据登记的申请目的，公司登记可分为设立登记、变更登记和注销登记。设立登记是指公司设立者为使公司取得主体身份，得到法律认可而进行的登记。变更登记是指公司设立后，在经营过程中因原登记事项发生变化而依法需要进行的登记。注销登记是指公司解散后，依法终止公司所进行的登记，注销登记后公司随即消灭。

根据登记的性质，公司登记可分为企业法人登记和营业登记。企业法人登记，创设法人人格，同时赋予该企业从事经营活动的主体资格。营业登记，是指政府承认某项营业的合法性，准许企业开业经营。在我国现行企业登记制度中，一种情形是企业法人登记和营业登记合并进行，即公司在取得企业法人资格的同时取得营业资格，不需要分别独立进行登记。另一种情形是单行的营业登记，如分公司营业登记、合伙企业营业登记、独资企业营业登记等，该种登记仅赋予企业营业资格，但不赋予法人资格。经过单行营业登记的企业在取得营业资格的同时，取得非法人组织的主体资格。[1]

（二）有限责任公司设立登记的程序

我国《公司登记管理条例》及相关法律规定，公司登记机关是国家工商行政管理总局和地方各级工商行政管理局。工商行政管理机关依法独立行使工商登记职权，在其系统内实行分级登记管理的制度，下级公司登记机关接受上级公司

[1] 王德山：《公司法学》，中国政法大学出版社2008年版，第88页。

登记机关的领导,开展公司登记工作。《公司登记管理条例》第6条至第8条规定,国家工商行政管理总局,省、自治区、直辖市工商行政管理局,市、县工商局分级负责公司的登记。所有企业的设立、变更、注销登记均应在同一登记机关进行登记。

根据《公司登记管理条例》第20条的规定,设立有限责任公司,应当由全体股东指定的代表或者共同委托的代理人向公司登记机关申请设立登记。法律、行政法规或者国务院决定规定设立有限责任公司必须报经批准的,应当自批准之日起90日内向公司登记机关申请设立登记;逾期申请设立登记的,申请人应当报批准机关确认原批准文件的效力或者另行报批。

申请设立有限责任公司,应当向公司登记机关提交下列文件:(1)公司法定代表人签署的设立登记申请书;(2)全体股东指定代表或者共同委托代理人的证明;(3)公司章程;(4)股东的主体资格证明或者自然人身份证明;(5)载明公司董事、监事、经理的姓名、住所的文件以及有关委派、选举或者聘用的证明;(6)公司法定代表人任职文件和身份证明;(7)企业名称预先核准通知书;(8)公司住所证明;(9)国家工商行政管理总局规定要求提交的其他文件。法律、行政法规或者国务院决定规定设立有限责任公司必须报经相关审批部门批准的,还应当提交有关许可文件、证件。

(三)有限责任公司设立登记的法律效力

1. 确认和取得法人资格

我国《公司登记管理条例》第3条规定:"公司经公司登记机关依法登记,领取《企业法人营业执照》,方取得企业法人资格。自本条例施行之日起设立公司,未经公司登记机关登记的,不得以公司名义从事经营活动。"由此可见,核准登记起到了确认或创设企业法人民事主体资格的功能。有限责任公司经注册登记取得法人资格后,方可以公司的名义从事营业活动,公司、股东的权益也受到法律的保护。

2. 取得从事经营活动的合法凭证

有限责任公司通过核准登记不仅取得法人资格,同时取得营业资格,这意味着公司在核准登记的范围内可以从事活动。《企业法人营业执照》具有双重功能,一方面作为法人资格凭证;另一方面作为营业资格的凭证,公司取得了依法从事经营活动的资格和权利。

尽管法人资格和营业资格合二为一,但当公司登记机关依据法律、行政法规吊销了公司的《企业法人营业执照》的情况下,司法判例以及学界一致认为,公司的营业资格被取消,但法人资格仍然存在。

3. 公司设立登记具有公信力

有限责任公司经过登记设立这一方式,将公司的成立以及公司的基本情况如公司名称、住所、资本等信息向社会公众公布，以便于公众了解企业的基本状况，在维护社会交易的安全与稳定的同时，社会公众不仅可以通过查阅登记材料了解公司的情况，还要接受社会公众的审视和监督，受到舆论的评价，形成专属于公司的自有公信力。

《企业信息公示暂行条例》第6条规定，工商行政管理部门应当通过企业信用信息公示系统，公示其在履行职责过程中产生的企业信息。这些信息包括注册登记、备案信息、动产抵押登记信息、股权出质登记信息、行政处罚信息以及其他依法应当公示的信息。对这些企业信息，工商行政管理部门应当自产生之日起20个工作日内予以公示。第7条规定，其他政府部门应当公示的企业信息包括行政许可准予、变更、延续信息，行政处罚信息以及其他依法应当公示的信息。

4. 公司享有名称专用权

有限责任公司申请设立登记，其名称被公司登记机关注册登记后，公司对登记的名称享有名称专用权，其他任何单位或个人未经公司许可不得擅自使用其名称。有限责任公司可以使用其名称并以其名义从事经营活动，对以该名义从事的经营活动享有权利、承担义务。

四、公司设立过程中发起人的法律责任

（一）发起人概念

为设立公司而签署公司章程、向公司认购出资或者股份并履行公司设立职责的人，应当认定为公司的发起人。这其中也包括有限责任公司设立时的股东。

（二）因设立公司而签订的合同责任

发起人为设立公司以自己名义对外签订合同，合同相对人可以请求该发起人承担合同责任。公司成立后对该合同予以确认，或者已经实际享有合同权利或者履行合同义务的，合同相对人也可以请求公司承担合同责任（《公司法解释三》第2条）。

发起人以设立中公司的名义对外签订合同，公司成立后合同相对人有权请求公司承担合同责任。如果公司成立后有证据证明发起人利用设立中公司的名义为自己的利益与相对人签订合同，公司可以以此为由主张不承担合同责任，但相对人为善意的除外（《公司法解释三》第3条）。

（三）公司未能成立的法律责任

根据《公司法解释三》第4条规定，公司因故未成立，债权人可以请求全体或者部分发起人对设立公司行为所产生的费用和债务承担连带清偿责任。部分发起人依照前款规定承担责任后，请求其他发起人分担的，人民法院应当判令其他发起人按照约定的责任承担比例分担责任；没有约定责任承担比例的，按照约定的出资比例分担责任；没有约定出资比例的，按照均等份额分担责任。因部分发起人的过错导致公司未成立，其他发起人主张其承担设立行为所产生的费用和债务的，人民法院应当根据过错情况，确定过错一方的责任范围。

发起人因履行公司设立职责造成他人损害的，公司成立后受害人可以请求公司承担侵权赔偿责任；公司未成立的，受害人可以请求全体发起人承担连带赔偿责任。公司或者无过错的发起人承担赔偿责任后，可以向有过错的发起人追偿。

【应用操作训练】

训练目的

通过模拟操作和训练，掌握有限责任公司的设立制度，成立有限责任公司的条件、程序等要求，了解公司成立所需各种材料、要求等，培养学生的实际操作能力和解决问题的能力以及创新能力。

训练形式：模拟设立有限责任公司

训练素材

张云军与某贸易有限公司、某医药公司签订了协议书，达成以下共识：三方联合出资在某市设立生物制品有限公司，公司名称为：某生物医药制品有限责任公司，经营生物制品、保健品、食品，兼营电子产品、医疗器械的生产和销售。公司注册资本为1000万元，某贸易有限公司出资440万元，占44%，某医药公司出资360万元，占36%。张云军以专利技术作为出资，占20%。公司的投资总额为1700万元，其中固定资产投资600万元，流动资金1100万元。公司投资总额内，某贸易有限公司、某医药公司按其注册资本投资比例分批缴付，第一次缴付日期为2014年11月30日以前，某贸易有限公司220万元，某医药公司180万元；第二次缴付日期为2014年12月30日以前，某贸易有限公司220万元，某医药公司180万元；第三次为2015年5月31日以前，某贸易有限公司260万元，某医药公司640万元。董事会由5名董事组成，其中由贸易有限公司委派2名，某医药公司委派2名，张云军委派1名。公司设经理办公室，张军为总经理，负责公司的日常经营管理工作。协议还约定各方的违约责任：某贸易有限公司或某医药公司如未依期如数缴纳资金，从逾期第1个月算起，每逾期1个月，违约一方应缴付应缴出资金额的0.5%作为违约金给守约方。由于一方违约造成本协议及其附件不能履行或不能完全履行时，由违约一方承担违约责任；如三方均违约，根据出资比例，由各方分别承担各自的违约责任。

训练要求

(1)请同学们根据上述材料分组，模拟设立一有限责任公司；(2)归纳和总结注册成立有限责任公司所需要填写的表格以及所需其他各种材料，并按照要求填写或者撰写相关表格、各种法律文书，如公司设立协议书、公司章程等；(3)按照注册成立有限责任公司的要求，每个小组完成设立有限责任公司的全部过程，并提交一套完整的公司登记资料（包括但不限于公司设立协议书、公司章程、公司登记资料等）。

提示：除本节提供的上述素材外，同学们也可以自行拟定拟将成立的公司的基本情况，如公司名称、注册资本、各股东认缴出资额，等等。

附一：公司章程

________有限（责任）公司章程

（参考格式）

第一章　总　　则

第一条　依据《中华人民共和国公司法》（以下简称《公司法》）及有关法律、法规的规定，由________等________方共同出资，设立________有限（责任）公司（以下简称公司），特制定本章程。

第二条　本章程中的各项条款与法律、法规、规章不符的，以法律、法规、规章的规定为准。

第二章　公司名称和住所

第三条　公司名称：____。

第四条　住所：____。

第三章　公司经营范围

第五条　公司经营范围：（注：根据实际情况具体填写。最后应注明"以工商行政管理机关核定的经营范围为准"。）

第四章　公司注册资本及股东的姓名（名称）、出资额、出资时间、出资方式

第六条　公司注册资本：________万元人民币。

第七条　股东的姓名（名称）、认缴的出资额、出资时间、出资方式如下：

股东姓名或名称	认缴情况		
	认缴出资额	缴纳时间	出资方式
合计			

第五章 公司的机构及其产生办法、职权、议事规则

第八条 股东会由全体股东组成,是公司的权力机构,行使下列职权:

(一)决定公司的经营方针和投资计划;

(二)选举和更换非由职工代表担任的董事、监事,决定有关董事、监事的报酬事项;

(三)审议批准董事会(或执行董事)的报告;

(四)审议批准监事会(或监事)的报告;

(五)审议批准公司的年度财务预算方案、决算方案;

(六)审议批准公司的利润分配方案和弥补亏损的方案;

(七)对公司增加或者减少注册资本作出决议;

(八)对发行公司债券作出决议;

(九)对公司合并、分立、解散、清算或者变更公司形式作出决议;

(十)修改公司章程;

(十一)其他职权。

(注:由股东自行确定,如股东不作具体规定应将此条删除)

第九条 股东会的首次会议由出资最多的股东召集和主持。

第十条 股东会会议由股东按照出资比例行使表决权。

(注:此条可由股东自行确定按照何种方式行使表决权)

第十一条 股东会会议分为定期会议和临时会议。

召开股东会会议,应当于会议召开十五日以前通知全体股东。

(注:此条可由股东自行确定时间)

定期会议(注:由股东自行确定)定时召开。代表1/10以上表决权的股东,1/3以上的董事,监事会或者监事(不设监事会时)提议召开临时会议的,应当召开临时会议。

第十二条 股东会会议由董事会召集,董事长主持;董事长不能履行职务或者不履行职务的,由副董事长主持;副董事长不能履行职务或者不履行职务的,由半数以上董事共同推举一名董事主持。

(注:有限责任公司不设董事会的,股东会会议由执行董事召集和主持)

董事会或者执行董事不能履行或者不履行召集股东会会议职责的,由监事会或者不设监事会的公司的监事召集和主持;监事会或者监事不召集和主持的,代表十分之一以上表决权的股东可以自行召集和主持。

第十三条 股东会会议作出修改公司章程、增加或者减少注册资本的决议,以及公司合并、分立、解散或者变更公司形式的决议,必须经代表2/3以上表决权的股东通过。

（注：股东会的其他议事方式和表决程序可由股东自行确定）

第十四条　公司设董事会，成员为____人，由________产生。董事任期____年（注：每届不得超过三年），任期届满，可连选连任。

董事会设董事长一人，副董事长____人，由__________ 产生。

（注：股东自行确定董事长、副董事长的产生方式）

（注：有限公司不设董事会的，此条应改为：公司不设董事会，设执行董事一人，由股东会选举产生。执行董事任期____ 年，任期届满，可连选连任）

第十五条　董事会行使下列职权：

（一）负责召集股东会，并向股东会议报告工作；

（二）执行股东会的决议；

（三）审定公司的经营计划和投资方案；

（四）制定公司的年度财务预算方案、决算方案；

（五）制定公司的利润分配方案和亏损弥补方案；

（六）制定公司增加或者减少注册资本以及发行公司债券的方案；

（七）制定公司合并、分立、变更公司形式、解散的方案；

（八）决定公司内部管理机构的设置；

（九）决定聘任或者解聘公司经理及其报酬事项，并根据经理的提名决定聘任或者解聘公司副经理、财务负责人及其报酬事项；

（十）制定公司的基本管理制度；

（十一）其他职权。

（注：由股东自行确定，如股东不作具体规定应将此条删除股东人数较少或者规模较小的有限责任公司，可以设一名执行董事，不设董事会。执行董事的职权由股东自行确定）

第十六条　董事会会议由董事长召集和主持；董事长不能履行职务或者不履行职务的，由副董事长召集和主持；副董事长不能履行职务或者不履行职务的，由半数以上董事共同推举一名董事召集和主持。

第十七条　董事会决议的表决，实行一人一票。

董事会的议事方式和表决程序。

（注：由股东自行确定）

第十八条　公司设经理，由董事会决定聘任或者解聘。经理对董事会负责，行使下列职权：

（一）主持公司的生产经营管理工作，组织实施董事会决议；

（二）组织实施公司年度经营计划和投资方案；

（三）拟订公司内部管理机构设置方案；

(四)拟订公司的基本管理制度;

(五)制定公司的具体规章;

(六)提请聘任或者解聘公司副经理、财务负责人;

(七)决定聘任或者解聘除应由董事会决定聘任或者解聘以外的负责管理人员;

(八)董事会授予的其他职权。

(注:以上内容也可由股东自行确定)

经理列席董事会会议。

第十九条　公司设监事会,成员____人,监事会设主席一人,由全体监事过半数选举产生。监事会中股东代表监事与职工代表监事的比例为____:____。(注:由股东自行确定,但其中职工代表的比例不得低于1/3)

监事的任期每届为三年,任期届满,可连选连任。

(注:股东人数较少规格较小的公司可以设一至二名监事,此条应改为:公司不设监事会,设监事____人,由股东会选举产生。监事的任期每届为三年,任期届满,可连选连任)

第二十条　监事会或者监事行使下列职权:

(一)检查公司财务;

(二)对董事、高级管理人员执行公司职务的行为进行监督,对违反法律、行政法规、公司章程或者股东会决议的董事、高级管理人员提出罢免的建议;

(三)当董事、高级管理人员的行为损害公司的利益时,要求董事、高级管理人员予以纠正;

(四)提议召开临时股东会会议,在董事会不履行本法规定的召集和主持股东会会议职责时召集和主持股东会会议;

(五)向股东会会议提出提案;

(六)依照《公司法》第152条的规定,对董事、高级管理人员提起诉讼;

(七)其他职权。

(注:由股东自行确定,如股东不作具体规定应将此条删除)

监事可以列席董事会会议。

第二十一条　监事会每年度至少召开一次会议,监事可以提议召开临时监事会会议。

第二十二条　监事会决议应当经半数以上监事通过。

监事会的议事方式和表决程序。

(注:由股东自行确定)

第六章　公司的法定代表人

第二十三条　董事长为公司的法定代表人。

（注：也可是执行董事或经理，由股东自行确定）

第七章　股东会会议认为需要规定的其他事项

第二十四条　股东之间可以相互转让其部分或全部出资。

第二十五条　股东向股东以外的人转让股权，应当经其他股东过半数同意。股东应就其股权转让事项书面通知其他股东征求同意，其他股东自接到书面通知之日起满30日未答复的，视为同意转让。其他股东半数以上不同意转让的，不同意的股东应当购买该转让的股权；不购买的，视为同意转让。

经股东同意转让的股权，在同等条件下，其他股东有优先购买权。两个以上股东主张行使优先购买权的，协商确定各自的购买比例；协商不成的，按照转让时各自的出资比例行使优先购买权。

（注：以上内容亦可由股东另行确定股权转让的办法）

第二十六条　公司的营业期限____年，自公司营业执照签发之日起计算。

第二十七条　有下列情形之一的，公司清算组应当自公司清算结束之日起30日内向原公司登记机关申请注销登记：

（一）公司被依法宣告破产；

（二）公司章程规定的营业期限届满或者公司章程规定的其他解散事由出现，但公司通过修改公司章程而存续的除外；

（三）股东会决议解散或者一人有限责任公司的股东决议解散；

（四）依法被吊销营业执照、责令关闭或者被撤销；

（五）人民法院依法予以解散；

（六）法律、行政法规规定的其他解散情形。

（注：本章节内容除上述条款外，股东可根据《公司法》的有关规定，将认为需要记载的其他内容一并列明。）

第八章　附　　则

第二十八条　公司登记事项以公司登记机关核定的为准。

第二十九条　本章程一式____份，并报公司登记机关一份。

全体股东亲笔签字、盖公章：

年　月　日

附二：公司设立登记申请表

内资公司设立登记申请书

公司名称：____________________

敬　告

1. 请您认真阅读本表内容和有关注解事项。在申办登记过程中如有疑问，请您登录"北京工商"网站（www. BAIC. gov. cn）—"网上办事"—"登记注册"模块查询相关内容，或直接到工商部门现场咨询。

2. 提交申请前，请您了解相关法律、法规，确知所享有的权利和应承担的义务。

3. 请您如实反映情况，确保申请材料的真实性。

4. 本申请书的电子版可通过上述网址获取。

5. 本申请书请使用正楷字体手填或打印填写。选择手工填写的，请您使用蓝黑或黑色墨水，保持字迹工整，避免涂改。选择打印填写的，请您填好后使用 A4 纸打印，按申请书完整页码顺序装订成册。

登记基本信息表

公司名称			
住　所①	北京市　　　区(县)　　　　　　　　(门牌号)		
法定代表人②		注册资本③	万元
公司类型			
经营范围			
营业期限	长期/____年	申请副本数④	____份

注：①填写住所时请列明详细地址，精确到门牌号或房间号，如"北京市××区××路(街)××号××室"。

②公司"法定代表人"指依据章程确定的董事长(执行董事或经理)。

③"注册资本"有限责任公司为在公司登记机关登记的全体股东认缴的出资额；发起设立的股份有限公司为在公司登记机关登记的全体发起人认购的股本总额；募集设立的股份有限公司为在公司登记机关登记的实收股本总额。

④企业根据需要可以向登记机关申请核发若干执照副本，请注明申领份数。

自然人股东(发起人)名录

姓名	性别	民族	户籍登记住址	证件名称及号码	是否为发起人

注:本表不够填的,可复印续填。

非自然人股东(发起人)名录①

名称	住所②	法定代表人③(投资人、执行事务合伙人或委派代表)	营业执照注册号④	是否为发起人

注:①本表不够填的,可复印续填。

②“住所”栏只须填写省、市(县)名称即可。

③“法定代表人姓名(投资人、执行事务合伙人)”栏,投资者为全民所有制、集体所有制、集体所有制(股份合作)、公司制企业法人的,填写其法定代表人;投资者为合伙企业的,填写其执行事务合伙人(或委派代表);投资者为个人独资企业的,填写其投资人。

④股东为企业的,请在“营业执照注册号”栏填写其注册号,非企业股东不必填写。

法定代表人、董事、经理、监事信息表[1]

股东在本表的盖章或签字视为对下列人员职务的确认。如可另行提交下列人员的任职文件,则无须股东在本表盖章或签字。

姓名	民族	现居所[2]	职务信息		任职期限	产生方式[5]
			职务[3]	是否为法定代表人[4]		
全体股东盖章(签字)[6]:						

注:①本页不够填的,可复印续填。

②"现居所"栏,中国公民填写户籍登记住址,非中国公民填写居住地址。

③"职务"指董事长(执行董事)、副董事长、董事、经理、监事会主席、监事。上市股份有限公司设置独立董事的应在"职务"栏内注明。

④担任公司法定代表人的人员,请在对应的"是否为法定代表人"栏内填"√",其他人员勿填此栏。

⑤"产生方式"按照章程规定填写,董事、监事一般应为"选举"或"委派";经理一般应为"聘任"。

⑥"全体股东盖章(签字)"处,股东为自然人的,由股东签字;股东为非自然人的,加盖股东单位公章。不能在此页盖章(签字)的,应另行提交有关选举、聘用的证明文件。

第三章　股东出资制度知识与应用

第一节　股东出资概述

【基础知识】

一、股东出资和公司资本

股东出资是指发起人和认股人在公司设立或者公司成立后增加公司资本时,根据法律和章程的规定向公司交付财产或履行其他给付义务以取得股权或股份的行为。本章是对股东出资制度进行的全面介绍,不局限于有限责任公司部分,股份有限公司发起人同样适用,本书其他章节将不再赘述。

股东出资制度与公司资本制度有着紧密的相互关系,公司资本来源于股东的出资,全体股东的出资构成了公司的资本,从而形成公司的资本信用。我国《公司法》既对股东出资做出了规定,同时也对公司的资本制度做出了相应的规定。

二、股东出资与有限责任

股东出资是股东承担有限责任的前提,同时是股东承担责任的限制。公司法上的有限责任是指股东以其出资额为限对公司债务承担责任,而无限责任是指股东对公司债务承担责任不以其出资额为限,而以其全部资产对公司债务负责。在实际经营中,有限责任公司和股份有限公司的股东在足额履行出资义务后,就不再对公司承担额外的财产责任,公司的债务将由公司全部独立承担。

三、股东出资与股权

出资既是股东最基本的义务,也是其取得公司股权的前提和法律根据。股东因其拥有股权而对公司享有权利,但这以承担出资义务为前提。出资是股东取得股权的对价,在认购人取得公司股东的身份和资格之前,需以对公司的出资承诺为前提。股东分享公司收益的大小一般取决于其享有股权的大小,也就是取决于其出资的比例或持有的股份数量。在我国,有限责任公司股东通常按出资比例享有股权,股份有限公司则按股东持有的股份(股票)数量享有股权。

四、股东出资义务

出资作为股东最基本的义务,既是股东之间的约定义务,也是股东对公司的一种法定义务。股东通过发起人协议或认股书的形式约定其各自的出资方式或金额等。同时,出资是股东必须承担的法定义务,在公司成立之前必须制定章程,而对出资义务的安排是公司章程的必备事项之一,是不可免除的股东义务。股东违反出资义务,依法将对足额出资的股东、公司以及公司的债权人承担民事责任,此外还可能承担行政责任甚至是刑事责任。

需要特别说明的是,2013 年新修改的《公司法》删除了有限责任公司和股份有限公司的最低注册出资额和首次出资额限制等规定。除其他法律、行政法规有特别规定的外,多数有限责任公司和发起设立的股份有限公司的公司资本实行的是认缴制,股东对于出资将按照公司章程规定缴纳。因此,前述所讲的股东违反出资义务,主要是指未按照公司章程规定履行其出资义务。

【应用操作训练】

训练目的

通过应用操作训练,理解和掌握股东出资的法律意义,提高学生的公司法基本理论和基本原理素养,提高分析问题和解决问题的能力。

【操作训练】

训练形式:法律咨询、撰写法律文书

训练素材

2001 年,沛县沛城镇居民刘某认识了该县一家公司的负责人,交谈中得知他们的公司办得很红火,需要吸收更多的股金。刘某家中有些闲钱,便拿出 5 万元交给了这名负责人,和其他几位股东见了个面,在没有履行任何法定程序的情况下,该公司向刘某出具了写有"此款系股金"的收条,但没有到工商机关进行变更登记手续,并且公司承诺无论是否盈利,每年保证给其不少于 5000 元的红利。之后,刘某以为自己已经成为了该公司的股东,便放心地在家做起了发财美梦。

可是在以后的几年中,刘某按照最低 5000 元计算应得红利 1.5 万元,但却分文未得。刘某多次要求公司支付应得的红利,并归还其 5 万元款项。公司则认为,刘某和其他几人一样已是公司的股东,公司在这几年中根本没有盈利,而且股东出资后不得抽回出资,所以拒绝支付红利和返还 5 万元款项。刘某向律师咨询,其是否为公司股东?能否要求公司支付红利?能否要求公司归还投资的 5 万元?

训练要求

请你作为原告的诉讼代理人,根据公司法等规定以及所学知识,就原告是否

为公司股东、被告公司是否应当给其支付红利、退还原告钱款进行法律和理论分析,并写出一份代理词。

第二节 股东出资方式

【基础知识】

一、股东出资方式概述

股东出资是公司资本的唯一来源。常见的法定出资形式包括货币、实物、知识产权、土地所有权或使用权等。另一些出资形式,如劳务、商誉等,可否作为股东出资的问题,在不同公司类型、不同国家的规定中存在一定的差异。我国《公司法》第 27 条规定,“股东可以用货币出资,也可以用实物、知识产权、土地使用权等可以用货币估价并可以依法转让的非货币财产作价出资;但是,法律、行政法规规定不得作为出资的财产除外”。从该规定可以看出,我国对于股东的出资方式虽然有所限制,但相对较为宽泛,只要可以用货币进行价值衡量并可以通过合法途径转让的一切财产都可以进行作价出资。

二、货币出资

货币出资是股东最常用的一种出资方式。股东以货币出资,直接表现为货币的金额,价值标准无须折算,避免了其他出资方式可能产生的出资不实等诸多弊端。除此之外,货币的交付也最为简单。

股东以货币进行出资,其货币既可以是自有资金,也可以是从银行贷款或是向他人的借款,并不要求货币必须出自己有。在公司设立的实践中,通常会有其他股东以借款名义垫付出资,在此情况下,借款人与出借人之间形成了借款合同关系,借用人依照合同约定进行偿还。我国国家工商行政管理总局《公司注册资本登记管理规定》第 7 条规定,“公司股东或者发起人必须以自己的名义出资”,仅仅对“以自己的名义出资”作出要求,并未对股东货币出资的来源作出要求。在实务当中,借款人借入款项之后,货币所有权归借款人所有,借款人与出借人之间形成的债权债务关系,由借款人本人负责偿还,尽管款项用于出资,但与公司无关,并不形成公司债务。

以贪污、受贿、侵占、挪用等违法犯罪所得的货币出资后取得股权的,对违法犯罪行为予以追究、处罚时,应当采取拍卖或者变卖的方式处置其股权,不能将该出资款直接从公司中抽回。

以货币出资的，其缴纳时间、数额等，应当按照公司章程的规定缴纳。

三、实物出资

实物出资是指民法上的物的出资，即有形资产，具体来说包括房屋、车辆、设备、原材料、成品及半成品等各种有形财产。我国《公司法》第27条以及第82条对有限责任公司的所有股东和股份有限公司的发起人出资方式作出了规定，股东和发起人可以实物，如建筑物、厂房、机器设备等进行作价出资。

对于以实物方式出资，在程序、要求等方面有很多不同于货币出资之处。首先，股东对用以出资的实物必须拥有所有权或处分权。《公司法解释三》第7条规定："出资人以不享有处分权的财产出资，当事人之间对于出资行为效力产生争议的，人民法院可以参照物权法第106条的规定予以认定。"

其次，实物出资应当进行评估。实物出资的评估作价应当与其价值相符，我国《公司法》第27条第2款规定，"对于非货币出资的财产应当评估作价，核实财产，不得高估或者低估作价"。

《公司法解释三》第9条规定："出资人以非货币财产出资，未依法评估作价，公司、其他股东或者公司债权人请求认定出资人未履行出资义务的，人民法院应当委托具有合法资格的评估机构对该财产评估作价。评估确定的价额显著低于公司章程所定价额的，人民法院应当认定出资人未依法全面履行出资义务。"

最后，股份有限公司发起人用以抵作股款的财产的评估作价应当经过创立大会审核方可进行实物出资。

一般实物出资的缴纳，以将该出资财产交付公司，转移财产所有权来完成缴纳。对于须经办理过户登记手续才能转移所有权的财产，如房屋等，应当依法办理过户登记手续，并且将该实物实际交付该公司占有，才可以认定为完全履行了出资义务。否则，即被认定为未完全履行出资义务。

四、土地使用权出资

土地使用权是指股东以土地使用权向公司出资的出资方式，是《公司法》规定的股东出资的法定形式之一。我国《物权法》第143条规定："建设用地使用权人有权将建设用地使用权转让、互换、出资、赠与或者抵押，但法律另有规定的除外。"

用于出资的土地使用权必须是出让土地的使用权，而不是划拨土地的使用权。土地使用权的取得方式分为划拨土地使用权和出让土地使用权两种，前者为无偿取得，后者则是以向国家交纳土地出让金的方式而有偿取得。以土地使用权出资，是营利性的投资行为，因此只能以有偿方式取得的出让土地使用权作为出资。如果欲以划拨土地的使用权出资，应当报经有批准权的人民政府审批，并应先办理土地出让手续,依照国家有关规定缴纳土地使用权出让金,有偿取得国有土地使用权后才可以进行出资。

用于出资的土地使用权必须是未设权利负担的土地使用权。设有抵押权之类权利负担的土地使用权,可能会被其他权利人追索而在价值上受到贬损。这种存在瑕疵的权利如果作为出资,将会损害公司和其他股东的利益。因此,对于以带有权利负担的土地的使用权作为出资的,应当解除权利负担。

《公司法解释三》第8条规定:"出资人以划拨土地使用权出资,或者以设定权利负担的土地使用权出资,公司、其他股东或者公司债权人主张认定出资人未履行出资义务的,人民法院应当责令当事人在指定的合理期间内办理土地变更手续或者解除权利负担;逾期未办理或者未解除的,人民法院应当认定出资人未依法全面履行出资义务。"

土地使用权出资的履行,包括实际转移占有、法定形式权利移转两方面。实际转移占有是指股东不再独自占有使用该出资使用权的土地,而由公司实际使用。法定形式的权力转移是指办理土地使用权的过户登记,在经过登记之后,公司才能取得完整、排他的土地使用权,出资人也就完全履行了其出资的义务。如果只交付土地的实际使用权而未办产权过户登记,或只办理了产权过户登记而未实际交付土地使用权,都属于没有完全厦行出资义务的情况。

《公司法解释三》第10条第1款规定,出资人以房屋、土地使用权或者需要办理权属登记的知识产权等财产出资,已经交付公司使用但未办理权属变更手续,公司、其他股东或者公司债权人主张认定出资人未履行出资义务的,人民法院应当责令当事人在指定的合理期间内办理权属变更手续;在前述期间内办理了权属变更手续的,人民法院应当认定其已经履行了出资义务;出资人主张自其实际交付财产给公司使用时享有相应股东权利的,人民法院应予支持。第10条第2款规定,出资人以前款规定的财产出资,已经办理权属变更手续但未交付给公司使用,公司或者其他股东主张其向公司交付,并在实际交付之前不享有相应股东权利的,人民法院应予支持。

五、股权出资

股权出资是指股东以其对另一公司享有的股权作为出资,并由公司作为股东取得和行使对另一公司的股权的出资方式。这种出资方式实质上属于股权的转让,是将股东对另一公司的拥有的股权转让给公司。股权出资涉及多方利益主体,不仅包括新设立的公司及其股东和公司的债权人,还涉及原有公司及其股东和公司的债权人,它不仅要遵守我国《公司法》的规定,还要遵守《证券法》等法律、行政法规的规定,是一个复杂的法律关系。

(一)股权出资的实质条件

由于股权出资具有特殊性,《公司法解释三》第11条对股权出资的条件进行了详细的规定。第一,出资的股权必须由出资人持有,并且依法可以转让。对于不是股权持有人,或是持有依法不可以转让股份的出资人,不能以股权作为出资。第二,出资的股权没有权利瑕疵或权利负担,对于设有质押权或其他权利瑕疵的股权不得作为出资。第三,出资人必须履行关于股权转让的法定手续。第四,出资的股权需要依法进行价值评估。股权出资不符合前述第一、二、三项的规定,公司、其他股东或者公司债权人请求认定出资人未履行出资义务的,人民法院应当责令该出资人在指定的合理期间内采取补正措施,以符合上述条件;逾期未补正的,人民法院应当认定其未依法全面履行出资义务。股权出资不符第四项的规定,公司、其他股东或者公司债权人可以请求认定出资人未履行出资义务,并依法要求其承担相应的法律责任。

(二)股权出资的程序

根据公司的不同组织形式,股权可以分为有限责任公司股权和股份有限公司股权,其中股份有限公司股权又分为记名股票和无记名股票。但无论属于哪一种股权,都可以向公司作价出资,同时必须遵守股权转让的相关法律规定。

根据我国《公司法》规定,以有限责任公司的股权作为出资需要遵守有关有限公司股权转让的法定程序如经过其他股东过半数同意、其他股东在同等条件下未主张行使优先购买权等。根据我国《公司法》第 5 章第 2 节的规定,以股份有限公司的股份作价出资的应当遵守相关规定。

除此之外,以有限责任公司股权及股份有限公司的记名股票出资的,应当办理变更登记等手续。

六、债权出资

债权出资,是指股东以其对接受出资的公司或第三人所享有的债权向公司出资。债权可以进行作价和转让,因此可以出资。对于债权的出资实际上属于债权的转让,将本属于出资人的债权转让给公司,从此,出资人因将债权人转让给公司而获得公司股权,而公司成为债务人的债权人。根据《合同法》规定,“债权人转让权利的,应当通知债务人。未经通知,该转让对债务人不发生效力。”因此,出资人应当依法履行通知债务人的义务。

根据债权性质,可分为一般债权与可转换公司债;根据出资时公司所处的经营状态,可分为正常债权出资和公司重整债权出资等;根据债务人不同,可分为对接受出资公司的债权和对第三人的债权。因债权性质不同,其出资程序、条件、法律要求等各有不同。

七、知识产权出资

知识产权出资属于非货币出资,主要包括专利权、商标权和著作权。知识产权是无形财产,同时兼具人身权性质和财产权性质。作为财产权,知识产权的价值可以评估作价和转移，尤其是在知识产权越发重要的现今社会，它不仅是企业的资产财富，有时甚至是关乎企业存亡的重要商业资源，因此可以作价出资。权利人以专利权和商标权进行出资时，应当依法在专利局、商标局办理过户登记，并实际转移给公司使用。

除上述明确列举的出资方式外，其他凡是可以货币估价并可以依法转让的非货币财产，如路桥收费权等，都可以作价出资。

但是，《公司登记管理条例》第14条规定，股东不得以劳务、信用、自然人姓名、商誉、特许经营权或者设定担保的财产等作价出资。信用、自然人姓名、商誉、劳务等由于无法进行估价或转移，不符合公司法规定的出资要求，不能作为有限公司和股份公司的出资方式。

【应用操作训练】

训练目的

通过应用训练，掌握公司法对股东出资方式的要求，将知识融会贯通，并能在实践中熟练应用，实现应用型法律人才的培养目标。

【操作训练一】

训练形式：课堂讨论、撰写法律文书

训练素材

2012年2月，福建的林先生在北京经人介绍认识了马先生，因为林先生有在北京进行投资的打算，但苦于找不到好的项目；马先生此前曾担任过一家订房公司的主管，对酒店订房项目运作模式十分精通，却愁于没有资金，因此两人一拍即合，决定成立公司。

2012年3月7日，双方签署了一份合作协议书。协议约定：林先生以货币出资入股，占公司60%的股权；马先生以无形资产出资的方式入股，占公司40%的股权。所谓的无形资产，包括资源、管理措施、实施方案、社会关系，甚至是一些具体而详细的步骤。

然而，被他们称为属于优势互补的合作，在公司申办初期却遇到了法律上的屏障，工商局不给登记。马先生以无形资产占有公司40%股权的约定不符合法律的规定。

2012年4月20日，为了绕过法律的屏障，两人决定采用变通的手法。在公司申办的手续上，不再出现以无形资产出资的字样，而改为全部用货币的方式出资。此次公司的注册资本为100万元，双方的股权分配比例依然是6:4。但马先生名下40万元的入股资金由林先生先行垫付。为了明确界定这笔垫付款的性质，双方在第一份协议的基础上又签订了一份《关于成立北京万里长城商务服

务有限公司的补充协议》,约定“林先生替马先生垫付40万元出资”,并约定这笔垫付款由未来的公司在经营期满时偿还。

公司成立后,马先生全权负责企业的日常管理工作。林先生离开北京去照料自己在外地的生意。但6个月后,当林先生回到公司时却看到公司的账面缩水了50多万元。两人的分歧越来越大,意见无法统一。而公司的业务又没有扭转的迹象,林先生感觉合作无望,提出要马先生归还在申办公司初期替他垫付的40万元人民币。

但马先生认为:根据协议,40万在公司结束后,由公司偿还。马先生还认为,40万其实是他的无形资产出资,只是当时为了符合法律的规定,而没有以无形资产的形式体现;还款协议完全可以佐证他这个说法,因为还款义务人是公司而不是他,所以这40万元是不需要还的。

林先生于2012年10月23日向法院提起诉讼,把马先生告上了法庭。请求法院认定由公司还款的这一协议条款无效,要求马先生归还当初的垫付款40万元人民币。

训练要求

(1)就本案所涉及的出资方式、垫付出资等法律问题,根据法律规定进行评析。(2)如何理解林先生替马先生垫付40万元出资,约定这笔垫付款由未来的公司在经营期满时偿还?马先生是否应当偿还该笔垫付的出资?(3)请你作为原告林先生、被告马先生的代理人,分别撰写代理词,并依据法律规定、公司法原理等进行详细分析和论证。要求逻辑清晰,具有事实和法律依据。

【操作训练二】

训练形式:举办模拟法庭、课堂讨论、撰写法律意见书

训练素材

某物业管理有限公司(以下简称物业公司)于2005年9月27日注册成立,股东分别为张某、任某。2006年2月9日,该物业公司在当地一家报纸上刊登一则招聘启事,声明只要缴纳一定数额的现金,不但可以到公司上班,还能成为公司的股东,参与公司经营。

程某在看到该广告后,随即到物业公司应聘,并与该公司签订了一份“入股协议书”,约定:“从2006年2月10日起,程某入股2万元,期限3年;程某自入股之日起到物业管理公司处上班,共同经营公司,并配合其他股东定期参加股东会议;公司经营时的重大决策问题务必提请董事会决策,参加股东必须达到半数以上;入股资金不得随意抽回,但经股东半数以上同意可以转让他人,本公司股东可优先购买;公司总经理负责每年底将公司经营及收支情况进行统一核算,对各股东进行分红或分担债务、债权。”

2006年2月13日，程某向物业管理公司交款2万元，物业公司出具了收据一份，载明收款事由为合伙入股。但该“入股协议书”未经公司股东张某、任某同意，公司也未对程某的“入股”行为在当地工商部门办理变更登记手续。

但是没过多久，程某就发现该物业公司经营存在严重问题，且账目混乱，遂提出退股申请，但遭到公司拒绝。于是程某将物业管理公司起诉到当地法院，要求物业公司退还所交的款项2万元。

对于程某的诉讼要求，物业管理有限公司提出反对意见：程某与公司签订“入股协议书”，缴纳2万元股金是事实，但程某莫名其妙地要求退股，其他股东不同意。依据《公司法》规定，公司依法成立后，股东不得抽逃出资。程某要求退股，无法律依据。

训练要求

(1)举办模拟法庭；(2)进行课堂讨论；(3)撰写法律文书。请你作为原告、被告的诉讼代理人，撰写民事起诉状、答辩状或代理词。请详细说明说明法律依据和理由，给予分析和论证。

提示：(1)程某是否为物业管理有限公司的股东？缴给公司的2万元现金是股金还是借款性质？为什么？(2)程某的行为是否属于抽逃资金行为？(3)物业公司是否应该退还程某的2万元现金？

【操作训练三】

训练形式：法律意见书

训练素材

1999年12月，浙江A公司与B公司签订了一份出资协议，约定A公司与B公司共同出资成立C公司。C公司注册资本2000万元，A公司以现金1200万元出资，占C公司注册资本的60%，在出资协议签订后10日内支付；B公司以厂房、土地使用权出资，折价800万元，占注册资本的40%，在C公司取得营业执照后3日内办理产权过户手续。随后A公司按约履行了出资义务，C公司也经工商登记注册成立。但由于B公司拟作为出资的厂房和土地使用权属于其全资子公司D公司所有，B公司在出资协议中约定作为出资的厂房和土地使用权一直未能过户至C公司名下。经多次催缴未果，2001年11月，A公司与C公司向法院提起诉讼，请求判令B公司依法将作为出资的厂房和土地使用权过户至C公司名下。

B公司应诉前提出以下法律咨询：(1)A公司可否作为本案原告？(2)D公司是B公司的全资子公司，是否可以B公司无权擅自处分属于D公司所有的财产为由，驳回原告的诉讼请求？依据法律规定应该如何处理。

训练要求

请你根据B公司的相关案情，对其提出的问题一一给予回答，写出一份法律意见书,并说明法律依据和理由,给予分析和论证。

【操作训练四】

训练形式:课堂辩论

训练素材

1999 年 6 月,张昭华、刘玉明、李素玉欲成立一个服装制造有限责任公司,三人约定,张绍华现金出资 20 万元,刘玉明以房产和土地使用权共作价 25 万元出资,由于李素玉精通服装设计,于是张绍华与刘玉明均同意李素玉以其劳务向公司出资,共作价 10 万元。三人在公司设立的一系列准备工作均完成后,向当地工商行政管理局申请登记注册。工商行政管理局经审查认为,该公司李素玉的劳务出资不符合《公司法》第 24 条的规定,因此不予登记,并向张昭华、刘玉明、李素玉发出了《公司登记驳回通知书》。三人不服,遂向市人民法院提起行政诉讼。人民法院经审理认为,相据我国《公司法》第 24 条的规定,我国公司法并不允许以劳务出资成立有限责任公司,原告张昭华、刘玉明、李素玉设立公司的行为违反了这一规定,工商局不予登记公司的决定符合法律规定。最后法院判决张昭华、刘玉明、李素玉败诉。

人力资本出资是指人力资本主体以其自身的知识、体力和技能等进行出资的行为。我国《公司法》第 24 条规定不允许以人力资本出资。你如何看待公司设立中的人力资本?请学习相关法律文件和知识,选择观点进行辩论。

正方观点:劳务形式出资合理。

反方观点:劳务形式出资不合理。

训练要求

分组辩论。将全班同学分为正方反方两组,每组选出四名发言辩手进行辩论。

第三节 股东未履行或未全面履行出资义务的法律责任

【基础知识】

一、股东未履行或未全面履行出资义务的法律责任概述

股东出资责任是指股东违反出资义务带来的法律后果。出资是股东依法必须履行的义务,就经营方面来说,不履行出资义务会使公司的经营陷入困境,赚

取利润成为空谈。

尽管现行公司法取消了公司资本最低限额,并对股东出资实行认缴制,但股东还是应当按照法律规定和公司章程规定履行出资义务。第一,股东应当按照公司章程规定的时间和缴纳数额缴纳其认缴的出资。第二,对于缴纳方式,货币出资的应当将货币存入公司银行账户;对于动产出资,股东应将出资的动产交付给公司;对于不动产或者其他需要办理过户手续的,不但要交付给公司占有使用,而且还要依法办理过户手续。如果股东没有做到上述这些要求,即属于没有履行或者未完全履行其出资义务。关于股东未履行或者未完全履行出资义务的认定,包括抽逃出资,在本章前一节已经作过介绍。第三,股东不履行或者不完全履行出资义务,既可能发生在公司设立时,也可能发生在公司设立后增加注册资本时。

我国《公司法》和最高人民法院的《公司法解释三》对于股东出资不实的民事责任作了明确规定。本文主要阐述民事责任,包括对按期足额出资的股东的民事责任、对公司的民事责任和对债权人的民事责任。

二、对按期足额出资股东应承担违约责任

《公司法》第28条规定:"股东应足额缴纳公司章程中规定的各自所认缴的出资额。股东以货币出资的,应当将货币出资足额存入有限责任公司在银行开设的账户;以非货币出资的,应当依法办理其财产权转移手续。股东不按规定缴纳所认缴的出资,除应当向公司足额缴纳外,还应当向已足额缴纳出资的股东承担违约责任。"股东(包括股份公司的发起人,下同)设立公司,是股东间的契约行为,其中包括各股东的出资行为。股东必须按照公司章程规定足额缴纳其出资,否则对其他足额出资的股东即构成违约,应依据发起人协议及相关法律(包括《公司法》和《合同法》)规定,承担违约责任。

三、对公司承担补缴出资的法律责任

(一)未足额出资的股东对公司负补缴责任

股东未按照公司章程规定缴纳其出资,与公司之间形成债权债务关系,意味着该股东侵害了公司的财产权,因此应当向公司缴纳其出资。根据《公司法》第28条规定,股东未按照公司章程规定足额缴纳其所认缴的出资额,须向公司足额补缴其差额。如果是实物,须将实物交付给公司,如果须办理过户登记手续而未办理,应当依法办理过户登记手续。《公司法》第30条规定,有限责任公司成立后,发现作为出资的非货币财产的实际价额显著低于公司章程所定价额的,应当由交付该出资的股东补足其差额,公司设立时的其他股东对其承担连带责任。

(二)权利主体

追究补缴出资责任的权利主体是公司而不是股东,其诉权亦应由公司享有。

但是，股东可以依法提起代表诉讼，要求出资不实的股东向公司缴纳出资。关于股东提起代表诉讼的，依据公司法关于代表诉讼的规定行使权利。

（三）其他股东或相关当事人的连带责任

股东未按照公司章程规定缴纳其出资，补缴出资的责任不仅限于出资不实的股东本人，还包括公司设立时的其他股东或者发起人。其他股东或者发起人之所以负有连带责任的主要原因是，发起人设立公司，其相互之间是一种合伙关系，造成公司资本不实，则是对公司的共同侵权，对第三人依法应承担连带责任。此外，可以增强发起人对公司的责任感，促使发起人相互监督和制约。

股东在公司增资时未履行或者未全面履行出资义务，公司或者其他股东有权请求未尽《公司法》第 147 条第 1 款规定的义务而使出资不实的董事、高级管理人员承担相应的责任。董事、高级管理人员承担责任后，可以向被告股东追偿。

（四）抽逃出资的法律责任

根据《公司法解释三》第 14 条规定，股东抽逃出资的，公司或者其他股东有权请求向公司返还抽逃出资的本息，协助抽逃出资的其他股东、董事、高级管理人员或者实际控制人对此承担连带责任。

《公司法解释三》第 12 条规定，公司成立后，公司、股东或者公司债权人以相关股东的行为符合下列情形之一且损害公司权益为由，请求认定该股东抽逃出资的，人民法院应予支持：(1)制作虚假财务会计报表虚增利润进行分配；(2)通过虚构债权债务关系将其出资转出；(3)利用关联交易将出资转出；(4)其他未经法定程序将出资抽回的行为。上述行为可以说是实践中股东抽逃出资的常见方式。

（五）股权转让后的补缴责任

根据《公司法解释三》第 18 条规定，有限责任公司的股东未履行或者未全面履行出资义务即转让股权，受让人对此知道或者应当知道，公司有权请求该股东履行出资义务、受让人对此承担连带责任。受让人根据前述规定承担责任后，除当事人另有约定外，有权向该未履行或者未全面履行出资义务的股东追偿。

《公司法解释三》第 19 条第 1 款规定，公司股东未履行或者未全面履行出资义务或者抽逃出资，公司或者其他股东请求其向公司全面履行出资义务或者返还出资，被告股东以诉讼时效为由进行抗辩的，人民法院不予支持。

四、对公司债权人的法律责任

公司资本制度的功能之一是保护公司债权人，股东不履行或者不完全履行出资义务不仅侵犯了其他股东和公司的权益，而且也直接威胁第三人即公司债权人的权益。

关于股东未履行或者未完全履行出资义务对公司债权人应当承担的民事责任问题，如果符合《公司法》规定的公司法人人格否定制度的，将可以适用法人人格否定而判令股东对公司债务承担责任。在不符合公司法人人格否定的情况下，仅仅是未履行或者未完全履行出资义务，《公司法解释三》对此也作了详细规定。

第一，根据《公司法解释三》第13条规定，股东不履行或者不完全履行出资义务的，公司债权人有权请求未履行或者未全面履行出资义务的股东在未出资本息范围内对公司债务不能清偿的部分承担补充赔偿责任，但未履行或者未全面履行出资义务的股东已经承担上述责任，其他债权人提出相同请求的，人民法院不予支持。第二，债权人还有权请求公司的发起人与被告股东承担连带责任。公司的发起人承担责任后，可以向被告股东追偿。第三，根据《公司法解释三》第14条规定，股东抽逃出资的，公司债权人还可以要求协助抽逃出资的其他股东、董事、高级管理人员或者实际控制人对此承担连带责任。抽逃出资的股东已经承担上述责任，其他债权人提出相同请求的，人民法院不予支持。第四，有限责任公司的股东未履行或者未全面履行出资义务，包括抽逃出资，将股权转让，受让人对此知道或者应当知道的，债权人有权请求受让人与原股东承担连带责任。

《公司法解释三》第19条第2款规定，公司债权人请求未履行、未全面履行出资义务或者抽逃出资的股东在未出资本息范围内对公司债务不能清偿的部分承担补充赔偿责任的，债权未过诉讼时效期间，被告股东以出资义务或者返还出资义务超过诉讼时效期间为由进行抗辩的，人民法院不予支持。

就举证责而言当事人之间对是否已履行出资义务发生争议，原告提供对股东履行出资义务产生合理怀疑证据的，被告股东应当就其已履行出资义务承担举证责任。

五、股东权利的限制与除名

《公司法解释三》第16条规定，股东未履行或者未全面履行出资义务或者抽逃出资，公司有权根据公司章程或者股东会决议对其利润分配请求权、新股优先认购权、剩余财产分配请求权等股东权利作出相应的合理限制。

另第17条规定，有限责任公司的股东未履行出资义务或者抽逃全部出资，经公司催告缴纳或者返还，其在合理期间内仍未缴纳或者返还出资的，公司有权以股东会决议解除该股东的股东资格。在该股东被解除股东资格后，公司应当及时办理法定减资程序或者由其他股东或者第三人缴纳相应的出资。在办理法定减资程序或者其他股东或者第三人缴纳相应的出资之前，公司债权人仍有权请求相关当事人承担相应责任。

六、其他法律责任

股东未履行或者未全面履行出资义务或者抽逃出资的,除上述民事责任外,还有行政责任和刑事责任。就行政责任而言,《公司法》第199条规定了对公司的行政处罚,即责令改正、罚款、撤销公司登记或者吊销营业执照。第200条规定了对出资不实股东的处罚,即责令改正和罚款。就刑事责任而言,虚报出资、虚假出资、抽逃出资,构成犯罪的,依法追究刑事责任。我国《刑法》第158条规定了"虚报注册资本罪",我国《刑法》第159条规定了"虚假出资罪"和"抽逃出资罪"。

【应用操作训练】

训练目的

通过实际操作训练,使同学们理解和掌握股东不履行或者不完全履行出资义务的法律责任等,以便在实务中能够熟练运用这一制度维护当事人的合法权益。

【操作训练一】

训练形式:模拟法庭、撰写代理词、判决书等

训练素材

2009年,由黄澄河的儿子黄铮(已经不知去向)一手操办,注册成立了卓创公司,公司注册资本50万元。工商注册登记表上,股东为黄澄河和潘云龙。黄澄河占公司资本60%即30万元的股份,潘云龙占40%,应出资20万元,但实际出资34,900元。黄澄河为法定代表人。实际的经营则都由黄澄河父子负责,潘云龙是公司的出纳,每月领取一千多元的工资。

公司成立3个月以后,即2009年3月15日,潘云龙和法定代表人黄澄河签订了一份退股确认书,潘云龙将其公司中40%的股份出让于黄澄河;黄澄河于3月20日之前以现金34,900元收购潘云龙的全部股份。退股确认书签订以后,黄澄河将34,900元的股金退给了潘云龙。但没有在工商部门办理股权变更登记。

卓创涂料公司是中华制漆公司的一个经销商。2011年2月16日,法院判令被告卓创涂料公司偿付对中华制漆公司的欠款26.8万元。但在执行时发现,卓创公司法定代表人已死亡,公司已没有财产可供执行。

按照当时的《公司法》规定,股东出资必须在公司成立时全部缴纳。中华制漆公司通过银行了解到,黄澄河和潘云龙在成立前后并未实际缴纳出资,这说明50万元的注册资本全部虚假。

中华制漆公司向法院起诉潘云龙,要求判令潘云龙在他应该出的20万元注册资金的范围内,偿还他们20万元欠款。潘云龙认为,公司成立既没有参与公

司的经营管理，也从未分得任何红利，特别是他早就不是卓创公司的股东了，所以他不应当承担这个债务。

训练要求

(1)请同学们举办模拟法庭；(2)请作为原告或者被告的代理人，撰写代理词；(3)请你作为法官，撰写判决书。

【操作训练二】

训练形式：法律咨询、撰写法律意见书

训练素材

甲、乙、丙共同成立一家经营字画等艺术品的公司，即文物艺术经营公司(以下简称公司)，公司注册资本100万元，其中甲以货币出资30万元，乙以字画作品作价20万元出资，丙以所有的房产作价50万元出资。按照公司章程的规定，甲在公司成立时将货币30万元交付给公司，乙和丙必须在公司成立后6个月内将出资缴纳给公司，并办妥过户登记手续。公司于2012年5月1日经当地工商部门登记成立，并开展经营。

甲按照公司章程规定如期缴纳出资，但乙将其作为出资的作品交给公司的一年后，该字画作品市场价格上涨至40万元，乙认为亏了，于是经公司董事长张先生同意后，将出资的全部字画取回，经公司副董事长、总经理等多次催要拒不返还给公司。而丙作为出资的房屋也未按照公司章程规定交付给公司使用，也未办理过户登记手续，将房屋过户给公司。另外，由于丙与甲乙两股东经营理念不合，于是丙经过其他两位股东同意，将其股权以50万元的价格转让给了丁，在转让股权时，丙和丁商定，向公司应缴纳的出资款由丁负责，以后的任何法律责任与丙无关，均由丁负责。

现在，文物艺术经营公司和股东甲向律师咨询：(1)现在该字画市场价格涨至40万元了，公司能否要求乙将其取回的字画原物返还给公司？董事长张先生对此应否承担责任？承担什么责任？(2)如果乙拒不返还取回的字画，公司能否限制其权利，甚至能否开除其股东资格？(3)股东甲依法都享有什么权利？可否要求乙和丙承担责任？承担什么责任？(4)丙已将其股权转让给丁了，公司现在有权要求谁向公司缴纳其认缴的出资款？

另外，公司在经营过程中，欠画家赵先生字画款300万元，公司仅能清偿100万元，还有200万元不能清偿。因此，赵先生咨询：由于公司没有能力清偿所欠的200万元，他依法都可以向谁追偿？

训练要求

请同学们针对公司、股东甲和债权人赵先生提出的问题，依据相关法律规定给予详细分析和回答。要求逻辑清晰，详细说明法律依据。

第四章　有限责任公司组织机构知识与应用

第一节　股　东　会

【基础知识】

一、股东会的组成与性质

股东会是指依照公司法和公司章程的规定，对公司经营管理和各种涉及股东利益的重大事项拥有最高决策权的公司权力机构。[1]

有限责任公司的股东会由全体股东组成。凡具有股东资格者，均是股东会的成员，有权出席股东会会议，并行使表决权。

股东会是有限责任公司的最高权力机构，也是公司的意思形成机构，对公司的重大问题作出决策。公司是由全体股东组成的社团法人，需要有一个供股东表达意愿和将股东意愿汇集起来形成股东集体意志的机构。股东会即是承担此职能的法定机构。

股东会是有限责任公司的法定必设机构。除公司法和其他法律特别规定的以外，有限责任公司必须设立股东会。根据现行《公司法》的规定，一人有限责任公司、国有独资公司因只有一个股东而不设股东会。根据外商投资企业立法的规定，外商投资的有限责任公司也可以不设股东会，而以董事会作为公司的最高权力机关。

股东会是有限责任公司的非常设机构。有限责任公司股东会虽为必设机构，但并不是常设机构，仅以普通年会和临时会议的形式行使职权。在股东会闭会期间，股东只能通过有关参与权的行使，对公司的活动施加影响。

二、股东会的职权

股东会作为公司的最高权力机关，有权决定公司的任何事务。股东会享有的职权包括公司法规定的法定职权和公司章程所定职权。《公司法》第 37 条第

---

〔1〕 史际春：《企业和公司法》，中国人民大学出版社 2014 年版，第 177 页。

1款列举股东会的职权包括:(1)决定公司的经营方针和投资计划;(2)选举和更换非由职工代表担任的董事、监事,决定有关董事、监事的报酬事项;(3)审议批准董事会的报告;(4)审议批准监事会或者监事的报告;(5)审议批准公司的年度财务预算方案、决算方案;(6)审议批准公司的利润分配方案和弥补亏损方案;(7)对公司增加或者减少注册资本作出决议;(8)对发行公司债券作出决议;(9)对公司合并、分立、解散、清算或者变更公司形式作出决议;(10)修改公司章程;(11)公司章程规定的其他职权。

三、股东会行使职权的方式

(一)股东会决议

有限责任公司的股东会可以通过召开会议和书面会商两种方式行使职权。由于有限责任公司具有人合性、封闭性的特点,在有限责任公司规模较小、股东人数较少的情况下,全体股东之间有可能对某些事项进行沟通和协商后即能就所议事项达成一致,而无须以召开会议的方式作出决议,这可以提高公司的决策效率。《公司法》第37条第2款规定,对《公司法》和公司章程中规定的由股东会行使的职权所列事项,股东以书面形式一致表示同意的,可以不召开股东会会议,直接作出决定,并由全体股东在决定文件上签名、盖章。

(二)定期会议和临时会议

除以书面形式直接决定外,召开股东会会议是股东会行使职权的主要方式。股东会的会议分为定期会议和临时会议两种形式。股东会的定期会议,是按照公司章程的规定,定期按时召开的会议。定期会议每年至少召开一次,并应于每一营业年度结束后的一定时间内召开。

股东会的临时会议是指在定期会议之外,根据需要不定期召开的股东会会议。公司在运营过程中可能随时会出现一些较重大的事项或其他情形,如果不及时作出决策,就会影响公司的正常活动,并损害股东的利益。此时,可以由董事、监事、股东等在定期会议之外召集或请求召集临时股东会会议。《公司法》第39条规定,代表1/10以上表决权的股东,1/3以上的董事,监事会或者不设监事会的监事提议召开临时会议的,公司应当召开临时股东会会议。

(三)股东会会议的召集和主持

《公司法》规定,首次股东会会议由出资最多的股东召集和主持。为防止股东会陷入瘫痪,使股东通过公司股东会行使权力落到实处,在程序上保证股东会能够及时、有效地召集和主持,根据《公司法》规定,有限责任公司股东会会议将按照下列顺序召集和主持:第一,设立董事会的,股东会会议由董事会召集,董事长主持;董事长不能履行职务或者不履行职务的,由副董事长主持;副董事长不能履行职务或者不履行职务的,由半数以上董事共同推举一名董事主持。有限责任公司不设董事会的，股东会会议由执行董事召集和主持。第二，董事会或者执行董事不能履行或者不履行召集股东会会议职责的，由监事会或者不设监事会的公司的监事召集和主持。第三，监事会或者监事不召集和主持的，代表1/10以上表决权的股东可以自行召集和主持。第四，公司解散后，由清算组召集股东会会议。

（四）股东会会议通知

对于会议的通知，《公司法》第41条规定，召开股东会会议，应当于会议召开15日前通知全体股东；但是，公司章程另有规定或者全体股东另有约定的除外。据此，公司章程和全体股东可以根据实际需要另行规定或约定通知时间。

（五）股东会决议

股东表决权的行使、股东会的议事方式和表决程序等较多涉及公司内部事务，需要结合公司实际灵活确定，宜更多地体现公司自治原则，由公司章程规定。《公司法》第42条、第43条规定，股东会会议由股东按照出资比例行使表决权；但是，公司章程另有规定的除外。股东会的议事方式和表决程序，除该法有规定的外，由公司章程规定。

股东会会议作出修改公司章程、增加或者减少注册资本的决议，以及公司合并、分立、解散或者变更公司形式的决议，必须经代表2/3以上表决权的股东通过。

股东会应当对所议事项的决定作成会议记录，出席会议的股东应当在会议记录上签名。股东有权查阅股东会会议记录。

【应用操作训练】

训练目的

通过应用操作熟练，进一步加深理解和掌握股东会的组成、法律地位及其职权，掌握会议召开的法定程序，股东会决议的作出等，并能撰写相关法律文书，培养学生的实际应用能力以及分析问题和解决问题的能力。

【操作训练】

训练形式：模拟操作，制作会议通知、会议记录、决议等

训练素材

青岛蓝海制药有限责任公司股东深圳市同豪投资发展有限公司（以下简称深圳同豪）持有的蓝海制药25.5%股权欲对外转让。转让股权的主要内容如下：（1）将公司20.5%的股权以人民币824,838,000元的价格转让给深圳安平华大通汇财富管理有限公司（以下简称安平华大）；（2）将公司5%的股权以人民币201,180,000元的价格转让给上海复星医药产业发展有限公司（以下简称复星医药）;(3)付款条件:股权转让协议签订后,股权转让款一次性足额监管,股权变更后一次性足额支付。为此,需要召开临时股东会,审议《关于公司股东深圳市同豪投资发展有限公司转让公司股权的议案》,各股东是否行使优先购买权,《关于修改公司章程的议案》等事项。

训练要求

全班分成若干组,模拟召开一次股东会会议。要求:每组同学完成一套完整的股东会会议召开和股东会决议的材料:(1)撰写和发出股东会会议通知;(2)制作会议记录;(3)制作一份股东会决议书。

附一:股东会会议通知

股东会会议通知

______股东:

根据《中华人民共和国公司法》和《______公司章程》的有关规定及本公司的实际情况,______公司董事会决定召开临时股东会会议,现通知你(公司)准时参加会议,并将会议有关事项通知如下:

一、会议时间:____年____月____日____时

二、会议地点:

三、会议主持人:公司董事长______先生

四、会议议题:略

请你(公司)根据本通知准时出席会议,本人确不能参加的,可委托他人参加本次会议,法人股东的,可委派代表参加;股东委托他人或委派代表参加本次会议的,应出具授权委托书,并有明确的授权范围和授权期限,法人股东的法定代表人亲自参加会议的除外。本人不出席,也不委托他人或委派代表参加会议的,视为放弃参加本次会议的一切权利。

通知人:__________公司董事会

____年____月____日

附二:公司股东会决议

×××××公司股东会决议

会议时间:____

会议地点:____

召集人：____________________

主持人：____________________

会议按照《公司法》（或：本公司章程）规定的方式通知了全体股东。应到会股东____人，实际到会股东____人，其中，股东__________委托__________出席会议并代为行使表决权。股东__________在知晓本次会议召开的时间、地点、内容的前提下，自主决定不参加本次会议，放弃对会议讨论事项的表决权。到会股东共代表全体股东____%表决权。

会议的召开程序符合《公司法》（或：本公司章程）的规定，通过的决议合法有效，内容如下：

（1）代表全体股东____%表决权的股东同意公司注册资本从__________万元增加至__________万元。此次增加注册资本为____万元，分别由股东__________增加注册资本__________万元，出资方式为__________，出资时间为__________；股东__________增加注册资本____万元，出资方式为__________，出资时间为__________……本次增加注册资本后，公司注册资本变更为____万元，股本结构为：股东__________注册资本____万元，出资方式为__________，出资时间为__________，出资比例为____%；股东__________注册资本____万元，出资方式为__________，出资时间为__________，出资比例为____%……（注：适用于增加注册资本）；

（2）代表全体股东____%表决权的股东同意股东__________在公司中的股权及注册资本____万元转让给股东__________；股东__________在公司中的股权及注册资本____万元转让给股东__________……公司其他股东放弃以上股权转让的优先受让权。转让后，公司注册资本____万元，股本结构为：股东__________注册资本____万元，出资方式为__________，出资时间为__________，出资比例为____%；股东__________注册资本____万元，出资方式为__________，出资时间为__________，出资比例为____%……（注：适用于股东变更）

（3）代表全体股东____%表决权的股东同意公司类型变更为__________（注：适用于公司类型变更）；

（4）通报股东__________名称（或：姓名）变更为__________的情况，办理本公司该股东名称（或：姓名）变更[注：适用于股东名称（或姓名）变更]。

（5）代表全体股东____%表决权的股东通过新的公司章程（或通过公司章程修正案）。

（6）代表全体股东____%表决权的股东同意免去____、____、____……董事职务，重新选举（或：指定、委派）____、____、____……为董事；免去____、____、

____……监事职务,重新选举(或:指定、委派)____、____、____……为监事(注:适用于设董事会、监事会的公司董事、监事备案)。

(7)代表全体股东____%表决权的股东同意指定本公司员工____(或者委托中介代理机构____)办理本公司登记事宜。

到会股东盖章(非自然人股东)或签名(自然人股东):

年　　月　　日

注:1.公司登记事项变更的,根据变更的事项在决议第(1)条中选择相应的一项或多项;变更事项涉及章程修正的,还应选择第(2)条;变更同时涉及董事、监事备案的,同时选择第(3)条;第(4)条是必选项;

2.公司仅章程、董事、监事备案的,分别选择第(2)条、第(3)条,第(4)条是必选项。

附三:股东会会议纪要

深圳市××科技有限责任公司
股东会会议纪要

会议时间:2012年2月20日

会议地点:深圳市香格里拉酒店

会议性质:第一次股东大会

召集人:徐××

会议通知时间:2012年2月8日

会议通知方式:书面通知

出席会议人员:徐××,高×,曾××,王××,张××,李××,邱××,马××,郭××(排名不分前后)

主持人:徐××

会议审议事项:

一、选举公司董事长和监事;

二、增加公司注册资本50万人民币;

三、各股东问题意见书。

会议决议:

一、就第一项审议事项,代表80.1%表决权的股东选举股东王××先生为新一届董事长,代表10%表决权的股东选举股东张××为新一届董事长,9.9%表决权的股东弃权,达成如下决议:

选举任命王××为公司董事长。任命张××为监事。

上述决议涉及章程条款变动的,同意修改公司章程。

二、就第二项审议事项,代表59.1%表决权的股东同意,代表40.9%表决权的股东反对,达成如下决议:

增加公司注册资本50万元人民币。

上述决议涉及章程条款变动的,同意修改公司章程。

三、就第三项审议事项,代表100%表决权的股东同意,达成如下决议:

修改公司章程,增加如下内容:

股东有下列情形之一,股东会经代表2/3以上表决权的股东同意,可以决定解除其股东资格:

①股东违反出资义务;

②股东严重破坏公司正常经营活动;

③非经代表2/3以上表决权的股东同意,自营或为他人经营与公司同类或相竞争的业务,为自己或者他人谋取属于公司的商业机会;

④侵害公司商业秘密;

⑤诋毁公司商业信誉;

⑥其他侵害公司利益的情形(包括但不限于挪用或侵吞公司资金,私藏、转移或隐匿公司重要文件及资料等)。

第二节 董　事　会

【基础知识】

一、董事会的性质与组成

董事会是由股东会选举产生或以其他方式产生的董事组成的,执行公司业务的常设机关。董事会既是股东会的意思执行机关,也是公司的日常经营决策机关。

公司设董事会的,董事会的组成人数为3人至13人。在股东人数较少或者规模较小的有限责任公司,可以不设董事会,只设一名执行董事。执行董事可以兼任公司经理,其职权由公司章程规定。

董事会由股东会选举产生的董事和以其他方式产生的董事组成,向股东会负责。董事既可以由股东担任,也可以由非股东担任。非股东非职工的人员也可以被股东会选举成为公司董事。《公司法》第44条规定,两个以上的国有企业或者两个以上的其他国有投资主体投资设立的有限责任公司,其董事会成员中应当有公司职工代表;其他有限责任公司董事会成员中可以有公司职工代表。董事会中的职工代表应由公司职工通过职工代表大会、职工大会或者其他形式的民主选举产生。

董事任期由公司章程规定,但每届任期不得超过三年。董事任期届满,连选可以连任。董事任期届满未及时改选,或者董事在任期内辞职导致董事会成员低于法定人数的,在改选出新的董事就任前,原董事仍应当依照法律、行政法规和公司章程的规定,履行董事职务,以保证公司董事会及公司经营管理的稳定性和连续性。

董事会设董事长一人,可以设副董事长。董事长、副董事长的产生办法由公司章程规定。

二、董事会的职权

我国董事会的职权分为两个部分,即法定职权部分和章程授权的部分。《公司法》第46条规定,董事会行使下列职权:(1)召集股东会会议,并向股东会报告工作;(2)执行股东会的决议;(3)决定公司的经营计划和投资方案;(4)制定公司的年度财务预算方案、决算方案;(5)制定公司的利润分配方案和弥补亏损方案;(6)制定公司增加或者减少注册资本以及发行公司债券的方案;(7)制定公司合并、分立、解散或者变更公司形式的方案;(8)决定公司内部管理机构的设置;(9)决定聘任或者解聘公司经理及其报酬事项,并根据经理的提名决定聘任或者解聘公司副经理、财务负责人及其报酬事项;(10)制定公司的基本管理制度;(11)公司章程规定的其他职权。

其中第(11)项的规定为公司章程对董事会授予更多职权预留了空间。由于董事会对股东会负责,是股东会的常设执行机关,因而,董事会的任何职权都不得对抗股东会的决议。

三、董事会的议事方式和表决程序

董事会会议分为定期会议和临时会议,由董事长召集和主持。董事长不能履行职务或者不履行职务的,由副董事长召集和主持;副董事长不能履行职务或者不履行职务的,由半数以上董事共同推举一名董事召集和主持。

董事会的议事方式和表决程序,除《公司法》有规定的外,由公司章程规定。据此,公司可以在章程中对董事会的议事方式和表决程序自行作出规定。例如,章程可以对会议召开和出席人数、通信表决方式、董事会决议通过的条件等加以规定。董事会决议的表决,实行一人一票。

董事会应当对所议事项的决定作成会议记录,出席会议的董事应当在会议记录上签名。如果董事会的决议违反法律、行政法规或者公司章程、股东大会决议，致使公司遭受严重损失的，参与决议的董事应对公司负赔偿责任。但经证明在表决时曾表明异议并记载于会议记录的该董事可以免除责任。

四、经理

经理是公司董事会聘任的，主持公司日常经营管理工作，在法律法规、公司章程及董事会授权的职责范围内，代表公司从事业务的高级管理人员，是辅助董事会等机关进行工作的公司行政负责人。

根据《公司法》第49条的规定，有限责任公司可以设经理。由此可见，经理属于公司任意机构，而非法定必设机关。经理的产生源于董事会的聘任或解聘，对董事会负责。经理对内有业务代理权，对外有职务代理权。《公司法》对有限责任公司董事会成员能否兼任经理未作明确规定。参照《公司法》第114条规定，公司董事会可以决定由董事会成员兼任经理。

需要注意的是，《公司法》所规定的“经理”的含义与实务中的“经理”的含义一般并不一致。《公司法》规定的经理是公司中对经营管理负总责的高级管理人员，在实践中常被称为“总经理”、“总裁”或“CEO”。而在实务中被称为“经理”的管理人员则一般是在总经理领导下，协助总经理负责某方面日常工作的部门管理人员，并不是公司法中规定的“经理”，当然也不享有公司法规定的经理职权。

根据《公司法》的规定，经理对董事会负责，行使下列职权：(1)主持公司的生产经营管理工作，组织实施董事会决议；(2)组织实施公司年度经营计划和投资方案；(3)拟订公司内部管理机构设置方案；(4)拟订公司的基本管理制度；(5)制定公司的具体规章；(6)提请聘任或者解聘公司副经理、财务负责人；(7)决定聘任或者解聘除应由董事会决定聘任或者解聘以外的负责管理人员；(8)董事会授予的其他职权；(9)列席董事会会议。

《公司法》对经理职权的列举并不意味着经理职权的法定化、强制性。公司可以根据实际需要，在其章程中对经理的职责另做具体规定。

【应用操作训练】

训练目的

通过实际训练，掌握董事会的产生、法律地位及其职权，掌握董事会会议召开的法定程序，并能将所学知识应用于实践，培养学生的实际操作能力。

【操作训练一】

训练形式：模拟召开董事会，制作会议通知、会议记录、决议内容等

训练素材

2015年2月，江门××××有限责任公司原任董事长和总经理届退休年

龄,公司需要选举新董事长,聘任新的总经理。公司董事会还要研究如何落实年初召开的公司股东会决议。公司董事长决定召集董事会。

训练要求

学生分成若干组,每组同学模拟召开一次董事会会议,并就决议事项作出决议。(1)拟定召集董事会会议通知书;(2)制作董事会会议记录;(3)制作董事会会议决议。

【操作训练二】

训练形式:模拟法庭、制作法律意见书

训练素材

浙江省象山食品公司有 49 名股东,每人出资 3 万元。公司章程规定,公司设立董事会,董事长由全部董事选举或者罢免。按照公司章程规定,公司设立了董事会,由 3 个人组成,一届任期 3 年。

2014 年 3 月 11 日, 前任董事长即将离职,公司召开股东会,选举新的董事长,49 名股东全部到会。在股东会上有人提出,公司每年 100 多万元的收入,根本用不了几个董事坐办公室,由一个人担任执行董事就足够了。49 名股东当中,有 30 票同意公司只设 1 名执行董事,并进行一次性投票,得票最多的人当选执行董事。49 名股东进行无记名投票,结果股东陈志郎得 19 票最多。

召开股东会后不久,周曙海等 25 名股东联名向浙江省象山县人民法院提起诉讼,请求撤销 2014 年 3 月 11 日股东大会作出的全部决议。理由是,第一,执行董事仅适用于规模较小、人数较少的公司,而象山食品公司有 49 个股东,已经达到了公司法所规定的上限,不能只设 1 个执行董事,应当设董事会。第二,按照公司章程规定,董事长由全部董事选举或者罢免。第三,只设一名执行董事既不符合公司章程,也不符合公司法规定,股东会决议无效。

陈志郎认为:第一,3 月 11 日的股东大会反映了广大股东的意愿,结果是有效的;第二,公司规模小,经营单一,只设一名执行董事符合公司的实际状况;第三,3 月 11 日股东大会上,绝大多数股东都赞成董事会只设一名执行董事,不设监事会,并且一次性产生执行董事,确定选举方案的表决过程,就是对原有章程的内容进行了修改。

训练要求

请你根据上述案例,(1)举办模拟法庭,将同学分为三组,分别代表原告、被告和合议庭;(2)请同学作为原告的诉讼代理人,写作一份代理词;(3)制作一份判决书。代理词和判决书要说明事实和法律依据,并进行详细分析。

附一:董事会决议公告

平安银行:董事会决议公告[1]

公告日期:2015年7月1日

证券代码:000001 证券简称:平安银行 公告编号:2015－019

平安银行股份有限公司董事会决议公告

本公司及董事会全体成员保证信息披露的内容真实、准确、完整,没有虚假记载、误导性陈述或重大遗漏。

平安银行股份有限公司(以下简称本公司)第九届董事会第十四次会议以通信表决方式召开。会议通知以书面方式于2015年6月26日向各位董事发出,截至2015年6月30日,各位董事完成通讯表决。会议的召开符合有关法律、法规、规章和公司章程的规定。本次通讯表决应参加的董事14人(包括独立董事5人),董事长孙建一,董事邵平、胡跃飞、赵继臣、姚波、叶素兰、蔡方方、陈心颖、李敬和、马林、储一昀、王春汉、王松奇、韩小京共14人参加了本次通讯表决。

会议审议通过了如下议案:

一、审议通过了《关于修订〈平安银行股份有限公司关联交易管理办法〉的议案》。

本议案同意票14票,反对票0票,弃权票0票。

二、审议通过了《关于给予国信证券股份有限公司65亿元同业授信额度的议案》。

本议案同意票14票,反对票0票,弃权票0票。

独立董事马林、储一昀、王春汉、王松奇、韩小京一致同意本议案。

具体内容请见本公司于同日在《中国证券报》、《证券时报》、《上海证券报》、《证券日报》及巨潮资讯网(http://www.cninfo.com.cn)上披露的《平安银行股份有限公司关联交易公告》。

三、审议通过了《关于给予中国信托业保障基金有限责任公司25亿元同业授信额度的议案》。

本议案同意票14票,反对票0票,弃权票0票。

独立董事马林、储一昀、王春汉、王松奇、韩小京一致同意本议案。

---

〔1〕 本公告摘自"同花顺"。

具体内容请见本公司于同日在《中国证券报》、《证券时报》、《上海证券报》、《证券日报》及巨潮资讯网(http://www.cninfo.com.cn)上披露的《平安银行股份有限公司关联交易公告》。

特此公告。

平安银行股份有限公司董事会
2015年7月1日

附二:董事会议事规则

浙江核新同花顺网络信息股份有限公司董事会议事规则[1]

第一条　宗旨

为了进一步规范本公司董事会的议事方式和决策程序,促使董事和董事会有效地履行其职责,提高董事会规范运作和科学决策水平,根据《公司法》、《公司章程》、《深圳证券交易所创业板股票上市规则》(以下简称《创业板上市规则》)、《深圳证券交易所创业板上市公司规范运作指引》(以下简称《创业板上市公司规范运作指引》)等有关规定,制定本规则。

第二条　董事

(一)董事应具备以下任职资格:

(1)公司董事为自然人,董事无须持有公司股份;

(2)具有公司运作的基本知识,熟悉国家的经济政策以及有关法律、法规,具有与担任董事相适应的能力和经验;

(3)有《公司法》第147条规定的情形,或被中国证监会处以证券市场禁入处罚期限未满的,或有法律、行政法规或部门规章规定的其他不能担任董事的情形,不得担任公司的董事。

(二)董事应保证有足够的时间和精力履行其应尽的职责;

(三)担任公司独立董事应当符合下列基本条件:

(1)根据法律、行政法规及其他有关规定具备担任上市公司董事的资格;

(2)符合有关规定所要求的独立性;

(3)具备拟上市公司和上市公司运作的基本知识,熟悉相关法律、行政法规规章及规则;

(4)具有五年以上法律经济或者其他履行独立董事职责所必需的工作

[1] 本公告摘自“同花顺”。

经验；

(5)公司章程规定的其他条件。

(四)独立董事必须具有独立性，下列人员不得担任独立董事：

(1)在本公司或者本公司的附属企业任职的人员及其直系亲属、主要社会关系；

(2)直接或间接持有本公司已发行股份1%以上或者本公司前十名股东中的自然人股东及其直系亲属；

(3)在直接或间接持有本公司已发行股份5%以上的股东单位或者在本公司前五名股东单位任职的人员及其直系亲属；

(4)最近一年内曾经具有前三项所列情况的人员；

(5)为本公司或者附属企业提供财务、法律咨询等服务的人员或在相关机构中任职的人员；

(6)有关证券管理部门或机构认定的其他人员。

(五)独立董事应当独立履行职责，不受公司主要股东、实际控制人或者与公司及其主要股东、实际控制人存在利害关系的单位或个人的影响；

(六)独立董事最多在五家上市公司兼任独立董事并确保有足够的时间和精力有效地履行独立董事的职责。

第三条　董事会的构成

(一)公司董事会由9名董事组成，设董事长1人，其他董事12人，其中独立董事3人。董事会9名董事中，外部董事(不在公司内部任职的董事，下同)3人；

(二)董事长为公司法定代表人；

(三)独立董事的工作细则由公司董事会另行制定。

第四条　董事会专门委员会

(一)公司董事会按照股东大会的有关决议，设立战略与投资委员会、审计委员会、提名委员会、薪酬与考核委员会等专门委员会；

(二)专门委员会成员全部由董事组成。各专门委员会各设一名召集人，负责召集和主持该委员会会议。各专门委员会中独立董事应占多数并担任召集人，审计委员会中至少应有一名独立董事是会计专业人士。

第五条　董事会办公室

董事会下设董事会办公室，处理董事会日常事务。

董事会秘书兼任董事会办公室负责人，保管董事会和董事会办公室印章。

第六条　定期会议

董事会会议分为定期会议和临时会议。

董事会每年应当至少在上下两个半年度各召开一次定期会议。

第七条　定期会议的提案

在发出召开董事会定期会议的通知前，董事会办公室应当充分征求各董事的意见，初步形成会议提案后交董事长拟定。

董事长在拟定提案前，应当视需要征求经理和其他高级管理人员的意见。

第八条　临时会议

有下列情形之一的，董事会应当召开临时会议：

（一）代表1/10以上表决权的股东提议时；

（二）1/3以上董事联名提议时；

（三）监事会提议时；

（四）董事长认为必要时；

（五）1/2以上独立董事提议时；

（六）经理提议时；

（七）证券监管部门要求召开时；

（八）本公司《公司章程》规定的其他情形。

第九条　临时会议的提议程序

按照前条规定提议召开董事会临时会议的，应当通过董事会办公室或者直接向董事长提交经提议人签字（盖章）的书面提议。书面提议中应当载明下列事项：

（一）提议人的姓名或者名称；

（二）提议理由或者提议所基于的客观事由；

（三）提议会议召开的时间或者时限、地点和方式；

（四）明确和具体的提案；

（五）提议人的联系方式和提议日期等。

提案内容应当属于本公司《公司章程》规定的董事会职权范围内的事项，与提案有关的材料应当一并提交。

董事会办公室在收到上述书面提议和有关材料后，应当于当日转交董事长。

董事长认为提案内容不明确、具体或者有关材料不充分的，可以要求提议人修改或者补充。

董事长应当自接到提议或者证券监管部门要求后的10日内，召集董事会会议并主持会议。

第十条　会议的召集和主持

董事会会议由董事长召集和主持；董事长不能履行职务或者不履行职务的，由副董事长召集和主持；未设副董事长、副董事长不能履行职务或者不履行职务的,由半数以上董事共同推举一名董事召集和主持。

第十一条 会议通知

召开董事会定期会议和临时会议,董事会办公室应当分别提前10日和5日将盖有董事会印章的书面会议通知,通过专人、邮件、电话或公司章程规定的其他形式,提交全体董事和监事以及经理、董事会秘书。非专人送达的,还应当通过电话进行确认并做相应记录。

通过电话或者其他口头方式发出会议通知的,召集人应当在会议上做出说明。

第十二条 会议通知的内容

书面会议通知应当至少包括以下内容:

(一)会议的时间、地点;

(二)会议的召开方式;

(三)拟审议的事项(会议提案)和独立董事事前认可情况;

(四)会议召集人和主持人、临时会议的提议人及其书面提议;

(五)董事表决所必需的会议材料;

(六)董事应当亲自出席或者委托其他董事代为出席会议的要求;

(七)联系人和联系方式。口头会议通知至少应包括上述第(一)、(二)项内容,以及情况紧急需要尽快召开董事会临时会议的说明。

第十三条 会议通知的变更

董事会定期会议的书面会议通知发出后,如果需要变更会议的时间、地点等事项或者增加、变更、取消会议提案的,应当在原定会议召开日之前3日发出书面变更通知,说明情况和新提案的有关内容及相关材料。不足3日的,会议日期应当相应顺延或者取得全体与会董事的书面认可后按原定日期召开。

董事会临时会议的会议通知发出后,如果需要变更会议的时间、地点等事项或者增加、变更、取消会议提案的,应当事先取得全体与会董事的认可并做好相应记录。

第十四条 会议的召开

董事会会议应当有过半数的董事出席方可举行。有关董事拒不出席或者怠于出席会议导致无法满足会议召开的最低人数要求时,董事长和董事会秘书应当及时向监管部门报告。

监事可以列席董事会会议;经理和董事会秘书应当列席董事会会议。会议主持人认为有必要的,可以通知其他有关人员列席董事会会议。

第十五条 亲自出席和委托出席

董事原则上应当亲自出席董事会会议。因故不能出席会议的,应当事先审阅会议材料，形成明确的意见，书面委托其他董事代为出席。委托书应当载明：

（一）委托人和受托人的姓名；

（二）委托人对每项提案的简要意见；

（三）委托人的授权范围和对提案表决意向的指示；

（四）委托人和受托人的签字、日期等。

受托董事应当向会议主持人提交书面委托书，在会议签到簿上说明受托出席的情况。

第十六条　关于委托出席的限制

委托和受托出席董事会会议应当遵循以下原则：

（一）在审议关联交易事项时，非关联董事不得委托关联董事代为出席，关联董事也不得接受非关联董事的委托；

（二）独立董事不得委托非独立董事代为出席，非独立董事也不得接受独立董事的委托；

（三）董事不得在未说明其本人对提案的个人意见和表决意向的情况下全权委托其他董事代为出席，有关董事也不得接受全权委托和授权不明确的委托；

（四）一名董事不得接受超过两名董事的委托，董事也不得委托已经接受两名其他董事委托的董事代为出席。

第十七条　会议召开方式

董事会会议以现场召开为原则。必要时，在保障董事充分表达意见的前提下，经召集人（主持人）、提议人同意，也可以通过视频、电话、传真或者电子邮件表决等方式召开。董事会会议也可以采取现场与其他方式同时进行的方式召开。

非以现场方式召开的，以视频显示在场的董事、在电话会议中发表意见的董事、规定期限内实际收到传真或者电子邮件等有效表决票，或者董事事后提交的曾参加会议的书面确认函等计算出席会议的董事人数。

第十八条　会议审议程序

会议主持人应当提请出席董事会会议的董事对各项提案发表明确的意见。

对于根据规定需要独立董事事前认可的提案，会议主持人应当在讨论有关提案前，指定一名独立董事宣读独立董事达成的书面认可意见。

董事阻碍会议正常进行或者影响其他董事发言的，会议主持人应当及时制止。

除征得全体与会董事的一致同意外，董事会会议不得就未包括在会议通知中的提案进行表决。

第十九条　发表意见

董事应当认真阅读有关会议材料，在充分了解情况的基础上独立、审慎地发表意见。

董事可以在会前向董事会办公室、会议召集人、经理和其他高级管理人员、董事会议事规则各专门委员会、会计师事务所和律师事务所等有关人员和机构了解决策所需要的信息,也可以在会议进行中向主持人建议请上述人员和机构代表与会解释有关情况。

第二十条　会议表决

每项提案经过充分讨论后,主持人应当适时提请与会董事进行表决。会议表决实行一人一票,以记名和书面方式进行。

董事的表决意向分为同意、反对和弃权。与会董事应当从上述意向中选择其一,未做选择或者同时选择两个以上意向的,会议主持人应当要求有关董事重新选择,拒不选择的,视为弃权;中途离开会场不回而未做选择的,视为弃权。

第二十一条　表决结果的统计

与会董事表决完成后,证券事务代表和董事会办公室有关工作人员应当及时收集董事的表决票,交董事会秘书在一名独立董事或者其他董事的监督下进行统计。

现场召开会议的,会议主持人应当当场宣布统计结果;其他情况下,会议主持人应当要求董事会秘书在规定的表决时限结束后下一工作日之前,通知董事表决结果。

董事在会议主持人宣布表决结果后或者规定的表决时限结束后进行表决的,其表决情况不予统计。

第二十二条　决议的形成

除本规则第二十条规定的情形外,董事会审议通过会议提案并形成相关决议,必须有超过公司全体董事人数之半数的董事对该提案投赞成票。法律、行政法规和本公司《公司章程》规定董事会形成决议应当取得更多董事同意的,从其规定。

董事会根据本公司《公司章程》的规定,在其权限范围内对担保事项作出决议,除公司全体董事过半数同意外,还必须经出席会议的2/3以上董事的同意。

不同决议在内容和含义上出现矛盾的,以时间上后形成的决议为准。

第二十三条　回避

表决出现下述情形的,董事应当对有关提案回避表决:

(一)《创业板上市规则》规定董事应当回避的情形;

(二)董事本人认为应当回避的情形;

(三)本公司《公司章程》规定的因董事与会议提案所涉及的企业有关联关

系而须回避的其他情形。

在董事回避表决的情况下,有关董事会会议由过半数的无关联关系董事出席即可举行,形成决议须经无关联关系董事过半数通过。出席会议的无关联关系董事人数不足3人的,不得对有关提案进行表决,而应当将该事项提交股东大会审议。

第二十四条　不得越权

董事会应当严格按照股东大会和本公司《公司章程》的授权行事,不得越权形成决议。公司董事会的职责权限为:

(一)召集股东大会,并向股东大会报告工作;

(二)执行股东大会的决议;

(三)决定公司的经营计划和投资方案;

(四)制定公司的年度财务预算方案、决算方案;

(五)制定公司的利润分配方案和亏损弥补方案;

(六)制定公司增加或者减少注册资本、发行债券或其他证券及上市方案;

(七)拟定公司重大收购、收购本公司股票或者合并、分立、解散及变更公司形式的方案;

(八)在股东大会授权范围内,决定公司对外投资、收购出售资产、资产抵押、对外担保事项、委托理财、关联交易等事项;

(九)决定公司内部管理机构的设置;

(十)聘任或者解聘公司经理、董事会秘书;根据经理的提名,聘任或者解聘公司副经理、财务负责人等高级管理人员,并决定其报酬事项和奖惩事项;

(十一)制定公司的基本管理制度;

(十二)制定本章程的修改方案;

(十三)管理公司信息披露事项;

(十四)向股东大会提请聘请或更换为公司审计的会计师事务所;

(十五)听取公司经理的工作汇报并检查经理的工作;

(十六)法律、行政法规、部门规章或公司章程授予的其他职权。

第二十五条　关于利润分配和资本公积金转增股本的特别规定

董事会会议需要就公司利润分配、资本公积金转增股本事项做出决议,可以先将拟提交董事会审议的分配预案通知注册会计师,并要求其据此出具审计报告草案(除涉及分配之外的其他财务数据均已确定)。董事会作出分配的决议后,应当要求注册会计师出具正式的审计报告,董事会再根据注册会计师出具的正式审计报告对定期报告的其他相关事项作出决议。

第二十六条　提案未获通过的处理

提案未获通过的,在有关条件和因素未发生重大变化的情况下,董事会会议在一个月内不应当再审议内容相同的提案。

第二十七条　暂缓表决

1/2以上的与会董事或两名以上独立董事认为提案不明确、不具体，或者因会议材料不充分等其他事由导致其无法对有关事项作出判断时，会议主持人应当要求会议对该议题进行暂缓表决。

提议暂缓表决的董事应当对提案再次提交审议应满足的条件提出明确要求。

第二十八条　会议录音

现场召开和以视频、电话等方式召开的董事会会议可以视需要进行全程录音。

第二十九条　会议记录

董事会秘书应当安排董事会办公室工作人员对董事会会议做好记录，董事会秘书和记录人员应在会议记录上签字。会议记录应当包括以下内容：

（一）会议届次和召开的时间、地点、方式；

（二）会议通知的发出情况；

（三）会议召集人和主持人；

（四）董事亲自出席和受托出席的情况；

（五）会议审议的提案、每位董事对有关事项的发言要点和主要意见、对提案的表决意向；

（六）每项提案的表决方式和表决结果（说明具体的同意、反对、弃权票数）；

（七）与会董事认为应当记载的其他事项。

第三十条　会议纪要和决议记录

除会议记录外，董事会秘书还可以视需要安排董事会办公室工作人员对会议召开情况作成简明扼要的会议纪要，根据统计的表决结果就会议所形成的决议制作单独的决议记录。

第三十一条　董事签字

与会董事应当代表其本人和委托其代为出席会议的董事对会议记录和决议记录进行签字确认。董事对会议记录或者决议有不同意见的，可以在签字时作出书面说明。

董事不按前款规定进行签字确认，也不对其不同意见做出书面说明的，视为完全同意会议记录和决议记录的内容。

第三十二条　决议公告

董事会决议公告事宜，由董事会秘书根据《创业板上市规则》的有关规定办理。在决议公告披露之前，与会董事和会议列席人员、记录和服务等人员负有对决议内容保密的义务。

第三十三条　决议的执行

董事长应当督促有关人员落实董事会决议，检查决议的实施情况，并在以后的董事会会议上通报已经形成的决议的执行情况。

第三十四条　会议档案的保存

董事会会议档案，包括会议通知和会议材料、会议签到簿、董事代为出席的授权委托书、会议录音资料、表决票、经与会董事签字确认的会议记录、会议纪要、决议记录等，由董事会秘书负责保存。董事会会议档案的保存期限为10年以上。

第三十五条　附则

在本规则中，“以上”、“以下”包括本数。

本规则由董事会制订报股东大会批准后生效，修改时亦同。

本规则由董事会解释。

浙江核新同花顺网络信息股份有限公司

第三节　股东会、董事会决议瑕疵与法律救济

【基础知识】

股东会、董事会作出决议，在决议程序和内容上必须符合公司法规定和公司章程规定，如果决议存在瑕疵，将影响公司、股东的利益和债权人的合法权益。股东会、董事会的决议可能存在各种各样的瑕疵，但总体上可以归纳两类：其一，程序瑕疵；其二，内容瑕疵。针对该两种情形，《公司法》第22条集中规定了股东会、董事会决议无效和撤销制度，法律救济方式为“撤销之诉”和“无效之诉”。本节所讲内容完全适用于股份有限公司的股东大会、董事会决议，在其他相关章节中不再赘述。

一、决议程序瑕疵及其法律后果

决议程序瑕疵，是指股东会、董事会决议在召集程序或者表决方式方面违反法律、法规或公司章程的规定。股东会、董事会决议程序上的瑕疵主要表现在以下几个方面：

（一）召集人不符合法律规定

股东会、董事会会议的召集，必须严格按照法律或者公司章程的规定举行，

如果召集人不符合法律、公司章程规定的要求，将导致股东会决议被撤销。

（二）会议通知存在瑕疵

股东会、董事会会议通知存在瑕疵，主要包括通知方式、通知期限、通知对象、通知内容等存在瑕疵。如果召集人未按法律及公司章程规定履行通知义务，召集程序存在瑕疵。

（三）决议事项存在瑕疵

决议事项存在瑕疵是指股东会或董事会就召集目的以外的事项临时进行决议。未记载于通知上的事项不得进行决议，《公司法》第102条第3款对此有明确规定。

（四）表决方式瑕疵

表决方式瑕疵主要包括：(1)出席股东会的股东所代表的表决权未达到法定或章程规定的股权比例；(2)通过的普通决议或特别决议未达到法定或公司章程规定的股权比例；(3)无表决权或表决权受限制的股东行使表决权。

《公司法》第22条第2款规定，股东会或者股东大会、董事会的会议召集程序、表决方式违反法律、行政法规或者公司章程，或者决议内容违反公司章程的，股东可以自决议作出之日起60日内，请求人民法院撤销。

二、决议内容存在瑕疵及其法律后果

决议内容瑕疵是指股东会、董事决议的内容违反法律、行政法规或公司章程规定。这里的法律、行政法规应作广义理解，即指包括公司法在内的一切法律、行政法规。根据《公司法》第22条第1款规定，股东会、董事会决议的内容违反法律、行政法规的无效。

三、股东会、董事会决议瑕疵的法律救济

（一）决议撤销之诉

撤销之诉是指因股东会、董事会召集程序或表决方式等违反法律、行政法规或公司章程而通过的决议，股东在一定的期限内诉请法院撤销股东会决议。根据《公司法》第22条第2款规定，在下列情形下股东可以自决议作出之日起60日内请求撤销：(1)股东会、董事会召集程序、表决方式违反法律、行政法规或公司章程；(2)决议内容违反公司章程的（决议内容违反法律、行政法规的，属于无效决议）。

有权提起撤销之诉的权利人为股东，而且股东属于单独股东权。股东提起诉讼，法院可以应公司的请求，要求股东提供相应的担保，其目的是避免股东滥诉。公司根据股东会或者股东大会、董事会决议已办理变更登记的，人民法院宣告该决议无效或者撤销该决议后，公司应当向公司登记机关申请撤销变更登记（《公司法》第22条第3款）。

(二)股东会决议无效之诉

《公司法》第22条第1款规定:“公司股东会或者股东大会、董事会的决议内容违反法律、行政法规的无效。”根据该规定,公司股东会或者股东大会决议无效仅限于决议内容违反法律、行政法规。

决议无效的诉讼是针对决议内容违反法律、行政法规,诉讼主体不限于股东,与该决议有关的所有利益关系人都可向法院提起确认决议无效之诉,如公司债权人。但非股东只能在股东大会决议的具体事项侵犯其合法利益时方可向法院提起决议无效之诉,针对公司内部事项作出的决议,如选任和撤换公司董事、监事的决议,非公司股东则无权提起诉讼。

【应用操作训练】

训练目的

通过实际操作应用,加深理解和掌握公司股东会、董事会会议的召开程序、决议的作出等法律规定,掌握决议瑕疵的法律救济,特别是培养学生将所学法律知识应用于实践,具有独立分析问题和解决问题的能力。

【操作训练】

训练形式:制作法律文书、模拟法庭等

训练素材

镇江公司由浙江公司一个法人股东和田海、唐军以及包括李梅、陈红在内的49名自然人股东共同组建,公司设立董事会、监事会,经选举产生董事7名、监事3名。董事会聘用浙江公司法定代表人陈勇为镇江公司的总经理,任期3年;聘用董事李梅为财务负责人。公司章程载明:股东有权出席股东大会并行使表决权、选举权和被选举权;召开股东会议,应当于会议召开15日前通知全体股东;董事会会议每半年至少召开一次,并于会议召开10日以前通知全体董事。

2002年9月9日,镇江公司董事会发出通知,通知全体董事于次日下午1时召开董事会。10日下午,按照会议通知,7名董事全部到会,监事会3位成员列席会议。

在会议进行过程中,有董事提出讨论更换财务负责人。由于该项提议超出了会议通知的议事内容,陈勇极力反对。在其反对意见未能得到其他董事采纳的情况下,陈勇与李梅愤然退出了会场。其余董事则继续开会,并形成了9月12日召开临时股东大会的决议。嗣后,董事会以书面形式就召开临时股东大会事宜通知了陈勇、李梅,但未通知陈红。

9月12日,陈勇、李梅共同发表声明,以召开“临时股东大会”违反公司法为由,拒绝参加会议。同日,镇江公司召开了临时股东大会,但浙江公司、田海、李

梅、陈红四股东缺席大会。会议上，根据临时股东大会上多数股东的建议，又于同日召开了临时董事会，并形成三项任免决议：免去陈勇总经理职务，任命唐军为总经理；免去李梅财务负责人职务，任命王波为财务负责人；任命彭坚为公司副总经理。

另外，田海、唐军等五人系镇江公司的董事，却又在同类企业某集团公司担任董事、监事和主要生产经营管理领导的职务。但公司认为，田海、唐军等五人在某集团公司任职，是政府任命的，没有自营，亦未损害镇江公司利益。陈勇、李梅俩人与公司交涉无果，遂寻求法律帮助和救济。[1]

训练要求

请你作为陈勇、李梅的律师，就本案违法或者违反公司章程之处一一进行分析，给其提供法律意见和建议。请你作为其诉讼代理人写出一份代理词。

提示：(1)股东会和董事会决议是否存在瑕疵？如何救济？(2)公司未通知股东陈红出席股东会会议，侵犯了陈红的什么权利？(3)三原告是否有权向法院提起诉讼，请求法院宣告股东会、董事会决议无效？(4)政府依法可否直接任命公司的董事、经理等？(5)本案由政府任命的董事、经理依法可否在同类企业公司中担任董事、监事或公司高级管理人员？

第四节　监　事　会

【基础知识】

一、监事会的性质与组成

监事会是依照法律规定，代表公司股东和职工对公司董事会、董事和经理依法履行职责情况进行监督的法定机构。有限责任公司设立监事会作为专司监督职能的机关，是建立健全公司内部制衡与约束机制的一项重要措施。在经营权和所有权相分立的现代公司构造中，监事会的职责是防止董事会及公司高管人员滥用权利，以维护公司、股东及债权人的利益，保护职工的合法权益。

我国《公司法》规定，有限责任公司设监事会，其成员不得少于3人。但股东人数较少或者规模较小的有限责任公司，可以设1～2监事，而不设监事会。

监事会应当包括股东代表和适当比例的公司职工代表，其中职工代表的比

---

〔1〕　本案选自《中国法院网》。

例不得低于1/3,具体比例由公司章程规定。监事会中的职工代表由公司职工通过职工代表大会、职工大会或者其他形式的民主选举产生,不应由股东会选举产生。监事会设主席1名,由全体监事过半数选举产生。监事会主席召集和主持监事会会议;监事会主席不能履行职务或者不履行职务的,由半数以上监事共同推举1名监事召集和主持监事会会议。

监事的任期每届为3年。监事任期届满,连选可以连任。监事任期届满未及时改选,或者监事在任期内辞职导致监事会成员低于法定人数的,在改选出的监事就任前,原监事仍应当依照法律、行政法规和公司章程的规定,履行监事职务以保证监事会监督工作的稳定性和连续性。由于董事和高级管理人员是监事会的监督对象,因而,他们依法不得兼任监事。

二、监事会的职权

《公司法》第53条规定,有限责任公司监事会或不设监事会的公司的监事行使下列职权:(1)检查公司财务;(2)对董事、高级管理人员执行公司职务的行为进行监督,对违反法律、行政法规、公司章程或者股东会决议的董事、高级管理人员提出罢免的建议;(3)当董事、高级管理人员的行为损害公司的利益时,要求董事、高级管理人员予以纠正;(4)提议召开临时股东会会议,在董事会不履行本法规定的召集和主持股东会会议职责时召集和主持股东会会议;(5)向股东会会议提出提案;(6)董事、高级管理人员违反法律、行政法规或者公司章程的规定,给公司造成损失的,可以书面请求监事会或者不设监事会的有限责任公司的监事向人民法院提起诉讼,要求董事或高级管理人员承担赔偿责任;(7)发现公司经营情况异常,可以进行调查;必要时,可以聘请会计师事务所等协助其工作,费用由公司承担;(8)公司章程规定的其他职权。

监事可以列席董事会会议,并对董事会决议事项提出质询或者建议。监事会、不设监事会公司的监事发现公司经营情况异常,可以进行调查;必要时,可以聘请会计师事务所等协助其工作,费用由公司承担。

为保障监事有效行使职权,公司应采取措施保障监事的知情权,为监事履行职责提供必要的协助。《公司法》规定,董事、高级管理人员应当如实向监事会或者不设监事会的有限责任公司的监事提供有关情况和资料,不得妨碍监事会或者监事行使职权。

三、监事会的议事方式和表决程序

监事会每年度至少召开一次会议,监事可以提议召开临时监事会会议。监事会的议事方式和表决程序,除《公司法》有规定的外,由公司章程规定。监事会决议应当经半数以上监事通过。监事会应当对所议事项的决定作成会议记录,出席会议的监事应当在会议记录上签名。

【应用操作训练】

训练目的

通过实际应用训练,能够掌握监事会的组成、职权等,明确监事会权利与义务,加强对监事会制度的认知,并能学用结合。

【操作训练一】

训练形式:模拟召开监事会会议

训练素材

尚德科技有限公司于2008 年 3 月成立。随着公司经营规模的扩大和市场环境发生变化,2013 年 12 月初,公司拟召开第二届监事会第五次会议,审议相关议案。监事会办公室当即安排向各监事发出书面会议通知,通知 12 月 22 日下午在公司会议室召开监事会会议。

训练要求

请以上述素材的背景信息为主,根据相关法律规定,模拟召开一次监事会会议,制作相关法律文书。

【操作训练二】

训练形式:法律意见书

训练素材

某乳制品股份公司董事会未经股东会同意,决定削减公司产品,转让公司所属牧场以及部分场地,并准备申请批准办理公司减资登记。该公司部分股东得知此事后,认为此举严重损害公司利益,联名向公司监事会提出召集股东临时会议,并解除董事长方某职务。公司监事会向董事会提出召集股东会临时会议的建议,逾期 3 个月仍然没有结果,于是直接向公司股东发出通知召开公司临时股东会会议,虽然方某等人作为董事没有出席,会议仍然经过表决解除了董事长方某以及部分董事的职务。方某等人向律师咨询,监事会召开的会议和作出的决议是否合法有效,他们认为,其董事职务的任期仍未届满,而且监事会也没有权利召集股东临时会议,会议作出提前解除董事的决议,其召集程序违法。

训练要求

根据上述素材,请对方某等人提出的问题,依法给予回答,并制作一份法律意见书。

附:有限责任公司监事会决议(模板)

________公司监事会决议

会议时间:____

会议地点:____

召集人:____

主持人:____

会议按照《公司法》(或本公司章程)规定的方式通知了全体监事。本次会议应出席监事____人,实际出席监事____人,其中监事______委托______出席会议并代为行使表决权。监事________在知晓本次会议召开的时间、地点、内容的前提下,自主决定不出席本次会议,放弃对会议讨论事项的表决权。出席监事共代表全体监事____%表决权。

本次会议的召开程序符合《公司法》(或本公司章程)的规定,通过的以下决议合法有效:

代表全体监事____%表决权的监事决定选举____为监事会主席(注:适用于新选举监事会主席)。

[或免去____监事会主席职务,重新选举____为监事会主席(注:适用于监事会主席变更)]。

到会监事签名:

年　　月　　日

第五节　董事、监事、高级管理人员的任职资格和义务

【基础知识】

一、董事、监事、高级管理人员的任职资格

公司经营如何、效益如何,能否维护公司以及全体股东的权益,取决于董事、

监事、高级管理人员的领导和管理能力和综合素质。[1] 因此，他们的任职资格对公司、公司的全体股东和公司债权人显得非常重要。我国《公司法》对有限责任公司以及股份有限公司的董事、监事及高级管理人员的任职资格不是采取积极规定的方式，而是明确规定具有什么情形的人不得担任这些职务。

《公司法》第 146 条第 1 款规定："具有下列情形之一的，不得担任董事、监事、高级管理人员：(一)无民事行为能力或者限制民事行为能力；(二)因贪污、贿赂、侵占财产、挪用财产或者破坏社会主义市场经济秩序，被判处刑罚，执行期满未逾五年，或者因犯罪被剥夺政治权利，执行期满未逾五年；(三)担任破产清算的公司、企业的董事或者厂长、经理，对该公司、企业的破产负有个人责任的，自该公司、企业破产清算完结之日起未逾三年；(四)担任因违法被吊销营业执照、责令关闭的公司、企业的法定代表人，并负有个人责任的，自该公司、企业被吊销营业执照之日起未逾三年；(五)个人所负数额较大的债务到期未清偿。"另外，《公司法》第 52 条第 4 款规定，董事、高级管理人员不得兼任监事。

公司违反上述所列情形选举、委派董事、监事或者聘任高级管理人员的，该选举、委派或者聘任无效。董事、监事、高级管理人员在任职期间出现上述所列情形的，公司应当解除其职务(《公司法》第 146 条第 2 款、3 款)。

除《公司法》上述规定的情形之外，其他法律、法规中对董事、监事、高级管理人员任职资格的限制同样必须遵守。如《公务员法》第 53 条第 14 项规定的国家公务员、中国证监会发布的《证券市场禁入暂行规定》、《上市公司章程指引》、《关于在上市公司建立独立董事制度的指导意见》等针对证券市场及上市公司的董事、监事、高级管理人员的任职资格所作规定也必须遵守。

二、董事、监事、高级管理人员的义务

公司董事、监事、高级管理人员在公司掌握着公司经营的诸多权利，直接关系到公司以及股东的切身利益和权益。因此，他们必须尽职尽责，忠于职守。《公司法》第 147 条规定："董事、监事、高级管理人员应当遵守法律、行政法规和公司章程，对公司负有忠实义务和勤勉义务。董事、监事、高级管理人员不得利用职权收受贿赂或者其他非法收入，不得侵占公司的财产。"第 148 条规定："董事、高级管理人员不得有下列行为：(一)挪用公司资金；(二)将公司资金以其个人名义或者以其他个人名义开立账户存储；(三)违反公司章程的规定，未经股东会、股东大会或者董事会同意，将公司资金借贷给他人或者以公司财产为他人提供担保；(四)违反公司章程的规定或者未经股东会、股东大会同意，与本公司

[1] 高级管理人员，是指公司的经理、副经理、财务负责人，上市公司董事会秘书和公司章程规定的其他人员(《公司法》第 216 条)。

订立合同或者进行交易;(五)未经股东会或者股东大会同意,利用职务便利为自己或者他人谋取属于公司的商业机会,自营或者为他人经营与所任职公司同类的业务;(六)接受他人与公司交易的佣金归为己有;(七)擅自披露公司秘密;(八)违反对公司忠实义务的其他行为。”

三、董事、监事、高级管理人员违反义务的法律责任

董事、高级管理人员违反法律、法规以及公司章程规定的义务,其非法所得的收入应当归公司所有(《公司法》第148条第2款)。例如,违规自我交易所得、篡夺公司机会所得、违规收受的佣金等,均将归公司所有。《公司法》第149条规定:“董事、监事、高级管理人员执行公司职务时违反法律、行政法规或者公司章程的规定,给公司造成损失的,应当承担赔偿责任。”为了另依据《公司法》第151条的规定,董事、高级管理人员有第149条规定情形的,监事会或者不设监事会的有限公司的监事、公司股东有权依法向人民法院提起诉讼;监事有第149条规定的情形的,董事会(执行董事)股东依法有权向人民法院提起诉讼。上述这些规定目的是保证公司的赔偿请求权得以实现。

【应用操作训练】

训练目的

通过应用训练,掌握公司董事、监事和高管人员任职资格、权利和义务,以及他们违反义务所应承担的法律责任,培养独立分析问题和解决问题的能力,并能做到将所学法律知识应用于实践,解决实践中的法律问题。

【操作训练一】

训练形式:制作法律意见书

训练素材

A市发达百货有限责任公司,是以商品零售为主的公司,公司注册资本30万元,公司股东为黄某和刘某。由于公司股东人数少,遂决定两个股东中黄某为执行董事,刘某为财务负责人,并兼任监事。该公司为了开拓市场,决定聘请在A市劳动人事局工作的好友谭某兼任公司经理。

此时谭某正好与周某做一笔生意,准备赊购一批男式皮衣贩卖。于是欣然同意担任该公司的经理。上任后,恰逢周某要求谭某提供担保,于是,谭某便利用经理之便,用发达百货有限公司的资产提供了担保。货到后,未经任何人同意,谭某便私自和发达百货有限公司签订合同,由公司将他贩卖的男式皮衣全部买下,从中渔利6万元。此事很快被刘某知道,因刘某此时正好有一批自己经营的滞销服装需要处理,便要求谭某以发达百货有限公司的名义同自己进行交易,买下这批服装,得款人民币9万元。

由于皮衣和服装的质量有问题，加之季节的变化，造成了大量积压，使发达百货有限公司的流动资金严重短缺，无法继续经营。此时，执行董事黄某才了解到真实情况，便要求解除发达百货有限公司与谭某的皮衣合同及与刘某的服装交易，谭某和刘某退回货款。二人皆不同意。[1]

针对上述情况，黄某不知如何是好，因此便向律师咨询。

训练要求

请你根据上述材料，从法律角度给黄某讲解法律规定，对本案作出法律分析，并给黄某出具一份法律意见和建议书。

提示：(1)发达百货有限公司只设一名监事，并由财务负责人刘某兼任监事是否合法？(2)谭某作为国家公务员可否担任公司经理？(3)谭某担任公司经理期间，擅自以公司的财产为周某提供担保是否有效？《公司法》对此是如何规定的？(4)谭某作为公司经理，擅自将皮衣卖给公司，从中获利6万元，是否合法，该交易行为如何定性？《公司法》对此是如何规定的？(5)刘某作为公司监事，擅自将其自己经营的滞销服装卖给公司，是否合法？

【操作训练二】

训练形式：模拟法庭、专家论证法律意见书

训练素材

1995年1月，郑百文股份公司董事会换届时，执教于郑州大学的陆某当选为该公司的独立董事，不参加公司的经营管理，也不领取任何报酬。后来，媒体披露了郑百文股份公司弄虚作假的黑幕。2001年9月，中国证监会作出决定：对郑百文的董事长李某、副董事长卢某分别处以30万元和20万元的罚款；对包括独立董事陆某在内的其他10名董事处以10万元罚款。

陆某不服，曾提起行政复议。证监会于2002年2月作出行政复议决定，坚持认为陆某作为董事，应当对董事会决议通过的有关上市申报材料和年度报告的真实性、完整性负责。不能以担任独立董事、不在公司任职、不参加公司日常经营管理、不领取工资报酬或津贴等理由主张减免处罚。

2002年4月22日陆某将证监会告上法院，请求撤销证监会对其处以10万元的处罚决定。陆某称，1995年12月2日前，郑百文公司造假上市的时候，其还不是独立董事。出任A公司董事时，其已经64岁，而且刚刚做完手术，当时A公司的领导对其是有承诺的，就是不参与公司内部的经营管理，不领取公司的任何报酬。其本人因为教学工作很忙，根本没时间去开董事会。一年开三四次会，经常不到。董事会从未讨论过涉及股票上市的问题，他也没参加过这样的会议。

---

[1] 黄学海等：《企业法公司法案例精选精析》，法律出版社1999年版，第21页。

他不是决定或组织实施对上市过程中虚假利润和重大遗漏的直接责任人,对郑百文公司股票上市前的违法行为不应承担董事责任。陆某另称,郑百文公司1996～1998年度的年报中存在严重虚假和重大遗漏问题是他人组织策划和造成的。他没有见过郑百文公司的年报,无从了解会计报表中虚报当年利润,隐瞒亏损,重大遗漏的严重问题。另外,董事会同意年报的根据是审计报告。而审计报告是由注册会计师出具的具有法律效力的文书,因此不能把这一责任转嫁给董事。董事会从没同意过造假,其在主观上没有过错,因此证监会认定他应当对董事会决议通过的有关上市材料、年度报告的真实性、完整性负责没有事实依据,证监罚字〔2001〕19号行政处罚决定书决定对其罚款10万元的处罚决定应予撤销。

训练要求

(1)请你作为专家论证会的专家论证成员,根据上述案情以及法律规定,对证监会对独立董事陆某的行政处罚是否正当合法,发表你的论证意见,并形成书面论证意见书。

(2)同学分组,模拟原告陆某、证监会和法庭,举办模拟法庭,并分别写出起诉状、答辩状和判决书。

第五章　股东与股权知识与应用

第一节　股东概述

【基础知识】

一、股东的概念

我国《公司法》并未对“股东”下定义，学者间也没有对股东形成一致意见。“股东”一般体现为“向公司出资”或者“持有公司股份”、“对公司享有权利并承担义务”等。故此，股东是指认缴公司资本或者持有公司股份，对公司享有权利并且承担义务的自然人或者法人。

股东法律地位是平等的，在我国《公司法》第103条和第126条规定中都有体现。股东地位平等，仅仅体现为股权平等，每一股持有者享有同样的权利和义务。股东所持份额多，所拥有的权利就多，相反则少。因此，股东平等实际上是股权平等。

二、股东资格的取得

（一）原始取得

公司设立时的原始股东是指公司设立时即为公司股东，即在公司设立时，直接向公司出资或者认购公司股份。另外，公司成立后，如果增加注册资本，非原有股东向公司出资或者认购公司股份，进而成为公司股东的，也是原始股东。

（二）继受取得

股东资格的继受取得，是指在公司成立后，因受让、继承、析产等方式而成为股东的股东资格取得方式。

三、股东资格的限制

（一）法人不得为无限责任股东

《公司法》第15条规定：“公司可以向其他企业投资；但是，除法律另有规定外，不得成为对所投资企业的债务承担连带责任的出资人。”顾名思义，有限责任公司及股份有限公司,均包含“有限”二字,是公司以现有全部财产为限对公司债权人承担责任。若公司成为无限责任承担者,则会产生与其有限责任发生冲突的现象。就我国而言,由于没有无限责任公司,故法人也就不存在成为无限责任的股东。但我国有合伙企业,所以法人不能成为合伙企业的无限责任的合伙人。

(二)公司不得为本公司股东

公司不得为本公司股东,即公司自身不得向本公司出资或持有本公司的股份,自为股东。我国《公司法》对此有禁止性规定,如第142条规定,公司不得收购本公司的股票,但为减少公司资本而注销股份或者与持有本公司股票的其他公司合并除外。公司依照前述规定收购本公司股票后,必须在10日内注销该部分股份,并依照法律、行政法规办理变更登记,并公告。公司也不得接受本公司的股票作为质押权的标的。

(三)国家机关不得为公司股东

我国现行法律明文规定,国家机关不得从事营利性的经营活动。因此,国家机关不能为股东。另外,《商业银行法》第43条规定:“商业银行在中华人民共和国境内不得从事信托投资和证券经营业务,不得向非自用不动产投资或者向非银行金融机构和企业投资,但国家另有规定的除外。”据此规定可知,我国商业银行不能成为非银行金融机构和企业的股东。

(四)特定自然人不得为公司股东

《中华人民共和国公务员法》(以下简称《公务员法》)第53条第14项规定,公务员不得“从事或者参与营利性活动,在企业或者其他营利性组织中兼任职务。”依据该规定,国家公务员,包括法官、检察官等人员不应成为有限责任公司的股东。但他们通过证券交易所购买上市公司股票则属于个人或家庭理财行为,不违反国家法律相关规定。

四、股东资格的丧失

(一)股东依法转让其全部股权

如果股东将其股权全部转让,自然丧失股东资格,受让人成为公司股东。但若股东只是依法转让部分股权,其股东资格不受影响,仍为公司股东,只是股权比例发生变化。

(二)股权依法被法院强制全部拍卖或以其他方式转让

股东作为被执行人,其股权作为被执行财产予以执行并清偿其所欠债务。执行股权的方式可以是拍卖或协议转让等。股东的股权一旦被全部强制转让或者过户给债权人,原股东便丧失股东资格。

(三)股东被除名

根据最高人民法院《关于适用〈中华人民共和国公司法〉若干问题的规定

(三)》(以下简称《公司法解释三》)第17条规定,有限责任公司的股东未履行出资义务或者抽逃全部出资,经公司催告缴纳或者返还,其在合理期间内仍未缴纳或者返还出资,公司可以以股东会决议解除该股东的股东资格。该股东一旦被除名,意味着其将被迫退出公司,丧失公司股东资格。

(四)因其他事由而丧失

其他丧失股东资格的事由较多,例如自然人股东死亡、作为法人股东的法人终止等。

【应用操作训练】

训练目的

通过实际操作训练,掌握股东资格获取的条件、方式及限制性规定,并能够熟练运用股东资格认定的标准进行实务操作,从而进一步加深对股东及股东资格的理解,学以致用。

【操作训练一】

训练形式:课堂辩论、模拟法庭、制作法律文书

训练素材

原告:吴娇等10人

被告:永昌公司

被告:盛兴公司

被告:电光源厂

第三人:杰成公司

第三人:中晨公司

2010年12月18日,被告永昌公司、盛兴公司、电光源厂三方签订了《上海永昌出租汽车服务有限责任公司章程》,约定成立永昌出租汽车公司;并于同日召开了永昌出租车公司股东会议,选举原告吴娇为董事长。10名原告在章程中未被列为股东,也未在章程上签名、盖章。2011年1月3日至5月12日,10名原告为永昌出租车公司出资共计人民币7.9万元,永昌出租车公司为10名原告颁发了“股东凭证”。1月17日,上海市工商局核准了永昌出租车公司开业,法定代表人为原告吴娇,但股东登记为三被告。2012年3月26日,三被告召开永昌出租车公司股东会议,撤销了原告吴姣的董事长和总经理职务。同年4月4日,三被告将永昌出租车公司的全部股份转让给第三人杰成公司和中晨公司,并在公司登记机关办理了股东变更登记。

2012年5月7日,原告吴娇等10人向上海市普陀区人民法院起诉,称:永昌出租车公司系10名原告和其他股东集资筹建的。但在2012年3月26日,被告永昌公司、盛兴公司伙同非股东的电光源厂召开非法股东会议,撤销了原告吴娇的董事长和总经理职务。三被告后又背着原告与两个第三人达成转让永昌出租车公司全部股份的协议。现起诉要求:(1)确认2012年3月26日股东会议决议无效;(2)恢复原告吴娇的董事长和总经理职务,责令两个第三人交出管理权;(3)确认三被告向两个第三人转让股权无效;(4)赔偿原告经济损失人民币3万元;(5)确认10名原告为永昌出租车公司的股东。

被告永昌公司、盛兴公司、电光源厂答辩称,不同意原告的诉讼请求,原告未参与公司章程的制定,股东名册、公司登记机关也未登记原告为公司股东,其一切行为合法有效。第三人杰成公司、中晨公司述称:我们取得永昌出租车公司的股权,是经过三个股东的转让和登记机关登记的,是合法有效的。

训练要求

(1)举办模拟法庭;(2)请你分别作为原告或者被告的诉讼代理人写一份代理词;(3)请你作为法官写一份判决书。

【操作训练二】

训练形式:课堂辩论、模拟法庭、制作法律文书

训练素材

2013年,广州的李瑞莲和周新宇两个人共同组建了金美实业有限公司,注册资本为80万元,其中李瑞莲出资30万元,周新宇出资50万元。李瑞莲把30万元汇到周新宇担任法定代表人的另一家公司的账户上,汇款的凭据上注明"往来款"。由于当时李瑞莲在广州,所以成立公司的一系列手续都是由周新宇一手经办。公司成立之后,李瑞莲担任董事长,周新宇担任董事兼总经理,李瑞莲主持参加了公司每一次股东会和董事会。公司成立后,效益非常好。但因周新宇一直反对分红,公司内部逐渐出现分歧。

李瑞莲之后发现,在金美公司工商登记的股东名册上没有她的名字,工商登记的股东是周新宇和黄建军。黄建军给李瑞莲写了一份证明,他从来没有跟周新宇合作成立公司,并且对如何成为金美公司的股东一无所知。

在李瑞莲和周新宇打官司的同时,杨宾也向法院起诉,要求确认他的股东身份。原因是,杨宾在公司成立后,出资10万元成为公司的新增股东。杨宾出资时,周新宇写了一个收据,内容是:"收据:今收到杨宾出资款人民币10万元整,署名是周新宇"。公司吸收杨宾入股的时候,召开了董事会,并且所有的董事,包括李瑞莲和周新宇在内都在会议纪要上签了字。但工商部门的登记材料,同样没有杨宾的名字,公司在他入股之后也没有进行任何股权、公司资本的变更登记。

法院在审理期间,合议庭有法官认为,由于公司成立的过程当中,没有证据

证明李瑞莲履行成为股东的法定程序,因此应当驳回她的诉讼请求,而杨宾方面则因为有周新宇写给他的 10 万元收条,并且还有董事会的会议纪要来作为证据,因此法院判定杨宾是金美公司的股东,应当支持他的诉讼请求。

训练要求

请将同学分别分组,模拟原告、被告(公司)、第三人和合议庭,就自己的主张,即认为是公司股东或者不是公司股东,依据本案事实和法律规定进行辩论,并制作起诉书、答辩状,合议庭同学制作一份判决书。

第二节　名义股东与实际出资人

【基础知识】

一、实际出资人的概念

实际出资人,是与他人约定,由自己实际向公司出资,而以他人名义作为公司股东的人。实践中出现名义股东与实际出资人这种情形的原因可能有很多,有的是实际出资人依法不能作为公司股东,如国家公务员等,以此规避法律;有的是实际出资人不愿意在公司中显名。

实际出资人均是自己自由选择的结果。如果实际出资人并没有借用他人名义,从而达到自己隐名出资的目的的意思表示,而是因为公司的过错行为所导致,则不属于实际出资人的范畴。此时,投资者有权请求公司办理相关登记以及行使股东权利,公司亦可以请求该股东履行法定或者公司章程规定的义务。

二、实际出资人的特征

(一)主体的广泛性

实际出资人的主体可以是自然人、法人或者其他组织,实际出资人与名义股东之间既可以是一对多的关系,也可以是多对一的关系,并且实际出资人也不限于本国人。例如,在外商投资企业中,外国投资者为了能够享受相关领域内我国政府对我国企业或者个人的优惠政策,而借用我国民商事主体的名义而进行隐名出资。

(二)实际出资人实际履行出资义务

无论是基于代持股协议,还是基于其他关系,实际出资人均实际履行出资义务,包括认缴以及按照公司法和公司章程规定实际缴纳出资,而名义股东虽然法律文件记载其为股东,并且名义上履行出资义务,但其自己并未实际履行这一义务,而是由实际出资人背后履行这一义务。

(三)实际权利义务承受者的隐秘性

公司内部法律文件,如股东名册、公司章程等记载名义股东为公司股东,公司登记机关登记资料也是登记的名义股东,因此,根据我国法律规定,名义股东就是法律上的股东,享有公司股东权利,履行股东义务,承担股东依法应当承担的责任。但根据名义股东与实际出资人之间的内部约定,享有股东权益的是实际出资人,实际出资人借用名义股东的名义进行出资,通过名义股东,直接或者间接行使股东权利、享有投资收益。同时,履行股东义务的也为实际出资人,因此,真正享受公司权利,履行出资义务的人是隐秘的。

三、相关纠纷的处理

名义股东与实际出资人之间自愿平等协商,订立相关协议。此类协议属于私法范畴,只要其内容不违反我国强制性法律规定,不损害第三人的利益,法律上应当承认其法律效力。

因名义股东与实际出资人而引发的纠纷在实践中时常发生。对此,最高人民法院《公司法解释三》作出了专门规定,《公司法解释三》将隐名投资者称为"实际出资人",并对其与名义股东的投资利益归属、实际出资人的股东资格认定、名义股东擅自处分股权以及实际出资人、名义股东对公司债务的承担问题进行了规定。总体原则是内外有别的处理思路。

(一)名义股东与实际出资人

他们二者之间属于内部关系,如果因股东权益等发生纠纷,将以其之间的合同约定为准。《公司法解释三》第 24 条规定,有限责任公司的实际出资人与名义出资人订立合同,约定由实际出资人出资并享有投资权益,以名义出资人为名义股东,实际出资人与名义股东对该合同效力发生争议的,如无《合同法》第 52 条规定的情形,人民法院应当认定该合同有效。实际出资人与名义股东因投资权益的归属发生争议,实际出资人以其实际履行了出资义务为由向名义股东主张权利的,人民法院应予支持。名义股东以公司股东名册记载、公司登记机关登记为由否认实际出资人权利的,人民法院不予支持。

(二)名义股东、实际出资人与公司

名义股东、实际出资人与公司之间已经超出名义股东与实际出资人之间的合同约定,如果名义股东、实际出资人与公司之间发生争议的,根据合同关系相对性原理,不能以其合同约定来对抗公司,而应当依据公司法等相关法律规定处理。《公司法》第 32 条第 2 款规定:"记载于股东名册的股东,可以依股东名册主张行使股东权利。"根据此规定,对于公司而言,公司以股东名册为准,有权向公司主张权利的人是名义股东,而不是实际出资人,如出席股东会会议权、分红权等,实际出资人无权向公司主张权利。

同理,依法应当向公司承担出资义务的人也应当是名义股东,而不是实际出资人,承担责任者也应为名义股东。名义股东与实际出资人之间的义务和责任的承担,则按照他们之间的协议处理。

实际出资人要变更为显名股东的,将按照股权转让处理,而且属于名义股东将股权转让给非股东,应当征得其他股东过半数同意、其他股东放弃优先购买权等。实际出资人未经公司其他股东半数以上同意,请求公司变更股东、签发出资证明书、记载于股东名册、记载于公司章程并办理公司登记机关登记的,人民法院不予支持。

(三)名义股东、实际出资人与公司之外的第三人

《公司法》第32条第3款规定,"公司应当将股东的姓名或者名称向公司登记机关登记;登记事项发生变更的,应当办理变更登记。未经登记或者变更登记的,不得对抗第三人"。根据该规定,名义股东、实际出资人与公司之外的第三人发生争议,将以公司登记机关登记,也就是公司登记机关登记的名义股东为合法股东。《公司法解释三》第25条规定,名义股东将登记于其名下的股权转让、质押或者以其他方式处分,实际出资人以其对于股权享有实际权利为由,请求认定处分股权行为无效的,人民法院可以参照《物权法》第106条的规定处理。第三人凭借对登记内容的信赖,相信登记的股东(即名义股东)就是真实的股权人,可以接受该名义股东对股权的处分,实际出资人不能主张处分行为无效。名义股东处分股权给实际出资人造成损失的,实际出资人可以依据他们的合同约定以及法律规定请求名义股东进行赔偿。

《公司法解释三》第26条规定,公司债权人以登记于公司登记机关的股东未履行出资义务为由,请求其对公司债务不能清偿的部分在未出资本息范围内承担补充赔偿责任,股东以其仅为名义股东而非实际出资人为由进行抗辩的,人民法院不予支持。名义股东根据前款规定承担赔偿责任后,向实际出资人追偿的,人民法院应予支持。总之,名义股东依法享有股东权利,同时应当履行股东义务以及相应的法律责任。

【应用操作训练】

训练目的

通过实际训练,更进一步对名义股东与实际出资人进行理解,掌握各种相关法律关系,掌握权利、义务和责任在各种情况下的享有者,维护各方当事人的权益。

【操作训练一】

训练形式:案件评议、提出最佳解决方案、撰写法律文书

训练素材

原告:北京天地科技有限公司

被告:北京旭日广告有限公司

第三人:孔华

2015年7月原告向法院提起诉讼,诉称:原告为被告的股东。2011年6月30日,原告、第三人达成《委托持股协议书》,双方约定第三人代原告持有被告5%的股权,双方均同意第三人为该被告公司的名义股东,原告为实际股东。同时,第三人承诺,在接到原告书面要求的通知后即将该出资无条件、无偿地转让至原告或者原告指定的第三方名下,并办理相关转让手续。

2014年11月21日,原告与第三方北京创业投资有限公司签订了《股权转让协议书》,约定将第三人代持的被告5%的股权以50万元价格转让,同时约定协议签署后,原告立即安排上述股权的名义持股人即代持人于2014年12月2日前,签订股权转让协议,以便办理工商变更登记手续,否则视为违约,原告应当将北京创业投资有限公司支付的全部股权转让款予以返还,并支付30万元的违约金。

协议签订后,北京创业投资有限公司支付股权转让款50万元。原告通过短信、电子邮件、邮寄等方式通知第三人签订股权转让协议,办理股权过户登记手续,但第三人一直未予执行。

原告认为,原告与第三人签订的《委托持股协议书》系双方真实意思的表示,且不违反法律、行政法规强制性规定,故合法有效,双方均需依约履行。但第三人拒不按照协议约定及原告的指示办理转让手续,给原告造成了较大经济损失。

于是,原告向法院提起诉讼,诉讼请求是:(1)确认第三人所持有被告的5%股权归原告所有;(2)判令被告将第三人持有被告的5%的股权从第三人过户至原告名下,第三人予以协助;(3)被告和第三人承担本案的全部诉讼费用。

训练要求

请你根据原告的诉讼请求和其提出的事实与理由,并根据相关法律规定,对本案进行详细分析并作出评论。(1)请厘清本案的法律关系,就原告起诉的被告、第三人以及针对他们提出的诉讼请求,你认为能否得到法律上的支持?(2)针对原告的诉讼请求,请你写一份民事判决书。(3)如果你是原告的律师向法院起诉,请你提出本案最佳的解决方案。(4)请根据你的设计方案,为原告撰

写一份民事起诉状。

【操作训练二】

训练形式：法律咨询、法律意见书

训练素材

田某、袁某、沈某三人协商出资成立三人行教育培训中心有限责任公司（以下简称三人行公司），由于田某妻子平素花钱大手大脚，而且不允许田某私藏“小金库”，故田某委托蒋某作为其股权代持人，两人签订了股权代持协议书，其中约定：由田某出资40万元，与其他二人出资成立三人行公司，蒋某在公司挂名，公司中生产经营管理权、利润分配权等一切权利由田某实际享有，出资义务以及公司经营发生的一切责任也由田某承担，蒋某不享受收益权、公司经营管理权，一切责任与蒋某无关。之后公司成立，公司章程和公司登记机关登记载明，蒋某出资40万元，另二人各出资5万元。公司成立后，田某与其他二人一直经营管理该公司。

2011年10月，由于蒋某将出国并定居国外，于是将其持有的股权分别以20万元的价格转让给了袁某、沈某，并办理工商变更登记手续。田某知道后，要求将袁某、沈某受让的股权转让给自己，遭到二人的拒绝。田某于是又要求蒋某将收取的40万元股权转让款交付给他，同样遭到蒋某拒绝。

田某欲起诉蒋某、袁某和沈某，要么要求袁某和沈某将股权无偿转给田某，要么蒋某、袁某和沈某付给40万元股权转让款。于是，田某咨询律师，他的要求能否得到法律支持？应该怎么做会得到法律上的支持？

蒋某、袁某和沈某也一起咨询律师，田某的各项要求有无法律依据，依法该如何维护其权益。

训练要求

请你作为上述当事人的咨询律师，依据法律规定和基本理论进行详细分析和论证，分别给咨询人田某和蒋某、袁某、沈某出具一份法律意见书。

附:代持股协议

代持股协议[1]

甲方:

乙方:

鉴于:

一、2013年____月,依据《中华人民共和国公司法》,甲乙双方共同出资设立__________有限公司(以下简称公司),公司注册资金为____万元人民币,甲方出资____万元人民币,占注册资金的____%;乙方出资____万元人民币,占注册资金的____%。

二、乙方所持有的占公司注册资金____%的公司股权,全部由甲方出资,乙方并未实际出资。

现甲乙双方就由甲方实际出资,乙方代持的占公司注册资金____%的股权约定如下:

一、本次代持

(1)本次由乙方代持甲方在__________有限公司中占公司注册资金____%的股权,对应出资人民币____万元。

(2)乙方在此声明并确认,代持股权的投资款系完全由甲方提供,只是由乙方以其自己的名义代为投入公司,故代持股权的实际所有人应为甲方;乙方系根据本协议代甲方持有股权。

(3)乙方在此进一步声明并确认,由代持股权产生的或与代持股权有关之收益归甲方所有,在乙方将上述收益交付给甲方之前,乙方系代甲方持有该收益。

二、甲方的权利与义务

(1)甲方作为代持股权的实际拥有者,以代持股权为限,根据公司章程规定享受股东权利,承担股东义务。包括但不限于股东权益、重大决策、表决权、查账权等公司章程和法律赋予的全部权利。

(2)甲方作为代持股权的实际拥有者,有权依据本协议对乙方不适当地履行受托行为进行监督和纠正,并要求乙方承担因此而造成的损失。

(3)在代持期间,乙方获得因代持股权而产生的收益,包括但不限于利润、

---

〔1〕 张天祥:“代持股协议”,载 http://www.lawtime.cn/article/lll101664824101669918oo281292,2015年3月5日访问。

现金分红等，由甲方按出资比例享有。

(4)如公司发生增资扩股之情形，甲方有权自主决定是否增资扩股。

三、乙方的权利与义务

(1)甲方有权在条件具备时，将股权转让到甲方或者甲方指定的任何第三人名下，届时涉及的相关法律文件，乙方须无条件同意并对此提供必要的协助及便利，所产生的税费、变更登记费用由甲方承担。

(2)在代持期间，乙方作为代持股权形式上的拥有者，以乙方的名义在工商股东登记中具名登记。

(3)乙方代甲方收取代持股权产生的收益，应当在收到该收益后____个工作日内，将其转交给甲方或打入甲方指定的账户。

(4)在代持期间，乙方应保证所代持股权权属的完整性和安全性，非经甲方书面同意，乙方不得处置代持股权，包括但不限于转让、赠与、放弃或在该股权上设定质押等。

(5)若因乙方的原因，如债务纠纷等，造成代持股权被查封的，则乙方应提供其他任何财产向法院、仲裁机构或其他机构申请解封。

(6)乙方应当依照诚实信用的原则适当履行受托义务，并接受甲方的监督。

(7)乙方代持股期间，因代持股权产生的相关费用及税费由甲方承担。

(8)作为公司的隐名股东，公司其他股东向甲方转让股权时，乙方不得主张优先权。

四、代持股权的费用

(1)乙方为无偿代持，不得向甲方收取代持股权的代持费用。

(2)乙方代持股期间，因代持股权产生的相关费用及税费由甲方承担；在乙方将代持股权转给甲方或甲方指定的任何第三人持有时，所产生的变更登记费用也由甲方承担。

五、代持股权的转让

(1)在代持期间，甲方可转让代持股权。甲方转让股权的，应当书面通知乙方，通知中应写明转让的时间、转让的价格、转让的股权份额。乙方在接到书面通知之后，应当依照通知的内容办理相关手续。

(2)若乙方为甲方代收股权转让款的，乙方应在收到受让方支付的股权转让款后____个工作日内将股权转让款转交给甲方。但乙方不对受让股东的履行能力承担任何责任，由此带来的风险由甲方承担。

(3)因代持股权转让而产生的所有费用由甲方承担。

六、保密

协议双方对本协议履行过程中所接触或获知的对方的任何商业信息均有保

密义务,除非有明显的证据证明该等信息属于公知信息或者事先得到对方的书面授权。该保密义务在本协议终止后仍然继续有效。任何一方因违反保密义务而给对方造成损失的,均应当赔偿对方的相应损失。

七、协议的生效与终止

(1)本协议自签订之日起生效。

(2)甲方通知乙方将代持股权转移到甲方或甲方指定的任何第三人名下并完成相关办理手续时终止。

八、违约责任

本协议正式签订后,任何一方不履行或不完全履行本协议约定条款的,即构成违约。违约方应当负责赔偿其违约行为给守约方造成的一切直接和间接的经济损失。

九、适用法律及争议解决

因履行本协议所发生的争议,甲乙双方应友好协商解决,协商不能解决的,任一方可向甲方住所地人民法院提起诉讼。

十、其他

(1)本协议一式两份,签署双方各执一份,均具有同等法律效力。

(2)本协议未尽事宜,可由双方以签订补充协议的形式约定,补充协议与本协议具有同等法律效力。

甲方(签字):　　　　签订时间:　年　月　日

乙方(签字):　　　　签订时间:　年　月　日

见证人(签字):　　　签订时间:　年　月　日

第三节　股权概述

【基础知识】

一、股权的概念

股东权利,简称为"股权"或"股东权",是股东基于其身份和地位而享有的、对公司行使的各种权利的集合。广义的股东权还包括股东义务。[1] 有关股权的性质,学者对此有不同的学说,主要有所有权说、债权说、社员权说、独立民事

[1] 叶林:《公司法原理与案例教程》,中国人民大学出版社2010年版,第109页。

权利说等，本书对此不过多讨论。

二、股权的内容

股权，即股东所享有的权利。《公司法》第4条概括列举了股东权利的主要内容，即资产受益权、参与重大问题决策权、选择管理者权等权利，股东的其他权利散见于《公司法》的其他条文中。归纳起来，股东权利主要有以下几个方面：

（一）资产收益权

资产收益权，是指股东按其出资额或所持股份享有从公司的利润中获得股息和红利的权利。该项权利是股东基于其股东资格所享有的一项较为重要的固有权，也是股东参与投资的重要目的之一，不得加以剥夺或限制。但股东能否实际享受此项权利，还要取决于公司当年是否有可分配利润以及股东会是否作出分配利润的决议。

（二）股东（大）会召集权和主持权

股东在一定条件下有权召集并主持股东（大）会，《公司法》第40条、第101条分别对有限公司和股份有限公司的股东召集和主持股东会的权利和条件有明确而具体的规定。

（三）出席股东会会议和表决权

股东（大）会是公司的最高权利机构，对公司一切重大问题作出决议。凡公司股东，无论出资额或持股多少，均是股东会成员，有权亲自或委托他人出席股东会会议。《公司法》第41条规定，“召开股东会会议，应当于会议召开5日以前通知全体股东”；第102条对股份有限公司就通知股东参加股东大会也作了具体规定。如果因未通知股东，甚至有意剥夺股东出席股东会会议并行使表决的权利，属于召集程序违法，股东可以请求人民法院撤销。

除公司章程或法律有特别规定之外，有限责任公司股东会会议由股东按照出资比例行使表决权，股份有限公司按照“每一股份有一表决权”的原则，股东根据其持有的股份数量行使表决权。

（四）提案权

股东提案权是指股东在召开股东会会议时，有权向股东会提出议题或议案，并由股东会会议对此进行审议表决，作出决议。股东提案权有利于保护股东，特别是中小股东的权益，是股东参与公司的经营决策，实现对公司经营管理的监督的有效途径。提案权属于少数股东权。

（五）知情权

我国《公司法》第33条、第97条规定，有限公司股东有权查阅、复制公司章程、股东会会议记录、董事会会议决议、监事会会议决议、财务会计报告和会计账簿；股份有限公司股东有权查阅公司章程、股东名册、公司债券存根、股东大会会议记录、董事会会议决议、监事会会议决议、财务会计报告。股东有权知晓公司经营实际状况。查阅上述文件是股东实现其知情权的重要途径，公司拒绝提供查阅的，股东可以请求人民法院要求公司提供查阅。但根据《公司法》规定，股东要求查阅公司会计账簿的，应当向公司提出书面请求，说明目的。公司有合理根据认为股东查阅会计账簿有不正当目的，可能损害公司合法利益的，可以拒绝提供查阅，并应当自股东提出书面请求之日起 15 日内书面答复股东并说明理由。

(六)其他权利

股东除了上述权利外，依据《公司法》和公司章程规定，还享有其他诸多权利，如股权转让权、建议权和质询权、异议股东股份回购请求权、申请法院解散公司权、剩余财产分配权，等等。

三、股东的义务

股东在享有权利的同时，必须承担相应的义务。股东的义务主要有：

(一)向公司缴纳出资(股款)的义务

一方面，对于有限责任公司，股东应当认缴公司资本的出资额，而股份有限公司，股东应当购买公司股票；另一方面，股东必须按照公司章程和法律的规定缴纳其认缴的出资。缴纳出资虽然不是股东资格取得的必要条件，但作为原始股东须依法律和公司章程规定向公司出资是其最基本的义务，否则，将依法承担相应的法律责任。

(二)遵守法律、行政法规和公司章程

《公司法》第 20 条规定，公司股东应当遵守法律、行政法规和公司章程，依法行使股东权利。公司章程对公司、股东、董事、监事、经理等均具有约束力，任何股东不得有超越法律、行政法规和公司章程的特权。

(三)诚信义务

股东应当诚信、勤勉，依法行使自己的权利，维护公司、公司其他股东的权益，不得损害其他人，尤其是公司债权人的利益。公司股东滥用股东权利，给公司或者其他股东造成损失的，应当依法承担赔偿责任。根据公司法人资格否定制度，若其滥用公司法人独立地位和股东有限责任，逃避债务，严重损害公司债权人利益的，则应当对公司债务承担连带责任。

【应用操作训练】

训练目的

通过操作训练，使同学对股东所享有的权利更一步地加深理解和掌握，并能将所学知识运用于实际，提高分析问题和解决问题的能力，维护当事人的合法权益。

【操作训练一】

训练形式:法律咨询、草拟起诉书

训练素材

毛先生为上海某兽药有限公司(以下简称兽药公司)的股东,出资 9.9 万元,曾担任该公司的董事长、法定代表人,2012 年退休离开公司。

2014 年 1 月,兽药公司股东会会议决定分配公司利润。但同时,股东会作出一项决议:由于毛先生在担任公司领导期间,造成企业多笔坏账,因此,要求毛先生于 2014 年 6 月底前赔偿其在任职期间造成多笔坏账的损失共计 21 万余元,在赔偿未到位前,冻结其应得的股利,并从 2014 年 1 月起暂停给其发放股利。冻结毛先生红利的理由是,在其担任企业法定代表人期间,造成企业多笔坏账。同月底,毛先生向公司提出领取应得股息、红利 22,275 元的要求,公司以股东会的上述股东会决议为由拒付,毛先生对此与公司交涉未果。

毛先生于是提出咨询:(1)公司依法能否通过股东会决议或者其他形式拒绝给其发放应得的红利?(2)如果公司无权拒绝发放红利,他能否向法院提起诉讼?

训练要求

请你作为毛先生的律师(1)对其问题给予解答,说明事实和法律依据;(2)为其代写一份民事诉讼状。

【操作训练二】

训练形式:模拟法庭、撰写法律文书、课堂辩论

训练素材

2009 年年底,吴女士作为发起人之一,成立了天衡会计师事务所有限公司(以下简称天衡所),同时也是董事会成员。2012 年 1 月初,吴女士离开天衡所,创立了自己的会计师事务所。

之后,吴女士从原先的同事那儿听说天衡的每位董事 2012 年有一两百万元的收入。吴女士想到自己在 2011 年只有十几万元的收入,因此怀疑天衡所可能把 2011 年的一些收入做到了 2012 年的账上。2013 年 3 月,吴女士向天衡会计师事务所送去书面请求,要求查阅当年的详细账目,遭到天衡拒绝。天衡务所认为,吴女士现在已经不是他们的股东,她在天衡的股份已经转让,她已经失去了天衡所的股东身份,当然不能再继续行使股东所享有的权利,包括知情权。

吴女士认为,她要查阅的是天衡所 2011 年的账目,2011 年她仍然是天衡所的股东,她的诉讼请求并没有涉及离开天衡所以后的时间。况且公司的年度财务报表是在第二年才出来,所以对股东权益要求应该有个合理的期限。

训练要求

(1)请将同学分组三组,一组代表吴女士,一组代表天衡所,一组代表合议庭,举办模拟法庭。(2)三组同学根据案情和法律规定,作为原告吴女士代理人的一方写出一份起诉状;作为被告天衡所的代理人,写出一份答辩状。合议庭的同学写出一份判决书。要求,依据事实和法律进行详细分析,逻辑清晰、严谨。

第四节　有限责任公司股权转让

【基础知识】

一、股权转让概述

有限责任公司的股权转让,又称出资转让,即股东将其股权全部或部分转让给他人。股东出资并在公司成立之后,不得抽回其出资。但是,法律允许股东将其股权部分或全部转让给其他股东或非股东。由于有限责任公司具有人合性,公司法对股东之间转让股权基本无限制,但对于股东将股权全部或部分转让给非股东时有较严格的限制。

二、股东之间转让股权

股东之间可以相互转让其股权,股权转让的结果仅影响公司内部股东股权比例,未增加新的股东。因此,对于股东之间相互转让股权,我国《公司法》对此并无限制,《公司法》第71条第1款规定,股东之间可以相互转让其全部或部分股权,但"公司章程对股权转让另有规定的,从其规定"。

三、股东将其股权转让给公司以外的第三人

股东将其股权转让给股东之外的人的情形,包括协议转让,因继承、夫妻共有财产分割而转让以及因人民法院强制执行股东财产而转让。由于有限责任公司具有较强的人合性,为了避免新股东进入公司而破坏原股东之间的关系,影响公司正常经营,公司法对股东将其股权转让给股东之外的人均作了严格的限制。

(一)股权协议转让

协议转让,即拟转让股权的股东与受让人之间通过协商而转让股权,可以是买卖,也可以是赠与。协议转让股权是一种合同行为,不但要遵守和适用《公司法》的规定,还适用《合同法》的规定。根据《公司法》第71条第2款规定,股东向股东以外的人转让股权,须遵守下列规定和程序:

第一,应当经其他股东过半数同意。股东向股东以外的人转让其股权,股东应就其股权转让事项书面通知其他股东征求同意，其他股东自接到书面通知之日起满30日未答复的，视为同意转让。其他股东半数以上不同意转让的，不同意的股东应当购买该转让的股权；不购买的，视为同意转让。

第二，其他股东同等条件的优先购买权。经股东同意转让的股权，在同等条件下，其他股东有优先购买权。两个以上股东主张行使优先购买权的，协商确定各自的购买比例；协商不成的，按照转让时各自的出资比例行使优先购买权。

但是，《公司法》第71条第4款规定："公司章程对股权转让另有规定的，从其规定。"该规定说明，《公司法》的规定并非绝对地强制性，如果公司章程对股权转让有规定，应优先适用公司章程的规定。例如，公司章程规定，股东将股权转让给股东以外的人无须其他股东过半数同意、或者须经其他股东全部同意，或者其他股东不享有优先购买权等。

第三，履行股权转让手续。《公司法》第73条规定："依照本法第71条、第72条转让股权后，公司应当注销原股东的出资证明书，向新股东签发出资证明书，并相应修改公司章程和股东名册中有关股东及其出资额的记载。对公司章程的该项修改不需再由股东会表决。"此外，公司应办理公司登记机关股东变更登记。

根据《公司法》第32条第2款、第3款的规定，未依法办理股东名册变更登记的，股权受让人不能对抗公司；未办理公司登记机关的股东变更登记的，受让人不能对抗第三人。因此，受让人成为公司股东，转让人与受让人之间仅仅达成股权转让协议还不够，依法还要进行修改公司章程、变更股东名册、办理工商登记等系列手续，这样受让人才是名副其实的股东。

（二）因继承、夫妻共有财产分割而转让

股东的股权也可以因继承、夫妻共有财产分割而转让给公司股东以外的人。股东的股权是一种综合性权利，即包含有人身权的成分，也具有财产权的内容。《公司法》第75条规定，除公司章程另有规定的外，自然人股东死亡后，其合法继承人可以继承股东资格。但因共有财产分割，配偶是否直接取得股东资格法律仍未作规定。

（三）人民法院强制执行股权

《公司法》第72条规定，人民法院依照法律规定的强制执行程序转让股东的股权时，应当通知公司及全体股东，其他股东在同等条件下有优先购买权。其他股东自人民法院通知之日起满20日不行使优先购买权的，视为放弃优先购买权。有限责任公司的股东若为某一债权债务关系的债务人，人民法院不能将其出资直接从公司抽回而予以执行，但可以执行该股东在公司的股权以清偿其债务。因此，人民法院强制执行股东的股权，将发生股权转让的问题。

四、股权回购

股权回购,是指股东在法定条件下可以要求公司收购其股权,从而退出公司。根据《公司法》第 74 条规定:“有下列情形之一的,对股东会该项决议投反对票的股东可以请求公司按照合理的价格收购其股权:(一)公司连续五年不向股东分配利润,而公司该五年连续盈利,并且符合本法规定的分配利润条件的;(二)公司合并、分立、转让主要财产的;(三)公司章程规定的营业期限届满或者章程规定的其他解散事由出现,股东会会议通过决议修改章程使公司存续的。”自股东会会议决议通过之日起 60 日内,股东与公司不能达成股权收购协议的,股东可以自股东会会议决议通过之日起 90 日内向人民法院提起诉讼。另外,《公司法》第 142 条也详细规定了股份公司可以收购其股份的法定情形及具体要求。

【应用操作训练】

训练目的

通过实际操作训练,使学生掌握有限责任公司股东转让股权的基本知识和基本理论,特别是股权转让的法定程序等,维护各方当事人的合法权益,将所学知识应用于实践,提高分析问题和解决问题的能力。

【操作训练一】

训练形式:模拟有限公司的股东转让股权

训练素材

北京金峰科贸有限责任公司于 2003 年在北京市某区工商行政管理局登记注册成立,注册资本 600 万元,其中,吴玉庆出资 300 万元,占注册资本的 50%,吴建民出资 150 万元,张娇月出资 150 万元,各占注册资本的 25%。2013 年 1 月,吴玉庆与赵岩协商,吴庆玉拟将其拥有的股权中的 20% 作价 140 万元转让给赵岩。公司章程对股东转让其股权没有特别规定。

训练要求:请同学分成若干组,分别扮演不同的当事人,依据公司法规定模拟操作和办理吴玉庆与赵岩之间的股权转让事宜。

要求同学们提交股权转让的系列材料,包括:(1)股权转让协议书;(2)给其他股东出具通知书;(3)修改公司章程;(4)办理股东名册变更;(5)工商登记等书面材料。每小组提交一套完整的股权转让材料和手续。

【操作训练二】

训练形式:法律咨询、写作民事起诉状

训练素材

江苏省泰兴液压元件有限责任公司(以下简称泰兴公司)共由 8 名股东出

资设立，庞玉伦是的第一大股东，占有41%的股份。2012年，庞玉伦与第三大股东梅亚兵签订了股权转让协议书，庞玉伦以29万元的价格将其股权卖给梅亚兵。协议签订后，庞玉伦向公司提交了申请报告，要求办理过户手续。但第二大股东、公司董事长鞠江兰不同意。因为，梅亚兵将因此占有53%的股份而成为泰兴公司的第一大股东。

《公司章程》第10条规定，股东之间转让股权，须经过董事会的批准，才能办理过户手续。因此，鞠江兰认为，尽管股权是属于股东个人的权利，但像转股这种重大事情应该由董事会这样的决策机构来做决定。于是，鞠江兰召开董事会，五个董事中有三个董事参加。会上，鞠江兰拿出了几个股东的申请书，要求购买庞玉伦的股权。董事会会议最终以2∶1形成了"关于庞玉伦股权转让的决议"，即庞玉伦所要转让的股份须转让给书面申请购买包括梅亚兵在内的7名股东，具体购买的数额按股东原出资占股本比例计算。董事会做出决议一个月后，鞠江兰将庞玉伦持有的股权过户给7名股东，并给股东们发放了新的股权证。

训练要求

请你作为律师，根据本案的事实和公司法规定：(1)给庞玉伦和梅亚兵提供法律意见和建议，说明怎样才能很好地维护他们的合法权益；(2)请为庞玉伦起草民事诉讼状。

【操作训练三】

训练形式：模拟法庭、课堂辩论、制作法律文书

训练素材

2001年12月，中国华融资产管理公司（以下简称华融公司）拟将其持有的北京北广电子集团有限责任公司（以下简称北广集团）55.081%的股权转让给北京新奥特集团有限公司（以下简称新奥特集团）。2002年4月15日，华融公司向北广集团另一股东北京电子控股有限公司（以下简称电子公司）就有关股权转让的情况、拟转让股权比例、转让价格、付款期限等进行了正式通报，并要求电子公司在同年4月24日前就是否在上述条件下行使优先权作出明确答复，若电子公司未能在此之前明确表示收购，则丧失优先购买权。电子公司回函表示不放弃优先购买权。同年6月12日，新奥特集团委托律师向华融公司出具律师函称：电子公司不放弃优先购买权的表示，未满足华融公司"明确表示收购与否"的要求，同时提出对转让条件的反要求，是对同等条件的拒绝，电子公司已丧失优先购买权，华融公司没有必要、也不应当再与电子公司讨论优先权问题。同年6月13日，华融公司通过公证向电子公司发出"通知函"，再次通报了其与新奥特集团等达成的转让股权的条件，要求电子公司于同年6月28日上午9时前书面承诺是否以同等条件行使优先购买权。如承诺行使，则应于同日签订股

权转让协议，否则视为放弃优先权。电子公司没有对此进行答复。同年6月28日，华融公司与比特科技控股股份有限公司（以下简称比特科技）、新奥特集团签订关于北广集团的股权转让协议。此后，华融公司与新奥特集团依据转让协议开始履行各自义务。新奥特集团于同年7月22日、8月6日、8月30日分别向华融公司支付转让款人民币2000万元、1000万元、7000万元。同年9月2日，华融公司致函北广集团，希望北广集团协助办理股权过户相关手续。

2002年9月23日，电子公司作为申请人，以华融公司为被申请人，向北京仲裁委员会申请仲裁，就电子公司作为北广集团股东有权享有优先购买权作出相关裁决。

训练要求

举办模拟法庭，同学分别作为申请人电子公司和被申请人华融公司，另有同学组成仲裁庭。申请人和被申请人写出申请书和答辩书，仲裁庭写出仲裁裁决书。

【操作训练四】

训练形式：模拟法庭、法律咨询、改编成话剧剧本并演出

训练素材

1997年，甘肃的两位股东出资设立火焰山矿业有限责任公司（以下简称火焰山公司），注册资本100万元，主要从事煤矿的开采和销售。2003年，两位股东将将其股权全部转让给张东，张东成为公司的唯一股东。

2005年5月，张东与大帝有限公司（以下简称大帝公司）、刘杨签订了《火焰山矿业有限公司股权转让合同》（以下简称《股权转让合同》），张东分别向大帝公司、刘杨转让其持有火焰山公司的全部股权，其中大帝公司受让60%的股权，股权转让价款为60万元，刘杨受让40%的股权，价款为40万元。另，《股权转让合同》第6条规定："甲、乙、丙三方同意：乙（即大帝公司）、丙方（即刘杨）在其经营公司期间，将通过合法安排，每年将其3%的股东收益支付给甲方。"

刘杨于2007年4月将其持有的火焰山公司40%的股权转让给大帝公司（共计持有100%的股权），同年8月，大帝公司又将其持有的火焰山公司的全部股权转让给了旭日升有限责任公司（以下简称旭日升公司，旭日升公司和大帝公司均为豪迈股份有限公司的全资子公司），旭日升公司成为火焰山公司的唯一股东。2009年，大帝公司经工商部门登记予以注销，但该公司注销前是否按照法律规定进行了清算，对此情况不详，有待查证。

2012年，豪迈股份有限公司（以下简称豪迈公司）出资购买旭日升公司所持火焰山公司100%的股权，至今为火焰山公司的唯一股东。

以上所有股权转让，均履行了法定程序，包括在工商登记机关办理股东变更登记。大帝公司之后的股权受让人均称,对于大帝公司与张东在《股权转让合同》中的第6条约定并不知晓。

2015年4月,张东分别向火焰山公司和豪迈公司提出,要求二公司共同履行其在2005年5月与大帝公司、刘杨签订的《股权转让合同》第6条的约定,按照每年3%向其支付2005年至2015年的股东收益,或者一次性支付70万元的收益,火焰山公司和豪迈公司均给予拒绝。张东于是准备向法院提起诉讼(火焰山公司每年盈利情况以及向股东分红情况,据其介绍,公司经营状况不佳,没有什么盈利,但真实情况如何不详)。

火焰山公司和豪迈公司对于张东的要求能否得到法律上的支持心里没底,于是向某律师事务所咨询,以便有所准备。

训练要求

(1)请同学们根据本案案情,将本案改编成话剧,并进行演出。(2)举办模拟法庭。(3)请你作为律师事务所的律师,向火焰山公司和豪迈公司提供一份法律意见书,根据法律规定给予详细分析,提供法律意见和建议。

提示:对于公司利润分配条件、程序和公司解散清算等法律问题,请参见其他章节。

附:股权转让协议书范本

有限责任公司股权转让协议

转让方(甲方):

受让方(乙方):

甲乙双方经过友好协商,就甲方持有的____%公司股权转让给乙方持有的相关事宜,达成如下协议,以资信守:

1. 转让方(甲方)转让给受让方(乙方)____%股权,受让方同意接受。

2. 由甲方在本协议签署前办理或提供本次股权转让所需的原公司股东同意本次股权转让的决议等文件。

3. 股权转让价格及支付方式、支付期限。

4. 本协议生效且乙方按照本协议约定支付股权转让对价后即可获得股东身份。

5. 乙方按照本协议约定支付股权转让对价后立即依法办理公司股东、股权、章程修改等相关变更登记手续,甲方应给予积极协助或配合,变更登记所需费用由乙方承担。

6. 受让方受让上述股权后,由新股东会对原公司成立时订立的章程、协议等有关文件进行相应修改和完善,并办理变更登记手续。

7. 股权转让前及转让后公司的债权债务由公司依法承担,如果依法追及股东承担赔偿责任或连带责任的,由新股东承担相应责任。转让方的个人债权债务的仍由其享有或承担。

8. 股权转让后,受让方按其在公司股权比例享受股东权益并承担股东义务;转让方的股东身份及股东权益丧失。

9. 违约责任。

10. 本协议变更或解除。

11. 争议解决约定。

12. 本协议正本一式四份,立约人各执一份,公司存档一份,报工商机关备案登记一份。

13. 本协议自将以双方签字之日起生效。

转让方:　　　　　　受让方:

年　　月　　日

第五节　股东诉权

【基础知识】

一、直接诉讼

当股东的权益直接或间接受到侵害时,有权向法院提起诉讼以维护自己的权益。根据诉因(或诉权)不同,股东有权提起的诉讼有两种:一是直接诉讼,二是代表诉讼。

直接诉讼,是指股东自身权益受到侵害,股东为其自身利益而对公司或者其他侵权人提起的诉讼。直接诉讼的特点有三:第一,权益受到直接损害的是股东本人;第二,股东纯粹为其自身利益而进行诉讼;第三,受害人以其自己的名义向法院提起诉讼,最终胜诉或败诉的结果由股东自己承受。

股东的该项权利既可以由股东单独行使,也可以由股东共同行使。《公司法》规定了许多直接诉讼的情形,主要有:(1)股东(大)会、董事会决议撤销之诉;(2)请求查阅公司账簿之诉;(3)股权回购之诉;(4)公司、高管人员侵权之诉;(5)以及利润分配请求权之诉以及其他诉讼。总之,只要股东认为自己权益受到公司、董事等侵害,均有权直接向法院提起诉讼。

二、代表诉讼

(一)代表诉讼的概念与特征

代表诉讼,又称间接诉讼、派生诉讼,是指当公司的权益受到他人侵害时,为了公司的利益,股东代表公司并以股东自己的名义所提起的诉讼。与股东提起的直接诉讼相比,代表诉讼具有如下一些特点:(1)权益受到直接侵害的是公司而非股东;(2)公司是实体权利的享有者和受害者;(3)股东为公司的利益而进行诉讼;(4)实体权利和诉权归公司享有;(5)尽管股东是代表公司提起诉讼,但股东是以其自己的名义提起诉讼,而不是以公司的名义进行诉讼,并且不需要公司授权或者经过公司的许可。

(二)代表诉讼的股东资格

股东代表诉讼属于少数股东权,即并非任何一个股东都可以提起代表诉讼。公司法对股东代表诉讼的资格作出了一定的限制,以防止个别股东滥用诉权。我国《公司法》第151条规定,股份有限公司中,有权提起代表诉讼的股东须是连续180日以上单独或者合计持有公司1%以上股份的股东,即对股份有限公司有权提起代表诉讼的股东在持股时间和持股比例两个方面有所限制。对于有限公司的代表诉讼的股东资格没有限制,即任何股东均有权提起代表诉讼。

(三)被告的范围

我国《公司法》第151条对被告的范围规定较为宽泛,董事、监事、高级管理人员以及"他人"均可以是代表诉讼的被告。"他人"的范围可以理解为董事、监事、高级管理人员以外的任何人,包括股东、实际控制人以及公司以外任何侵害公司权益的人均可以作为代表诉讼中的被告。

公司在诉讼中被列为第三人。

(四)代表诉讼的前置程序

代表诉讼的前置程序是:股东提起诉讼前,代表诉讼股东首先书面请求监事会或者不设监事会的有限责任公司的监事向人民法院提起诉讼;如果欲对监事提起诉讼,代表诉讼股东书面请求董事会或者不设董事会的有限责任公司的执行董事向人民法院提起诉讼;监事会、不设监事会的有限责任公司的监事,或者董事会、执行董事收到前述规定的股东书面请求后拒绝提起诉讼,或者自收到请求之日起30日内未提起诉讼。符合上述两个条件的,股东方可提起代表诉讼。法律还规定,如果"情况紧急、不立即提起诉讼将会使公司利益受到难以弥补的损害的",不受前述前置程序规定的限制,股东可直接向人民法院提起代表诉讼。

有此前置程序的原因在于:一是诉权本属于公司,若起诉,理应由公司行使该权利;只有公司不及时主张权利时,才会有股东代表诉讼的产生。二是股东提出请求时,公司或许可以通过更有效的或其他非诉讼途径解决,避免不必要的诉讼,节约成本等。三是可以避免股东滥用诉讼,影响公司正常的经营活动。

(五)诉讼费用的负担

《公司法》对诉讼费用的负担未作具体规定。有学者认为,需分胜诉及败诉两种情况。股东胜诉时,公司应当给予补偿,完全补偿股东因诉讼所支付的合理费用;但股东败诉时,有人认为,须对其向法院缴纳的诉讼费用、因诉讼所产生的诸如律师费、差旅费、食宿费等合理费用进行一定比例的补偿,具体补偿额可由法院根据具体案件的裁判情况自由裁量。[1] 本书认为,可由法官根据具体个案情况进行裁定。

我国理论界有学者认为,为了防止股东滥用代表诉讼,应借鉴国外或地区立法中一种阻却恶意诉讼的措施,就是要求原告股东向被告提供诉讼费用担保的制度。但被告在要求法院命令原告提供担保前,必须举出令法院满意的证据,是否给予担保以及担保的方式由法院最终决定。如果原告没有按照法院的命令提供担保,可以驳回诉讼。

【应用操作训练】

训练目的

通过实际操作训练,可以进一步理解和掌握股东直接诉讼及股东代表诉讼的相关法律规定,掌握股东直接诉讼与股东代表诉讼的相关法律程序,并能理论联系实际,服务于实践。

训练形式:法律咨询、撰写法律文书

训练素材

2011年,厦门甲公司与厦门乙公司共同出资1000万元,成立了丙房地产开发有限公司,厦门甲公司经理黄侨出任丙房地产公司的董事长,并兼任公司经理。2013年9月,丙房地产公司承接危房改造工程。丙公司向建设银行厦门市分行申请借款人民币200万元,贷款被指定专用于危房改造工程的拆迁补偿。借款当日,甲公司经理黄侨利用其兼任丙房地产开发有限公司经理之职便,擅自指示公司会计开出202万元的转账支票,将该专用贷款挪至甲公司账户作为流动资金周转。同年7月3日,建设银行发现后,立即通知丙房产公司,指出其擅自将厦门市政府用于解危解困的政策性低息贷款改变用途,严重违反国家法律、法规及市政府的有关规定,责令其在7月5日前归还挪用的贷款,同时处以每日

[1] 参见胡宜奎:"论股东代表诉讼中的费用补偿",载《政治与法律》2014年第2期。

万分之六的罚息。此后，甲公司仅归还银行 102 万元，致使丙房地产开发公司尚欠银行 100 万元本金及罚息。厦门乙公司知悉后，要求董事长黄侨解决甲公司归还欠款问题，但黄侨对此置之不理，丙房地产公司始终不向甲公司主张债权。厦门乙公司不知该如何是好，于是向律师咨询。

训练要求

请你作为律师，根据法律规定，给厦门乙公司提供法律意见和建议，并写出一份法律意见书。

第六章　股份有限公司法律知识与应用

第一节　股份有限公司概述

【基础知识】

一、股份有限公司的概念

股份有限公司,是指由一定数量以上的股东组成的,公司全部资本均等划分为等额份额,股东以其认购的股份为限对公司承担责任,公司以全部财产对公司债务承担责任的企业法人,常简称为股份公司。

二、股份有限公司的特征

股份有限公司具有与有限责任公司相同的部分特征,比如股东责任的有限性、公司人格的独立性、公司具有自己的财产等。同时,股份有限公司具有不同于有限责任公司的独特之处,分别有以下几点:

(一)典型的资合公司

股份公司的股东只需出资,即可成为其股东。如有任何促使其不愿继续成为公司的股东的情况时,只须转让股份即可。股份公司中人合性较差,属于典型的资合公司。

(二)股东人数无最高限制

我国《公司法》规定,无论是发起设立还是募集设立的股份公司,其最初的发起人数量在2~200人(一半以上需要在中国境内有住所)。而如果股份公司采取募集设立,或者当股份公司成立之后,因其股份可自由转让,股东的人数可以更多,上市的股份公司远远超过200人。因此,对于股东没有最高人数的限制。

(三)公司资本均分为等额的份额

有限责任公司的全部资本可以划分为均等份额,也可不均等划分。我国实践中都不均分成等额份额,股东原则上按照股东出资比例享有权利。而股份公司的全部资本均分为等额的份额,即股份,由股东认购。

(四)公开发行股票公开募集资本

有限责任公司不能公开发行股票公开募集资本。但股份公司的股份体现为股票,公司通过发行股票而向社会公开募集资本。股票是一种有价证券,可以在市场上自由转让、质押等。

三、股份有限公司的产生

股份有限公司历史悠久,起源于17世纪初期的荷兰和英国,最早出现的股份公司是1600年成立的英国东印度公司和1602年的荷兰东印度公司。股份有限公司产生之初是被作为“殖民主义者对外侵略、扩张和掠夺的工具”而存在的,是对“殖民地商品经济的产物”。[1] 目前,股份有限公司已经成为较为普遍的公司形式之一。

早期的股份有限公司的设立由于需要国王的特许或政府的核准,其内部并不像当今的股份公司一样,并没有股东大会,其董事的选任与公司经营的范围也不受股东意志的左右。1807年的《法国商法典》首次以立法的形式确认了股份有限公司,此后,其他国家相继制定了有关股份有限公司的法律,有许多国家先后制定了单行的股份有限公司法。

【应用操作训练】

训练目的

通过实际操作训练,加强对股份有限公司概念、法律特征的认识和理解,并能分清股份公司与有限责任公司的区别等。

训练形式:法律咨询,提供法律意见和建议

训练素材

网友张某咨询,目前张某有5万元以内的启动资金,经营地点是一个不算发达的县城,经营范围主要是广告设计、帮助发展中的中小型企业进行品牌策划和建立VI、DM广告、企业网站建设等,人数是3~5人,注册资本1000万元,张先生能出资5万元,另两位朋友分别出资25万元和20万元,剩余资本在网上向社会公开募集,长远打算是把企业做大做强,经营一段时间后准备上市。

但有些问题不了解:(1)不知道有限责任公司和股份有限公司有什么区别?与股份有限公司相比有限责任公司有什么好处?(2)我们总觉得股份公司比有限公司大气,所以名字准备叫“环球广告策划股份有限公司”,如果公司不上市能叫股份有限公司吗?(3)听说刑法上有非法集资罪,我们如果网上公开招募

---

〔1〕 石少侠:《公司法教程》,中国政法大学出版社1999年版,第42页。

股份合法吗？(4)就我们三人的设想和现有资本，能成立股份有限公司吗？

训练要求

请你根据所学公司法知识，根据网友提出的问题一一进行解答，提供你的意见和建议。

第二节　股份有限公司的设立

【基础知识】

一、股份有限公司设立条件

根据《公司法》第76条的规定，设立股份有限公司，应当具备下列条件：

（一）发起人符合法定人数

《公司法》第78条规定，设立股份有限公司，应当有2人以上200人以下的发起人，其中须有过半数的发起人在中国境内有住所。我国对发起人国籍不加限制，仅对发起人的住所作出比例限制。

（二）有符合公司章程规定的全体发起人认购的股本总额或者募集的实收股本总额

现行公司法取消了公司资本最低限额的要求，但不等于设立股份公司就不需要资本。无论是作为独立法人人格角度的要求，还是从公司经营角度，设立公司都需要有一定的资本，只是对公司资本多少不再作前置性要求，而由公司章程规定（其他法律或行政法规对特殊公司的公司资本有最低要求的，须达到法律规定的最低限额）。对于公司章程规定的公司资本，不同的设立方式，股份有限公司资本筹集的来源不同。以发起设立股份有限公司的，发起人认购公司全部股份。以募集方式设立的，发起人认购公司股份的一部分，其余部分面向社会公开发售，由社会公众认购，且公司资本为实收资本。

（三）股份发行、筹办事项符合法律规定

股份有限公司的股东人数众多，尤其是以募集方式设立公司，即面向社会公众公开募集资本，法律规定了一系列较有限公司严格的法律程序，以此最大限度地维护投资者的利益。发起人必须严格遵守，否则公司将不能成立。

（四）采用募集方式设立的发起人制定公司章程，经创立大会通过

在发起设立股份公司的情况下，股东人数相对较少，发起人即公司未来的全部股东，将直接参与公司章程的制定。采用募集方式设立股份有限公司，认购股

票的人数众多,不可能也没有必要每个股东都亲自参与公司章程的制定。因此,法律规定公司章程由发起人制定,经创立大会通过。

(五)有公司名称,建立符合股份有限公司要求的组织机构

《公司法》第7条规定:“依照本法设立股份有限公司,必须在公司名称中标明股份有限公司或者股份公司字样。”公司作为独立的民事主体,必须有其自己独立的名称,否则将无法以自己的名义对外从事经营活动。

股份有限公司的组织机构包括股东大会、董事会和监事会,该三大组织机构是股份有限公司的必设机构。以募集方式设立的股份有限公司,董事会、监事会成员由创立大会选举产生。

二、股份有限公司的设立程序

股份有限公司的设立有发起设立和募集设立两种方式,设立程序因设立方式的不同而有较大的差异。

(一)发起设立

发起设立,是指由发起人认购公司所发行的全部股份而设立公司。以发起方式设立股份有限公司,由于公司资本全部由发起人认缴,不向社会公开募集,因此其设立程序相对简单,与有限责任公司的设立基本相同。其设立程序主要包括发起人订立发起人协议、制定公司章程、发起人认缴股款、申请成立登记等。

(二)募集设立

募集设立,是指由发起人认购公司应发行股份的一部分,其余股份向社会公开募集或者向特定对象募集而设立公司。我国《公司法》第84条规定,以募集设立方式设立股份有限公司的,发起人认购的股份不得少于公司股份总数的35%,其余部分向社会公开募集。我国《公司法》虽然规定了公司募集设立,但事实上都是公司经过长期的经营后,再公开发行股票,成为上市公司,而真正的零起步,直接采取募集设立方式设立股份公司在实践中是不存在的。

采取募集方式设立公司,因须对外招募股份,审批手续复杂,受到严格的监管。采取募集方式设立股份有限公司,除发起设立所必经的程序外,还主要有下列程序:

1.制作招股说明书

招股说明书,是方便公众认购公司所发行股份而制作和发布的书面文件,也是发起人向证券管理部门报请发行股份申请的必要文件。招股说明书由公司发起人制作,以公司的基本情况和认股具体办法为主要内容。

我国《公司法》第86条规定,招股说明书应当附有发起人制定的公司章程,并载明下列事项:(1)发起人认购的股份数;(2)每股的票面金额和发行价格;(3)无记名股的发行总数;(4)募集资金的用途;(5)认股人的权利、义务;(6)本

次募股的起止期限及逾期未认足时认股人可撤回所认购股份的说明。

2. 签订股票承销协议和代收股款协议

根据《公司法》第87条、第88条的规定，发起人向社会公开募集股份，应当由依法设立的证券经营机构承销，并签订股票承销协议。在我国，股份公司发行股票必须由依法设立的证券公司承销，不允许由发行人直接发售。另外，发起人募集股款，应当再同银行签订代收股款协议，由银行代收认股人缴纳的股款，公司成立后，银行将股款转给公司，以防止募股欺诈，损害投资人的权益。

3. 呈报国务院证券监督管理部门审批

为了加强对公司发行股票的监管，维护投资者的权益，同时维护金融秩序，按照《公司法》和《证券法》的规定，发起人在向社会公开募集股份时，必须报经国务院证券管理部门（即中国证券监督管理委员会）审批。未经国务院证券管理部门批准，发起人不得向社会公开募集股份。

发起人向国务院证券管理部门申请发行股票，主要报送下列文件：批准设立公司的文件；公司章程；经营估算书；发起人姓名或者名称，发起人认购股份数、出资种类及验资证明；招股说明书；代收股款银行的名称及地址；承销机构名称及有关的协议等。

特别需要说明的是：为了适应新的经济形势的需要，我国目前正在修改《证券法》，对股票发行审核工作进行改革，即将现有的股票发行核准制改为注册制。届时，股份有限公司发行股票，公开募集资本将不再由证监会审核，而是由证券交易所进行审查。更重要的是对公开募集资本由实质审查改为形式审查，以方便公司公开募集资本。

4. 公告招股说明书，制作认股书，招募股份

发起人在募股申请得到国务院证券管理部门的批准后，即可向社会公告其招股说明书，并制作认股书，通过网上网下等方式公开募集股份。

5. 召开创立大会

根据《公司法》第89条及第90条规定，公司发行股份的股款缴足后，发起人应当在获得验资机构的验资证明后30日内主持召开由认股人参加的创立大会。创立大会对公司设立过程及成立后公司的重大事项作出决议。根据规定，发起人应当在创立大会召开15日前将会议日期通知各认股人或者予以公告；必须有代表股份总数1/2以上的认股人出席，创立大会方可举行。

创立大会行使下列职权：（1）审议发起人关于公司筹办情况的报告；（2）通过公司章程；（3）选举董事会成员；（4）选举监事会成员；（5）对公司的设立费用进行审核；（6）对发起人用于抵作股款的财产的作价进行审核；（7）发生不可抗力或者经营条件发生重大变化直接影响公司设立的，可以作出不设立公司的决

议。创立大会对前款所列事项作出决议,必须经出席会议的认股人所持表决权过半数通过。

6. 申请登记

董事会应于创立大会结束后30日内,向公司登记机关报送有关文件,申请设立登记。公司营业执照签发之日为公司成立日期,公司自此成立。公司成立后应进行公告。

【应用操作训练】

训练目的

通过模拟发起设立和募集设立股份有限公司,掌握股份有限公司成立的形式、法定条件、公开募集资本的要求等,并针对招股说明书及认股书进行针对性训练,并能将所学知识应用于实践。

训练形式:模拟以募集设立方式设立股份有限公司

训练素材

公司名称、公司资本、经营范围等公司各种相关情况,同学自己拟定

训练要求

同学自愿组合,模拟设立股份公司全过程,撰写申请募集设立股份公司所需的各种法律文书,并提交公司设立的完整材料。

提示:请同学们收集公开股份有限公司募集资本所要求的招股说书、公开募集资本的申报材料、与证券公司签订的承销协议书等各种材料,并认真阅读、分析其写作格式、内容等。对于公司的财务会计资料等可以省略。

附:发起人协议书

股份有限公司发起人协议书[1]

第一章 总 则

第一条 遵照《中华人民共和国公司法》和其他有关法律、法规,根据平等互利的原则,经发起人友好协商,决定设立“××股份有限公司”(以下简称公司),特签订本协议书。

第二条 本公司采取发起设立方式,各股东以其所认购股份为限对公司承担有限责任,公司以其全部资产对公司债务承担责任,公司具有独立的法人资格。

---

〔1〕 http://wen/cu. baidu. /linkurl 2014-03-16.

第二章　发　起　人

第三条　公司发起人分别为：

1.

2.

3.

4.

5.

各发起人共同委托××办理设立公司的申请手续。

第三章　宗旨、经营范围

第四条　公司的宗旨是适应市场经济的要求，使公司不断发展，使全体股东获得良好的经济效益，繁荣社会经济。

第五条　公司的经营范围为：旅业、桑拿、沐足、美容美发、中西餐、卡拉OK等娱乐服务业。

第四章　股权结构

第六条　公司全部资本为人民币1500万元，总股本1500万股。

第七条　发起人以登记注册时的认股人为准。

第八条　公司发起人所占股份如下：

1.　　认购　　万股，占总股本的　　%；

2.　　认购　　万股，占总股本的　　%；

3.　　认购　　万股，占总股本的　　%；

4.　　认购　　万股，占总股本的　　%；

5.　　出资　　万股，占总股本的　　%。

第五章　筹　备　组

第九条　根据发起人提议，成立公司筹备组，筹备成员由各发起人推举的人员组成，筹备组负责公司筹建期间的一切活动。

第十条　筹备组的职责。

1. 负责组织起草并联系各发起人签署有关经济文件。

2. 负责股份募集工作，并保证股金之安全性。

3. 全部股金认缴完毕后30天内组织召开和主持公司创立会暨第一次股东会。

4. 负责联系股东，听取股东关于经营管理机构人员构成及人选意见。

第十一条　筹备组下设办公室，实行日常工作制。

第十二条　筹备组的报酬由各发起人协商确定，所发生的合理开支由新创立公司实报实销。

第十三条　筹备组自本协议签订之日起正式成立，待公司开张之日起解散。

第六章　附　　则

第十四条　各股东应将所占股份的股款汇入筹备组指定的银行账户，缴款时间以汇出日期为准。

第十五条　本协议一式×份，于×年×月×日在惠阳区签订，并自签字后生效。

发起人（签章）

年　　月　　日

第三节　上 市 公 司

【基础知识】

一、上市公司的概念、特征

股份有限公司分为上市公司和非上市公司。上市公司，是指其股票在证券交易所上市交易的股份有限公司。上市公司必须是股份有限公司，其他类型的公司因为不能发行股票，不具备上市的条件。同时，只有符合上市条件的公司，股票才能上市交易。需要特别说明的是，在我国，证券管理部门核准公司上市，即意味着核准该股份公司首次公开募集资本，俗称 IPO。

二、公司上市的作用

公司上市无论是对公司还是对公司股东都具有重大意义。首先，增强公司融资能力。对于上市公司来说，能够有效地筹集资本，扩大其筹资来源，增强融资能力，扩大融资空间和渠道。股票上市交易，为投资者提供了便利的交易条件，投资者可以随时买卖股票，使股票具有很强的流通性。正因如此，股份公司利用证券市场的优势机会，不但可以通过证券市场初次发行股票在短时间内获得资本，而且借助证券市场通过发行新股、配股、可转换公司债券等方式一次次募集资本，证券市场变相地成为股份有限公司的“银行”或“金库”。

其次，公司上市还可以提高公司的知名度。股份公司的股票挂牌上市交易，几乎每天都被众多的社会公众所关注，了解公司的各种相关信息。这些都具有良好的广告效应，无疑会提高股份有限公司的知名度。

再次，为投资者提供交易便利。股票上市交易为投资者提供了一个股票集中交易的场合，为交易双方架起了方便、安全的桥梁。投资者通过交易所发布的信息,能够及时了解股票交易信息,随时买卖股票。上市公司的强制披露信息制度,因其透明性,能为投资者作出投资决策提供重要参考。与此同时,公司股票上市交易,还可以促进资本合理流向,国家宏观经济政策能够间接地得以落实等。

最后,可以促进公司规范管理。上市公司是公众公司,依法必须接受证券监督管理机构、证券交易所的监督。此外,上市公司必须依法进行信息披露,增加了公司经营管理中的透明度,置公司于股东和社会公众的监督之下,这样可以促进公司规范经营管理。

三、公司上市的条件和程序

(一)公司上市的条件

公司上市的条件和程序规定在《证券法》中,在此仅给予简要介绍。根据《证券法》第50条规定,股份有限公司申请股票上市,应具备下列条件:(1)股票经国务院证券监督管理机构核准已向社会公开发行。(2)公司股本总额不少于人民币3000万元。(3)公开发行的股份达到公司股份总数的25%以上;公司股本总额超过人民币4亿元的,公开发行股份的比例为15%以上。(4)公司最近3年无重大违法行为,财务会计报告无虚假记载。任何公司均应合法经营。证券交易所可以规定高于上述法律规定的上市条件,并报国务院监督管理机构批准。

(二)公司上市的程序

1. 向证券监督管理机构提出股票上市申请

就目前而言,根据《证券法》第43～46条规定:股份有限公司申请其股票上市交易,必须报经国务院证券监督管理机构核准。国务院证券监督管理机构可以授权证券交易所依照法定条件和法定程序核准股票上市申请。向国务院证券监督管理机构提出股票上市交易申请时,应当提交下列文件:(1)上市报告书;(2)申请上市的股东大会决议;(3)公司章程;(4)公司营业执照;(5)经法定验证机构验证的公司最近三年的或者公司成立以来的财务会计报告;(6)法律意见书和证券公司的推荐书;(7)最近一次的招股说明书。

2. 证券监督管理部门的核准

对于股份有限公司报送的申请股票上市的材料,证券监督管理部门应当予以审查,符合条件的,对申请予以批准;不符合条件的,予以驳回;缺少所要求的文件的,可以限期要求补交(证券法未来修改后,将改为注册制)。

3. 向证券交易所申请上市

股票上市申请经过证券监督管理机构核准后,应当向证券交易所提交核准文件以及下列文件:(1)上市报告书;(2)申请上市的股东大会决定;(3)公司章程;(4)公司营业执照;(5)经法定验证机构验证的公司最近3年的或公司成立以来的财务会计报告;(6)法律意见书和证券公司的推荐书;(7)最近一次的招股说明书;(8)证券交易所要求的其他文件。

证券交易所应当自接到的该股票发行人提交的上述文件之日起6个月内安排该股票上市交易。《股票发行和交易管理暂行条例》还规定,被批准股票上市的股份有限公司在上市前应当与证券交易所签订《上市协议》和《股票发行登记长期服务合同》,确定具体的上市日期并向证券交易所交纳有关费用。

四、退市制度

(一)暂停上市

上市公司退市制度是资本市场重要的基础性制度,可以提高我国上市公司整体质量,为形成优胜劣汰的市场机制发挥积极作用。关于上市公司暂停上市、退市等问题,《公司法》、《证券法》以及证监会发布的规范性文件等,都有相关规定。上市公司如果有《证券法》规定的情形之一的,证券交易所将决定暂停其股票上市交易,如果有该法规定的终止上市情形之一的,证券交易所将决定终止其股票上市交易,即上市公司退出股票上市交易场所,俗称"摘牌"。

暂停上市仅是暂时停止股票或公司债券的交易,而非否定上市公司的上市资格。依照我国《证券法》第55条规定,上市公司出现了下列情形,不再具备上市条件的,由证券交易所决定该股票暂停上市交易:(1)公司股本总额、股权分布等发生变化,不再具备上市条件。例如,上市公司发生严重亏损致其股本总额低于人民币5000万元,或者发生上市公司收购行为,其股份的75%以上由收购人单独持有的情况下,上市公司的股票因为不符合上市条件而暂停上市。(2)公司不按规定公开其财务状况,或者对财务会计报告作虚假记载。(3)公司发生重大违法行为。例如,上市公司有违反公司法的法律责任规定的行为或者违反有关证券等法律规定的行为,情节比较严重,应当受到惩罚的。(4)公司最近3年连续亏损。(5)证券交易所上市规则规定的其他情形。上市公司出现上述的第2项和第3项情形之一,经查证属实且后果严重的将会暂停上市。发生前述第1项、第4项的情形之一,在限期内未能消除,不再具备上市条件的,由证监会决定暂停股票上市。

很多时候,上市公司因重组、收购或者其他对股票交易有重大影响等情况,依法将主动暂定股票交易。

(二)终止上市

终止上市,又称为摘牌,是绝对地消灭公司上市资格的程序。根据我国《证券法》第56条规定,上市公司有下列情形之一的,由证券交易所决定终止其股票上市交易:(1)公司股本总额、股权分布等发生变化不再具备上市条件,在证券交易所规定的期限内仍不能达到上市条件;(2)公司不按照规定公开其财务状况,或者对财务会计报告作虚假记载,且拒绝纠正;(3)公司最近3年连续亏损,在其后一个年度内未能恢复盈利;(4)公司解散或者被宣告破产;(5)证券交易所上市规则规定的其他情形。

【应用操作训练】

训练目的

通过实际操作训练,进一步加深对我国上市公司的理解,精确掌握公司上市的法定条件和法定程序,能够学以致用,服务于实践。

【操作训练一】

训练形式:模拟公司上市

训练素材

对于公司上市的基本情况和材料,请同学们自己编写,能够符合公司法、证券法规定的上市条件。

训练要求

同学们分组,收集和归纳整理股份公司申请上市的法定程序、所需各种法定材料等。同时,模拟股份有限公司经营管理者、股东、证监会工作人员、证券交易所工作人员、律师等,模拟某股份有限公司申请上市,并完成股票上市的全部程序和上市资料。

【操作训练二】

训练形式:资料收集、总结

训练素材和要求

请同学们在网上收集两份以上的上市公司被证券监管机构决定终止上市的相关资料,分析、归纳和总结其被终止上市的原因、法律依据以及公司终止上市后,该公司股票交易即善后处理问题等。

附一:《首次公开发行股票并上市申请文件目录》

首次公开发行股票并上市申请文件目录[1]

第一章　招股说明书与发行公告

1－1　招股说明书(申报稿)

1－2　招股说明书摘要(申报稿)

1－3　发行公告(发行前提供)

---

[1] 中国证监会《公开发行证券的公司信息披露内容与格式准则》(2006年修订)

第二章　发行人关于本次发行的申请及授权文件
2-1　发行人关于本次发行的申请报告
2-2　发行人董事会有关本次发行的决议
2-3　发行人股东大会有关本次发行的决议
第三章　保荐人关于本次发行的文件
3-1　发行保荐书
第四章　会计师关于本次发行的文件
4-1　财务报表及审计报告
4-2　盈利预测报告及审核报告
4-3　内部控制鉴证报告
4-4　经注册会计师核验的非经常性损益明细表
第五章　发行人律师关于本次发行的文件
5-1　法律意见书
5-2　律师工作报告
第六章　发行人的设立文件
6-1　发行人的企业法人营业执照
6-2　发起人协议
6-3　发起人或主要股东的营业执照或有关身份证明文件
6-4　发行人公司章程(草案)
第七章　关于本次发行募集资金运用的文件
7-1　募集资金投资项目的审批、核准或备案文件
7-2　发行人拟收购资产(或股权)的财务报表、资产评估报告及审计报告
7-3　发行人拟收购资产(或股权)的合同或合同草案
第八章　与财务会计资料相关的其他文件
8-1　发行人关于最近三年及一期的纳税情况的说明
8-1-1　发行人最近三年及一期所得税纳税申报表
8-1-2　有关发行人税收优惠、财政补贴的证明文件
8-1-3　主要税种纳税情况的说明及注册会计师出具的意见
8-1-4　主管税收征管机构出具的最近三年及一期发行人纳税情况的证明
8-2　成立不满三年的股份有限公司须报送的财务资料
8-2-1　最近三年原企业或股份公司的原始财务报表
8-2-2　原始财务报表与申报财务报表的差异比较表
8-2-3　注册会计师对差异情况出具的意见

8－3　成立已满三年的股份有限公司须报送的财务资料

8－3－1　最近三年原始财务报表

8－3－2　原始财务报表与申报财务报表的差异比较表

8－3－3　注册会计师对差异情况出具的意见

8－4　发行人设立时和最近三年及一期的资产评估报告(含土地评估报告)

8－5　发行人的历次验资报告

8－6　发行人大股东或控股股东最近一年及一期的原始财务报表及审计报告

第九章　其他文件

9－1　产权和特许经营权证书

9－1－1　发行人拥有或使用的商标、专利、计算机软件著作权等知识产权以及土地使用权、房屋所有权、采矿权等产权证书清单(须列明证书所有者或使用者名称、证书号码、权利期限、取得方式、是否及存在何种他项权利等内容,并由发行人律师对全部产权证书的真实性、合法性和有效性出具鉴证意见)

9－1－2　特许经营权证书

9－2　有关消除或避免同业竞争的协议以及发行人的控股股东和实际控制人出具的相关承诺

9－3　国有资产管理部门出具的国有股权设置批复文件及商务部出具的外资股确认文件

9－4　发行人生产经营和募集资金投资项目符合环境保护要求的证明文件(重污染行业的发行人须提供省级环保部门出具的证明文件)

9－5　重要合同

9－5－1　重组协议

9－5－2　商标、专利、专有技术等知识产权许可使用协议

9－5－3　重大关联交易协议

9－5－4　其他重要商务合同

9－6　保荐协议和承销协议

9－7　发行人全体董事对发行申请文件真实性、准确性和完整性的承诺书

9－8　特定行业(或企业)的管理部门出具的相关意见

第十章　定向募集公司还应提供的文件

10－1　有关内部职工股发行和演变情况的文件

10－1－1　历次发行内部职工股的批准文件

10－1－2　内部职工股发行的证明文件

10－1－3　托管机构出具的历次托管证明

10－1－4　有关违规清理情况的文件

10－1－5　发行人律师对前述文件真实性的鉴证意见

10－2　省级人民政府或国务院有关部门关于发行人内部职工股审批、发行、托管、清理以及是否存在潜在隐患等情况的确认文件

10－3　中介机构的意见

10－3－1　发行人律师关于发行人内部职工股审批、发行、托管和清理情况的核查意见

10－3－2　保荐人关于发行人内部职工股审批、发行、托管和清理情况的核查意见

附二:退市公告

＊ST 海润(600401)关于公司股票进入退市整理期交易的公告(详情请见公告全文)[1]

公告日期:2015 年 6 月 5 日

证券代码:600401 证券简称:＊ST 海润 公告编号:2015－096

海润光伏科技股份有限公司关于公司股票进入退市整理期交易的公告

本公司及董事会全体成员保证公告内容的真实、准确和完整,没有虚假记载,误导性陈述或者重大遗漏。

鉴于公司股票被上海证券交易所终止上市,根据《上海证券交易所股票上市规则》(2014 年修订)的相关规定,公司股票将于 2015 年 6 月 5 日起进入退市整理期交易。现将公司股票在退市整理期交易的相关安排公告如下:

一、公司股票在退市整理期间的证券代码、证券简称及涨跌幅限制

1. 证券代码:600401

2. 证券简称:海润退

3. 涨跌幅限制:10%

二、公司股票退市整理期交易期限及预计最后交易日期

本公司股票进入退市整理期交易的起始日为 2015 年 6 月 5 日,退市整理期为 30 个交易日。本公司股票在退市整理期内全天停牌的将不计入退市整理期,

〔1〕 本公告摘自"同花顺"。

预计的最后交易日期将顺延。公司因特殊原因向上海证券交易所申请股票全天停牌的，累计停牌天数不超过5个交易日。退市整理期间，公司股票交易的涨跌幅限制、行情揭示、公开信息等其他交易事项应当遵守《交易规则》等相关规定。退市整理期届满的次一个交易日，上海证券交易所对公司股票予以摘牌。

三、退市整理期风险提示公告的披露安排

退市整理期间，公司将在首个交易日、前25个交易日的每5个交易日发布一次股票将被终止上市的风险提示公告，并在最后5个交易日内每日发布一次股票将被终止上市的风险提示公告。

四、股票在退市整理期交易期间公司将不筹划或者实施重大资产重组事宜的说明

根据《上海证券交易所退市整理期业务特别规定》(2015 年修订)的相关规定，公司股票在退市整理期间，公司将不筹划或实施重大资产重组等重大事项。

特此公告。

海润光伏科技股份有限公司

二〇一五年六月五日

第四节 股份和股票

【基础知识】

一、股份、股票的概念

(一)股份

从公司的角度而言，股份是股份有限公司资本的基本构成单位，是计算股权的最小单位。股份有限公司的资本划分为若干相等的份额，即股份，每一股的金额相等，公司资本由股份构成，公司的股份总数乘以每股金额为公司的资本总额。

从股东角度而言，股份是股东权利与义务的计算单位。每一股份所包含的股东权利和义务一律平等。如《公司法》规定，“同次发行的同种类股票，每股的发行条件和价格应当相同”、“每一股份有一表决权”等，股东根据其拥有股份的数量享有权利和承担义务，每个股东持有的股份数量多少不同，实际享有的权利也不完全相同。因此，股份即股权，拥有股份即拥有股权。但须特别说明的是，

股份平等是指同种类的股份平等，不同种类的股份，如普通股与优先股，股东享有的权利和承担的义务并不完全相等。

（二）股票

股票是股份的表现形式，是股份有限公司签发的证明股东权利义务的要式有价证券。股票作为有价证券的一种，一方面，它代表着一定的财产价值，是一种特定的价值符号，证券与权利不可分离；另一方面，股票还是公司股东凭证，拥有股票即为公司股东。不过，目前实践中我国股份公司发行的股票均采用无纸化股票形式，通过证券交易所的联网电脑进行交易，股票已是有名无实。

股票与股份、股东权（股权）有密切的联系。股份是股票的价值内容，股票是股份的存在形式，股份（股票）体现股东拥有的权利。

二、股份种类

（一）普通股和特别股

根据股东权的内容不同，股份或者股票分为普通股和特别股。普通股，是指股东所拥有的权利义务完全相等，没有差别的股份。普通股是股份有限公司发行的最主要和最基本的股份，主要有如下特点：一是股息不固定，股东有无红利以及红利多寡将完全根据公司当年的利润而定。即使公司有利润可分，也必须是在支付了优先股之后方能分得。因此，相对股东而言有一定的风险。二是普通股股东均有权参加股东大会会议并行使表决权，且原则上一股一权，一股一票。

特别股，一般指股东在公司盈余分配、剩余财产分配等方面不同于普通股股东的权利股份。具体股东权的内容由公司章程依法予以确定。特别股又可分为优先股和劣后股。

优先股是股东比普通股股东享有优先权的股份。优先股主要有股利分配的优先股，即优先于普通股分配股利；另外可以设置分配公司剩余财产的优先股，即当公司解散清算时，优先于普通股分配剩余财产等。2015 年 4 月我国工商银行、农业银行、浦发银行等多家上市公司均公告拟发行股利分配的优先股。劣后股，指在分配公司盈余或分配公司剩余财产等方面后于普通股的股份。

（二）记名股和无记名股

根据股票上是否记载股东姓名或名称，分为记名股和无记名股。记名股份，即股票上载有股东姓名或名称的股份。根据《公司法》第 129 条规定，公司向发起人、法人发行的股票，应当为记名股票，并应当记载该发起人、法人的名称或者姓名，不得另立户名或者以代表人姓名记名。对社会公众发行的股票，可以为记名股票，也可以为无记名股票。公司发行记名股票的，应当置备股东名册。

无记名股份,即股票上没有记载股东姓名或名称的股份。此种股份的股权与股票不可分离,持有股票者即为公司股东,享有股东权利。

记名股份与无记名股份在转让的方式、股票灭失的补发、股东出席股东大会会议等方面有所不同。但目前实践中均采用电子化股票,已无纸质股票,因此,二者的差异已经被淡化。

(三)额面股和无额面股

根据股票票面是否记载金额,分为额面股和无额面股。额面股,指股票票面上标明一定金额的股份,额面股的每股金额必须相同。我国《公司法》对股票面额及股票的最低金额未作规定,实践中,股票面值多为1元人民币。

无额面股,又称比例股,指股票票面上不标明金额,而只表示每股占公司资本总额的比例的股份。无额面股的好处在于当公司增资时,无须再发行或增加新的股份,只需增加每股所代表的资本额即可。

(四)其他特殊类型的股份

除上述外,我国还有其他特殊类型的股份,如国家股、法人股、社会公众股、外资股;流通股和非流通股;A股、B股、H股、N股等。

三、股份发行

股份有限公司通过发行股票募集资本。由于股份有限公司可以向社会公开募集资本,因而其股份发行制度相对比较复杂。我国《证券法》以及其他相关法规对于公开发行股票予以详细规定。公司公开发行股票,就目前而言必须经过证监会审批。

(一)股份发行的种类

1. 设立发行

设立发行,是指为公司设立而发行股份,发行的目的是为公司成立而募集资本。在发起设立的情况下,发起人应认足公司发行的全部股份。在募集设立的情况下,实践中俗称IPO(Initial Public Offerings,即首次公开募股),发起人认购公司股份总数的一部分,其余股份向社会公开发行,由社会公众认购。我国目前公司法规定的公司募集设立,事实上都是公司经过长期的经营后,再公开发行股票,成为上市的股份公司。

2. 新股发行

新股发行是指在公司成立后再次发行股份。依发行的方式、目的不同,新股发行可以分为:

(1)公开发行与定向发行。公开发行也称为公募发行,指向社会公众,也就是向不特定的法人或者自然人发行股份。定向发行,也称为不公开发行、私募发行、定向增发,指公司向特定的法人或者自然人发行股份,而不向社会公众发行股份。例如,向公司原股东、机构投资者等发行。我国上市公司有时向原有股东按照一定比例给予新股配售的发行方式,也是新股发行方式的一种。

(2)增资发行与非增资发行

增资的发行,是指公司章程中确定的资本总额全部发行完毕后,为增加公司资本而再次发行股份。由于我国实行法定资本制,公司无论通过公开发行或定向发行,其结果都属于增资发行。非增资的发行是指在章程确定的资本总额内的股份发行,实行授权资本制或折中的授权资本制的,其股份分次发行时,除公司设立时首次发行的股份外,其后所进行的股份发行。

(3)通常发行与特别发行

这是根据发行股份的目的而进行的划分。通常发行是指以募集资本为目的而发行股份。特别发行是指公司基于某些特殊的目的而发行新股,如为了把公积金转为股本或者为了把公司债转换成股份而发行股份等。我国目前上市公司普遍采用的一种新股发行方式——送股,就是把公司公积金或盈余转为股份,分配给公司原股东的一种特别发行。但是,尽管特别发行是基于某些特殊目的,如调整资本结构、进行盈余分配、股东巩固控股权、转换公司债等,但其结果都必然使公司资本增加。

(二)股份发行的价格

从各国立法及实践中看,股票的发行价格通常有三种:第一种是平价发行,即按股票的票面金额作为发行价格。第二种是溢价发行,即以超出股票票面金额的价格发行。溢价发行的溢价款列入资本公积金。第三种是折价发行,即以低于股票票面金额的价格发行。折价发行直接造成公司实收资本减少,我国不允许折价发行,但允许按票面金额发行,也可以溢价发行。《证券法》第 34 条规定:"股票采取溢价发行的,其发行价格由发行人与承销的证券公司协商确定。"我国目前公司发行股票,都是溢价发行。

我国《公司法》第 126 条规定:"股份的发行,实行公平、公正原则,同种类的每一股份应当具有同等权利。同次发行的同种类股票,每股的发行条件和价格应当相同;任何单位或者个人所认购的股份,每股应当支付相同价额。"实践中,公司确定发行价格既要考虑本公司的盈利状况及发展前景,也考虑股票一级市场供求情况以及二级市场的整体股价水平及其走势、市盈率等多方面因素,最终决定发行价格。

关于股份(票)发行条件、程序等具体规定在《证券法》及其他相关法律、法规中,本书在此不予赘述。

四、股份转让

(一)原则上可以自由转让股份

股份转让,也是股票转让,是指股东将其拥有的股份部分或者全部转让给他人,受让人成为公司股东的行为。

股份有限公司是典型的资合公司,其特征之一就是股份可以自由转让。各国立法包括我国在内,除具有特殊身份的股东外,股东原则上可以自由转让其股份,不得以章程或股东会决议予以剥夺或限制。

（二）发起人持有股份的转让限制

我国《公司法》第 141 条第 1 款规定:“发起人持有的本公司股份,自公司成立之日起一年内不得转让。公司公开发行股份前已发行的股份,自公司股票在证券交易所上市交易之日起一年内不得转让。”对发起人转让股份的时间予以限制是为避免发起人在公司已上市即套现,发行股票变成变相圈钱,损害其他股东的权益,并加强发起人对公司的责任感。

（三）对公司董事、监事、高级管理人员持有股份的转让限制

《公司法》第 141 条第 2 款规定,公司董事、监事、高级管理人员应向公司申报其持有的本公司股份及其变动情况,在任职期间每年转让的股份不得超过其所持有本公司股份总数的 25%;所持本公司股份自公司股票上市交易之日起一年内不得转让。上述人员离职后半年内,不得转让其所持有的本公司股份。公司章程可以对公司董事、监事、高级管理人员转让其所持有的本公司股份作出其他限制性规定。之所以对上述人员转让股票进行限制,目的是防止他们利用自己掌握的公司内部消息从事内幕交易,同时有利于增进他们与公司和股东的利益联系,促其尽职尽责。

（四）对公司收购本公司股票的限制

根据《公司法》第 142 条的规定,公司不得收购本公司的股票,不得接受本公司的股票作为抵押权的标的。这样限定的原因在于:首先,避免股东与公司人格混同,混淆股东与公司间的法律关系;其次,可以防止公司利用本公司的内幕信息从事股票交易,操纵股票价格;最后,防止资本不实。公司收购本公司的股份,意味着公司退还股东已缴纳的股款,这将导致公司资本的减少,损害公司债权人的利益。

但是,根据《公司法》第 142 条的规定,公司在下列两种情况下可以购买本公司股份:

（1）减少公司注册资本。公司为减少公司资本,通过回购方式将发行在外的股份收回。公司减少注册资本而回购股份时,应由股东大会作出决议（特别决议）,完成收购后,公司应当自收购之日起 10 日内注销该股票,并依法办理注册资本减少的其他法定程序。

（2）与持有本公司股份的其他公司合并。与持有本公司股份的其他公司合并,必将导致其中的某个或若干个公司终止,故被合并公司的股份应当收回,换

发为存续公司的股份。

(3)奖励给本公司职工。公司为激励或者奖励本公司职工,可以通过发行新股或者通过证券市场回购其公司股份。但依据《公司法》第142条第2款第3项规定,首先,应经股东大会作出决议;其次,为奖励本公司职工而收购的本公司股份,不得超过本公司已发行股份总额的5%,用于收购的资金应当从公司的税后利润中支出,所收购的股份应当在一年内转让给职工。

(4)股份回购。根据《公司法》第74条规定,以及第142条第1款第4项规定的“股东因对股东大会作出的公司合并、分立决议持异议,要求公司收购其股份的”情形,股东有权要求公司收购其股份的。

(五)股份转让的方式

《公司法》第138条规定:“股东转让其股份,应当在依法设立的证券交易场所进行或者按照国务院规定的其他方式进行。”对于上市公司股票的转让,上海证券交易所和深圳证券交易所是我国依法设立的两大证券交易场所,集中竞价交易,非上市公司的股票的交易都是通过买卖双方协议的方式进行转让。

无记名股票的转让,由股东在依法设立的证券交易场所将股票交付给受让人后即发生转让的效力(《公司法》第140条)。也就是说,股份持有人只须将股票交付受让人即发生股份转让的法律效力,受让人持有公司相应股份,即成为公司股东,享有股东权。上市公司的无记名股票的转让,一般通过证券商在证券交易所发出指令,由电脑自动撮合成交,自动交割。

记名股票的转让,根据《公司法》第139条规定,由股东以背书方式或法律、行政法规规定的其他方式转让,转让后由公司将受让人的姓名或者名称及住所记载于股东名册。以背书方式转让的记名股票需为依法印制的书面股票,即“实物券式股票”。目前我国公开发行股票一般均为无纸化股票,并为证券登记机构集中托管,并非以背书方式而是以“其他方式”完成转让。

我国上市公司的股票交易,实行集中托管和无纸化交易,股票过户采取记账式过户,证券交易所在每日交易结束后,由电脑自动、统一地完成过户事宜,无须股东本人亲自到公司办理过户手续。

股东大会召开前20日内或者公司决定分配股利的基准日前5日内,不得进行股票转让的股东名册变更登记(但对股票的买卖不受影响)。

公司召开股东大会,应将会议审议的事项于会议召开20日以前通知各股东。公司为了确定股东及便于通知,董事会决定股东大会召开前的某一日为“股权登记日”或“股权确定日”,股权确定日终止时,在册股东为公司股东,可参加股东大会。公司分配利润的,确定一个基准日,以确定能够分享公司利润的股东。

【应用操作训练】

训练目的

通过实际操作训练，同学们可以掌握和理解股份（股票）、公司债等概念与法律特征，掌握公司发行股票、公司债的条件和法定程序，以及申请发行股票、公司债所应提交的法律文书，并将所学知识应用于实践。

【操作训练一】

训练形式：模拟股份公司首次公开发行股票、增资发行股票、撰写法律文书

训练素材

请同学们根据法律规定的首次公开发行股票条件、增资发行条件，自拟股份公司的基本情况，并申请发行股票。

训练要求

（1）请归纳总结我国对股份公司首次公开发行、增资发行股票的条件、程序等，并以图表或者其他形式详细列出。

（2）模拟股份公司首次公开发行股票。请同学们按照法律规定的条件和程序，模拟制作首次公开发行股票的一整套申请材料。

（3）模拟股份公司经营过程中，为增加公司资本而发行新股，并按照新股发行条件和程序，制作一套完整的申请材料，如董事会拟定的新股发行方案、股东大会决议等。

【操作训练二】

训练形式：课堂辩论、案情分析

训练素材

上海安某生物科技股份有限公司（以下简称安某公司）成立于1997年4月，注册资金为人民币3400万元，股东包括2家单位和16名自然人。郑戈担任安某公司的董事长、法定代表人，持股比例为44%。安某公司经工商管理部门核准的经营范围为：生物制品加工，化工原料、建筑材料、金属材料销售等。

2001年12月，安某公司为筹集研发资金，由郑戈提议经股东会集体同意后，委托中介公司及个人向社会不特定公众转让自然人股东的股权。此后直到2007年8月期间，由郑戈负责联系并先后委托上海新世纪投资有限公司、上海天成投资实业公司、王存国、周震平、黄浩等个人，以随机拨打电话的方式，对外谎称安某公司的股票短期内将在美国的纳斯达克上市并能获取高额回报，向不特定社会公众推销郑戈及其他自然人股东的股权。郑戈和中介人员具体商定每股转让价格为人民币2～4元不等。安某公司与受让人分别签订《股权转让协议书》和《回购承诺书》（承诺如果3年内公司不能上市就回购股权），并发放自然

人股东缴款凭证卡和收款收据。

经审计，安某公司向社会公众260余人发行股票计322万股，筹集资金人民币1109万余元，其中有157人在股权托管中心托管，被列入公司股东名册，并在工商行政管理部门备案。上述募集资金全部用于安某公司的经营活动和支付中介代理费。

安某公司成立后主要从事艾滋病药物的研发，一直处于研发阶段，没有任何生产和销售行为。案发后不能回购股票，不能退还钱款，仅有土地及房产被查封。[1]

训练要求

请收集和查阅我国《公司法》、《证券法》等法律对股票发行条件和程序要求，辩论和分析该股东股票发行是否法？并撰写一份分析研究报告。

【操作训练三】

训练形式：课堂辩论、法律意见书

训练素材

2012年11月16日至2014年11月20日，周某鸿任广东明珠集团股份有限公司（以下简称广东明珠）第七届董事会独立董事。2014年8月5日至7日，周某鸿利用其本人名下证券账户持续买入广东明珠股票48,500股，成交金额565,684元。2014年8月8日至15日期间，周某鸿先卖出广东明珠股票，后又发生多次买入、卖出广东明珠股票的行为，累计分9笔卖出广东明珠股票113,500股，成交金额1,450,377.51元；分10笔买入广东明珠股票92,100股，成交金额1,172,263.4元。[2]

训练要求

请收集和查阅我国《公司法》、《证券法》等法律对股票交易的规定，分析周某鸿股票买卖的违法之处，以及对其违法之处依法应当进行的处罚，进行案情分析，提交一份分析报告书。

---

〔1〕 本案例摘自《上海安某生物科技股份有限公司、郑戈擅自发行股票案》，载 http://www.pkulaw.cn/Case/pfnl_117735347.html? match=Exact。

〔2〕 本案例摘自《北京证监局2015年普法案例之六：周灿鸿短线交易违法案》，载 http://www.csrc.gov.cn/pub/beijing/xxfw/pfxc/201504/t20150416，最后访问日期：2015年4月13日。

附一:定向增发公告

会稽山绍兴酒股份有限公司第一期员工持股计划(草案)摘要[1]
(认购非公开发行股票方式)

声　明

本公司及董事会全体成员保证本次员工持股计划内容真实、准确和完整,没有虚假记载、误导性陈述或重大遗漏。

特别提示

1. 会稽山绍兴酒股份有限公司(以下简称本公司或公司或上市公司或会稽山)第一期员工持股计划(认购非公开发行股票方式)(以下简称本次员工持股计划)系会稽山根据《中华人民共和国公司法》、《中华人民共和国证券法》、中国证监会《关于上市公司实施员工持股计划试点的指导意见》、中国证券登记结算有限责任公司《关于上市公司员工持股计划开户有关问题的通知》等法律、法规、规范性文件和《公司章程》的规定制定。

2. 本次员工持股计划每一计划份额的认购价格为人民币1元,总份额不超过4158万份,总金额不超过4,158万元。本次员工持股计划的参加对象为部分与公司或公司合并报表范围内下属单位(含全资及控股子公司)签订正式劳动合同、领取薪酬且目前在册的董事、监事、高级管理人员及其他中高层管理人员。本次员工持股计划遵循公司自主决定、员工自愿参加的原则,不存在摊派、强行分配等强制员工参加的情形。公司员工参加本次员工持股计划的资金来源为员工合法薪酬、自筹资金等合法的途径。

3. 本次员工持股计划的股票来源为认购公司本次非公开发行股票。本次员工持股计划设立后由公司自行管理,本次员工持股计划通过认购本公司非公开发行股票的方式持有上市公司股票。

4. 会稽山本次非公开发行股份的定价基准日为公司第三届董事会第十五次会议决议公告日(即2015年6月12日),发行价格13.86元/股,不低于定价基准日前20个交易日公司股票交易均价的90%(定价基准日前20个交易日股票交易均价=定价基准日前20个交易日股票交易总额/定价基准日前20个交易日股票交易总量)。

公司已于2015年6月10日发布2014年度分红派息实施公告,拟每股现金分红0.11元(扣税前),因此,本次发行价格在上述利润分配实施完毕后将调整

---

〔1〕 本公告摘自“同花顺”。

为13.75元/股。

公司股票在定价基准日至发行期首日期间如再次发生派息、送股、资本公积转增股本等除权除息事项，将对上述发行价格进行相应调整。

5.本员工持股计划认购公司本次非公开发行股票金额不超过4,158万元，认购股份不超过300万股，不超过公司本次非公开发行后股本总额的0.566%（若公司股票在定价基准日至发行期首日期间有派息、送股、资本公积转增股本等除权除息事项，本员工持股计划认购股票的数量将作相应调整）。公司全部有效的员工持股计划所持有的股票总数量累计不超过公司股本总额的10%，单个员工所获股份权益对应的股票总数量累计不超过公司股本总额的1%。员工持股计划持有的股票总数不包括员工在公司首次公开发行股票上市前获得的股份、通过二级市场自行购买的股份及通过股权激励获得的股份。

6.本次员工持股计划的存续期为48个月，其中前36个月为锁定期。上述存续期及锁定期自公司公告本次非公开发行的股票登记至员工持股计划名下之日起算。

7.本次员工持股计划经公司第三届董事会第十五次会议审议通过，尚待公司股东大会审议通过，且公司本次非公开发行股票事项经中国证监会核准后方可实施。

8.公司审议本次员工持股计划的股东大会将采取现场投票与网络投票相结合的方式。公司将通过上海证券交易所交易系统和互联网投票系统向公司股东提供网络形式的投票平台，股东可以在网络投票时间内通过上述系统行使表决权。

9.本次员工持股计划实施后，将不会导致公司股权分布不符合上市条件要求。

目　录

七、持有人及持有人会议

八、管理委员会

九、本员工持股计划的资产及权益处置

十、公司融资时员工持股计划的参与方式

十一、本员工持股计划履行的程序

十二、其他

（详细内容，略）

附二：行政处罚决定书

中国证券监督管理委员会广东监管局行政处罚决定书

〔2015〕1 号

当事人：周某某，男，1962 年 5 月出生，住址：广东省广州市天河区。

依据《中华人民共和国证券法》（以下简称《证券法》）的有关规定，我局对周某某违反证券法律法规行为进行了立案调查、审理，并依法向当事人告知了作出行政处罚的事实、理由、依据及当事人依法享有的权利，当事人未提出陈述、申辩意见，也未要求听证。本案现已调查、审理终结。

经查明，周某某存在以下违法事实：

2012 年 11 月 16 日至 2014 年 11 月 20 日，周某某任广东明珠集团股份有限公司（以下简称广东明珠）第七届董事会独立董事。2014 年 8 月 5 日至 7 日，周某某利用其本人名下证券账户持续买入广东明珠股票 48,500 股，成交金额 565,684元。2014 年 8 月 8 日至 15 日期间，周某某先卖出广东明珠股票，后又发生多次买入、卖出广东明珠股票的行为，累计分 9 笔卖出广东明珠股票 113,500 股，成交金额 1,450,377.51 元；分 10 笔买入广东明珠股票 92,100 股，成交金额 1,172,263.4 元。

以上违法事实，有相关证券账户资料、证券交易记录，广东明珠相关公告、情况说明，以及相关人员询问笔录等证据证明，足以认定。

周某某的上述行为违反了《证券法》第 47 条有关禁止"上市公司董事、监事、高级管理人员、持有上市公司股份百分之五以上的股东，将其持有的该公司的股票在买入后六个月内卖出，或者在卖出后六个月内又买入"的规定，构成《证券法》第 195 条的违法行为。

根据当事人违法行为的事实、性质、情节与社会危害程度，依据《证券法》第 195 条的规定，我局决定：对周某某给予警告，并处以 5 万元罚款。

当事人应自收到本处罚决定书之日起 15 日内，将罚款汇交中国证券监督管理委员会(开户银行:中信银行总行营业部,账号:7111010189800000162,由该行直接上缴国库),并将注有当事人名称的付款凭证复印件送我局备案。当事人如果对本处罚决定不服,可在收到本处罚决定书之日起60日内向中国证券监督管理委员会申请行政复议,也可在收到本处罚决定书之日起3个月内直接向有管辖权的人民法院提起行政诉讼。复议和诉讼期间,上述决定不停止执行。

广东证监局

2015年1月5日

第七章　股份有限公司组织机构知识与应用

第一节　股东大会

【基础知识】

一、股东大会的组成及法律地位

股东大会,是由公司的全体股东组成的公司最高权力机关。凡公司股东,即为股东大会成员,有权出席股东大会会议,行使表决权等权利。但如果公司发行特别股(实践中主要是优先股),召开普通股股东大会,持有该股票的股东则不享有表决权。

二、股东大会的职权

《公司法》第37条关于有限责任公司股东会职权的规定,适用于股份有限公司股东大会,此不再赘述。

三、股东大会会议

(一)会议类型

1.定期会议

定期会议,又称为股东年会、股东常会,是指依照法律和公司章程每年必须固定召开的股东会议。我国《公司法》第100条规定,股东大会应当每年召开一次年会。股东大会定期会议的审议事项一般包括公司的年度财务预算和决算方案、年度利润分配、亏损弥补方案等。

2.临时会议

临时会议是公司根据需要随时召开的股东大会会议。《公司法》第100条规定了股份有限公司召开临时股东大会的6种情形,出现以下6种情形之一的,董事会应当在该情形发生后两个月内召集临时股东大会,即董事人数不足本法规定人数或者公司章程所定人数的2/3时;公司未弥补的亏损达实收股本总额1/3时;单独或者合计持有公司10%以上股份的股东请求时;董事会认为必要时;监事会提议召开时;公司章程规定的其他情形。

3. 特别股东会会议

特别股东会会议，是指股份公司股东所持股份种类不同的情况下，由属于同一种类的股份的股东召开的股东会议。在设置特别股的情况下，该类特别股股东所召开的股东会会议为特别股东会。目前有个别股份有限公司发行了优先股，因此持有该股票的股东即为特别股(优先股)股东。

(二)股东大会的召集和主持

根据《公司法》第101条规定，股东大会按照下列顺序召集股东大会会议：第一，董事会召集，董事长主持；董事长不能履行职务或者不履行职务的，由副董事长主持；副董事长不能履行职务或者不履行职务的，由半数以上董事共同推举一名董事主持。

第二，董事会不能履行或者不履行召集股东大会会议职责的，监事会应当及时召集和主持。

第三，股东自行召集和主持股东大会会议的前提是董事会和监事会均不召集和主持股东大会会议，召集股东大会的股东条件有两个：(1)单独或合并持有公司10%以上的股份，此为持股数量的限制性规定，以保证该会议具有代表性、广泛性，避免少数股东滥用权力；(2)持股时间，即股东应连续90日以上单独或合并持有公司10%以上的股份。

公司解散进入清算程序后，清算组取代公司董事会召集股东大会会议。

(三)股东大会的会议通知

《公司法》第102条规定，召开股东大会会议，应当将会议召开的时间、地点和审议的事项于会议召开20日前通知各股东；临时股东大会应当于会议召开15日前通知各股东；发行无记名股票的，应当于会议召开30日前公告会议召开的时间、地点和审议事项。股东大会不得对前两款通知中未列明的事项作出决议。无记名股票持有人出席股东大会会议的，应当于会议召开5日前至股东大会闭会时将股票交存于公司。公司一旦通知并确定股东大会召开时间，一般不允许随意改动。

单独或者合计持有公司3%以上股份的股东，可以在股东大会召开10日前提出提案并书面提交董事会；董事会应当在收到提案后2日内通知其他股东，并将该临时提案提交股东大会审议。

(四)股东大会的出席、表决权的行使

公司股东无论持有公司股份多少，均有权出席股东大会会议。股东可以亲自出席股东大会会议，也可以委托他人出席。代理人出席股东大会会议，应向公司提交股东授权委托书，并在授权范围内行使表决权。委托书的效力应为一次性，即委托授权仅限于本此股东大会会议，不能重复适用。

我国《公司法》对出席股东大会的法定股份没有作出规定。因此,股东大会作出决议是按照出席股东大会会议的表决权计算,而不是按照公司总股本计算。如果公司章程对此有规定的,将依据公司章程规定。

股东出席股东大会会议,原则上所持每一股份有一表决权。但是,根据《公司法》规定,第一, 股东大会决议的事项与某股东有利害关系时,该股东对该决议不得行使表决权。第二,公司自有股份不享有表决权。第三,在采用累积投票制度时,每股的表决权为复数。

股东表决方式,除现场表决外,还有书面表决、网络投票等。书面表决、网络投票与股东现场表决具有同样的法律效果。

四、股东大会决议

(一)普通决议

普通决议是指以出资比例或股份的过半数通过即可作出的决议。股份有限公司是以出席股东大会所持股份为基数,股东大会作出决议须经出席会议的股东所持表决权过半数通过。

(二)特别决议

特别决议是指决定公司特别事项,以绝对多数表决权通过才能作出的决议。我国《公司法》第 43 条规定,股东大会作出修改公司章程、增加或者减少注册资本的决议,以及公司合并、分立、解散或者变更公司形式的决议,必须经出席会议的股东所持表决权的 2/3 以上通过。

五、股东大会决议、董事会决议瑕疵及法律救济

股份有限公司股东大会决议、董事会决议内容、召集程序、表决方法等违反法律、行政法规或公司章程的,该项决议存在瑕疵。《公司法》有关决议瑕疵及法律救济,已在本书第四章阐述,在此不再赘述。

【应用操作训练】

训练目的

通过实际操作训练,能够进一步理解和掌握股东大会的组成、法律地位、职权等基本制度和法律相关规定,对于股东大会会议召开的法定程序,能够将制作会议通知、会议记录、决议、决议瑕疵的法律救济等法律知识应用于实践。

训练形式:模拟召开股东大会会议,撰写相关材料

训练素材

天银机电股份有限公司于 2010 年 10 月 27 日在苏州工商行政管理局登记注册成立。公司注册地:苏州市常熟碧溪新区迎宾路 8 号。法定代表人:赵某

东。公司股票于2012年7月26日在深圳证券交易所挂牌交易。截至2014年12月31日,公司注册资本为人民币20,000.00万元,总股本为20,000.00万股,每股面值人民币1元。

2015年4月8日发布决定召开2014年年度股东大会的通知,会议召开方式:本次股东大会采取现场投票、网络投票相结合的方式。

会议召开时间:(1)现场会议召开时间:2015年4月29日13:00。(2)网络投票时间:2015年4月28日~29日,其中:通过深圳证券交易所交易系统投票的具体时间为:2015年4月29日9:30~11:30、13:00~15:00。通过深圳证券交易所互联网投票系统进行投票的具体时间为:2015年4月28日(周二)15:00至2015年4月29日(周三)15:00的任意时间。

会议出席对象:(1)截至2015年4月24日(周五)下午收市时在中国证券登记结算有限责任公司深圳分公司登记在册的本公司全体股东。(2)公司董事、监事和高级管理人员。(3)公司聘请的见证律师及其他相关人员。(4)公司保荐机构中信建投证券股份有限公司。

会议地点:江苏省苏州市常熟碧溪新区迎宾路8号常熟市天银机电股份有限公司办公楼三楼会议室。

表决方式:现场投票与网络投票相结合的方式。

会议审议事项:(1)审议《关于常熟市天银机电股份有限公司2014年度董事会工作报告的议案》;(2)审议《关于常熟市天银机电股份有限公司2014年度监事会工作报告的议案》;(3)审议《关于〈常熟市天银机电股份有限公司2014年年度报告〉及年报摘要的议案》;(4)审议《关于常熟市天银机电股份有限公司2014年度财务决算报告的议案》;(5)审议《关于常熟市天银机电股份有限公司2014年度利润分配预案的议案》;(6)审议《关于续聘2015年度审计机构的议案》;(7)听取独立董事2014年度述职报告。

训练要求

全班分成若干组,模拟召开股东大会会议。要求:每组同学完成一套完整的股大东会会议的召开和股东大会决议材料。具体(1)撰写和发布股东大会会议通知;(2)制作会议记录;(3)制作并发布股东大会决议公告;(4)律师制作一份法律意见书。

附一:股东大会会议通知

海南双成药业股份有限公司
关于召开2015年第四次临时股东大会的通知[1]

公告日期 2015年5月23日

证券代码:002693　证券简称:双成药业　公告编号:2015-062

本公司及董事会全体成员保证信息披露的内容真实、准确、完整,没有虚假记载、误导性陈述或重大遗漏。

根据海南双成药业股份有限公司(以下简称公司)第二届董事会第二十三次会议决议,公司定于2015年6月10日召开2015年第四次临时股东大会,审议董事会提交的相关议案。现将有关具体事项通知如下:

一、召开会议的基本情况

(1)会议召集人:公司董事会;网络投票时间:2015年6月9日~10日。

①通过深圳证券交易所交易系统进行网络投票的具体时间为:2015年6月10日9:30~11:30,13:00~15:00;

②通过深圳证券交易所互联网投票系统投票的时间为2015年6月9日15:00至10日15:00期间的任意时间。

(2)会议召开地点:海南省海口市秀英区兴国路16号公司会议室。

(3)会议召开方式:现场投票与网络投票相结合的方式。公司将通过深圳证券交易所交易系统和互联网投票系统向公司全体股东提供网络形式的投票平台,公司股东可以在网络投票时间内通过上述系统行使表决权。同一表决权只能选择现场投票或网络投票中的一种。出现重复表决的以第一次投票结果为准。

(4)会议召开的合法、合规性:公司第二届董事会第二十三次会议审议通过了《关于召开2015年第四次临时股东大会的议案》,本次股东大会会议召开符合有关法律法规、公司章程的规定。

(5)出席对象:

①截至2015年6月4日15:00在中国证券登记结算有限责任公司深圳分公司登记在册的本公司股东。全体股东均有权出席股东大会,并可以书面委托代理人出席会议和参加表决,该股东代理人不必是公司股东,授权委托书附后。

②公司董事、监事和高级管理人员。

---

[1] 本通知摘自"同花顺"。

③见证律师及公司邀请的其他人员。

二、会议审议事项

审议:《关于宁波双成实施宁波二期项目的议案》。议案内容详见《证券时报》、《中国证券报》、《上海证券报》、《证券日报》及巨潮资讯网(http://www.cninfo.com.cn/)《海南双成药业股份有限公司第二届董事会第二十三次会议决议公告》。

根据《上市公司股东大会规则(2014年修订)》的要求,本次会议将对中小投资者的表决单独计票,并将结果在2015年第四次临时股东大会决议公告中单独列示。中小投资者是指以下股东以外的其他股东:1.上市公司的董事、监事、高级管理人员;2.单独或者合计持有上市公司5%以上股份的股东。

三、现场出席会议登记方法

(1)登记时间:2015年6月5日及8日(9:00~12:00,13:00~16:30)

(2)登记地点:海南省海口市秀英区兴国路16号公司证券部

(3)登记办法

①自然人股东须持本人有效身份证件及股东账户卡进行登记,并提交股东登记表(请见附件二);委托代理人出席会议的,须持委托人有效身份证件复印件、授权委托书(请见附件一)、委托人证券账户卡和代理人有效身份证件进行登记。

②法人股东由法定代表人出席会议的,须持营业执照复印件(加盖公章)、法定代表人身份证和法人证券账户卡进行登记,并提交股东登记表(请见附件二);由委托代理人出席会议的,须持营业执照复印件(加盖公章)、法定代表人身份证复印件、法人授权委托书(请见附件一)、法人证券账户卡和代理人身份证进行登记。

③异地股东可凭以上有关证件采取信函或传真方式登记(请在2015年6月8日16:30前送达公司,并电话确认)。本公司不接受电话方式办理登记。

④出席会议的股东及股东代理人请携带相关证件到现场,以备查验。

四、参与网络投票的具体操作流程

本次股东大会向股东提供网络投票平台,网络投票包括深圳证券交易所交易系统和互联网投票,具体操作程序请见附件。

五、其他事项

(1)本次股东大会会期半天,出席本次股东大会会议者食宿费、交通费自理。

(2)联系人:于晓风　胡　铱

(3)联系电话:0898-68592978　传真:0898-68592978

(4)邮寄地址:海南省海口市秀英区兴国路16号

(5)邮政编码:570314

六、备查文件

《海南双成药业股份有限公司第二届董事会第二十三次会议决议》。

特此通知!

海南双成药业股份有限公司董事会
2015年5月22日

附件一:

授权委托书

海南双成药业股份有限公司:

本单位(本人)系海南双成药业股份有限公司(以下简称双成药业)的股东,兹全权委托____先生/女士代表本单位(本人)出席双成药业2015年第四次临时股东大会,并按本授权委托书的指示进行投票,并代为签署本次股东大会需要签署的相关文件。本单位(本人)对列入2015年第四次临时股东大会的每一审议事项的投票指示如下:

序号	表决事项	同意	反对	弃权
1	《关于宁波双成实施宁波二期项目的议案》			

注:(1)委托人对受托人的指示,以在“同意”、“反对”、“弃权”栏内相应地方打“√”为准,对同一审议事项不得有两项或多项指示。否则,受托人有权自行对该事项进行投票。

(2)授权委托书剪报、复印或按以上格式自制均有效。

(3)单位委托须经法定代表人签字,并加盖单位公章;自然人委托须经本人签字。

(4)本授权委托书的有效期:自本授权委托书签署之日至本次股东大会结束。

委托人名称(姓名):

证件号码:

委托人持股数量:

委托人签字(盖章):

受托人姓名:

证件号码:

受托人签字:

委托日期:　　　　年　　月　　日

附件二:股东登记表

兹登记参加海南双成药业股份有限公司2015年第四次临时股东大会。

自然人股东姓名/法人股东名称:______________________________

身份证号/企业法人营业执照号:______________________________

股东账号:______________________________

持股数量:______________________________

联系地址:______________________________

联系电话:______________________________

股东签字(盖章):

年　　月　　日

附件三:股东参与网络投票的具体操作流程

在本次股东大会上,股东可以通过深交所交易系统和互联网投票系统(网址为 http://wltp.cninfo.com.cn)参加投票。

一、通过深交所交易系统参加投票的相关事项

(1)投票代码:362693。

(2)投票简称:"双成投票"。

(3)投票时间:2015年6月10日的交易时即9:30~11:30和13:00~15:00。

(4)在投票当日,"双成投票""昨日收盘价"显示的数字为本次股东大会审议的议案总数。

(5)通过交易系统进行网络投票的操作程序:

①买卖方向应选择"买入"。

②在"委托价格"项下填报股东大会议案序号。100元代表总议案,1.00元代表议案12.00元代表议案2,依此类推。每一议案应以相应的委托价格分别申报。股东对"总议案"进行投票,视为对所有议案表达相同意见。

表1　本次股东大会议案对应的"委托价格"

序号	议案名称	委托价格(元)
1	《关于宁波双成实施宁波二期项目的议案》	1.00

③在"委托数量"项下填报表决意见,1股代表同意,2股代表反对,3股代表弃权。

表2　表决意见对应的"委托价格"

表决意见类型	委托数量
同意	1股
反对	2股
弃权	3股

④确认投票委托完成。

6. 注意事项:

①如股东对所有议案均表示相同意见,则可以只对"总议案"进行投票。

如股东通过网络投票系统对"总议案"和单项议案进行了重复投票的,以第一次有效投票为准。即如果股东先对相关议案投票表决,再对总议案投票表决,则以已投票表决的相关议案的表决意见为准,其他未表决的议案以总议案的表决意见为准;如果股东先对总议案投票表决,再对相关议案投票表决,则以总议案的表决意见为准。

②对同一议案的投票只能申报一次,不能撤单。

③不符合上述规定的投票申报无效。

二、通过互联网投票系统参加投票的相关事项

(一)股东进行投票的时间

互联网投票系统投票的开始时间为2015年6月9日15:00,结束时为2015年6月10日15:00。

(二)股东获取身份认证的具体流程

股东通过互联网投票系统进行网络投票,需按照《深交所投资者网络服务身份认证业务实施细则》的规定办理身份认证,取得"深交所数字证书"或"深交所投资者服务密码"。股东获取身份认证的具体流程如下:

1. 申请服务密码的流程

(1)登录网址 http://wltp.cninfo.com.cn 的密码服务专区注册:填写"姓名"、"证券账号"等相关信息并设置服务密码。如申请成功,系统会返回一个4位数字的激活校验码。

(2)激活服务密码

股东通过深圳证券交易所交易系统比照买入股票的方式,凭借"激活校验码"激活服务密码。

买入证券	买入价格	买入股数
369999	1.00元	4位数字的"激活校验码"

该服务密码需要通过交易系统激活后使用。如服务密码激活指令11:30前发出后，当日13:00即可使用；如服务密码激活指令11:30后发出后，次日方可使用。服务密码激活后长期有效，在参加其他网络投票时不必重新激活。服务密码激活后如遗失可通过交易系统挂失，挂失后可重新申请，挂失方法与激活方法类似。

2. 申请数字证书的，可向深圳证券信息公司或其委托的代理发证机构申请。

（三）投票程序

股东可根据获取的服务密码或数字证书登录网址 http://wltp. cninfo. com. cn 在规定时间内通过深交所互联网投票系统进行投票。

（1）登陆 http://wltp. cninfo. com. cn，在“上市公司股东大会列表”选择“双成药业2015年第四次临时股东大会”。

（2）进入后点击“投票登录”，选择“用户名密码登录”，输入股东的“证券账户号”和“服务密码”；已申领数字证书的投资者可选择“CA 证书登录”。

（3）进入后点击“投票表决”，根据网页提示进行相应的操作。

（4）确认并发送投票结果。

三、网络投票其他注意事项

（1）公司同时通过深圳证券交易所交易系统和互联网投票系统为股东提供网络投票服务，网络投票系统对以上两种方式的投票予以合并计算。网络投票系统按股东账户统计投票结果，如同一股东账户通过深交所交易系统和互联网投票系统两种方式重复投票，股东大会表决结果以第一次有效投票结果为准。

（2）股东大会有多项议案，某一股东仅对其中一项或者几项议案进行投票的，在计票时，视为该股东出席股东大会，纳入出席股东大会股东总数的计算；对于该股东未发表意见的其他议案，视为弃权。

（3）如须查询投票结果，请于投票当日18:00以后登录深圳证券交易所互联网投票系统（http://wltp:cninfo. com. cn），点击“投票查询”功能，可以查看个人网络投票结果，或通过投票委托的证券公司营业部查询。

（4）单独计票提示根据《上市公司股东大会规则（2014年修订）》的要求，本次股东大会议案应对中小投资者的表决单独计票。中小投资者是指以下股东以外的其他股东：

①上市公司的董事、监事、高级管理人员；②单独或者合计持有上市公司5%以上股份的股东。

附二:会议记录

＿＿＿＿＿公司
股东大会会议记录

时间:＿＿年＿＿月＿＿日＿＿时
地点:＿＿＿＿＿＿＿＿＿＿＿＿＿＿＿＿＿＿＿＿＿＿＿＿＿＿＿
会议性质:【定期】/【临时】
出席股东甲:＿＿＿＿＿＿＿＿＿＿＿＿＿＿＿＿＿＿＿＿＿＿＿＿
股东代表:＿＿＿＿＿＿＿＿＿＿＿＿＿＿＿＿＿＿＿＿＿＿＿＿＿
代表表决权比例:＿＿＿＿＿＿＿＿＿＿＿＿＿＿＿＿＿＿＿＿＿
出席股东乙:＿＿＿＿＿＿＿＿＿＿＿＿＿＿＿＿＿＿＿＿＿＿＿＿
股东代表:＿＿＿＿＿＿＿＿＿＿＿＿＿＿＿＿＿＿＿＿＿＿＿＿＿
代表表决权比例:＿＿＿＿＿＿＿＿＿＿＿＿＿＿＿＿＿＿＿＿＿
缺席股东丙:＿＿＿＿＿＿＿＿＿＿＿＿＿＿＿＿＿＿＿＿＿＿＿＿
代表表决权比例:＿＿＿＿＿＿＿＿＿＿＿＿＿＿＿＿＿＿＿＿＿
出席股东会会议的股东总计代表的表决权比例为＿＿%
列席人员名单(注明在本公司的职务):＿＿＿＿＿＿＿＿＿＿＿＿
主持人:＿＿＿＿＿＿＿＿＿＿＿＿＿＿＿＿＿＿＿＿＿＿＿＿＿＿
记录人:＿＿＿＿＿＿＿＿＿＿＿＿＿＿＿＿＿＿＿＿＿＿＿＿＿＿
会议议题:
1. ＿＿＿＿＿＿＿＿＿＿＿＿＿＿＿＿＿＿＿＿＿＿＿＿＿＿＿＿
提出人:＿＿＿＿＿＿＿＿＿＿＿＿＿＿＿＿＿＿＿＿＿＿＿＿＿＿
2. ＿＿＿＿＿＿＿＿＿＿＿＿＿＿＿＿＿＿＿＿＿＿＿＿＿＿＿＿
提出人:＿＿＿＿＿＿＿＿＿＿＿＿＿＿＿＿＿＿＿＿＿＿＿＿＿＿
股东代表对每个审议事项的发言要点:
股东代表＿＿＿＿＿对议题＿＿＿的质询意见、建议如下:
＿＿＿＿＿＿＿＿＿＿＿＿＿＿＿＿＿＿＿＿＿＿＿＿＿＿＿＿＿＿
＿＿＿＿＿＿＿＿＿＿＿＿＿＿＿＿＿＿＿＿＿＿＿＿＿＿＿＿＿＿＿＿
＿＿＿＿＿＿＿＿＿＿＿＿＿＿＿＿＿＿＿＿＿＿＿＿＿的答复、说明如下:
＿＿＿＿＿＿＿＿＿＿＿＿＿＿＿＿＿＿＿＿＿＿＿＿＿＿＿＿＿＿
＿＿＿＿＿＿＿＿＿＿＿＿＿＿＿＿＿＿＿＿＿＿＿＿＿＿＿＿＿＿＿＿
股东代表＿＿＿＿＿对议题＿＿＿的质询意见、建议如下:
＿＿＿＿＿＿＿＿＿＿＿＿＿＿＿＿＿＿＿＿＿＿＿＿＿＿＿＿＿＿

____

____的答复、说明如下：

____

____

每一表决事项的表决结果：

1. 议题____被股东____________（共代表____%表决权）予以通过；

2. 议题____被股东____________（共代表____%表决权）予以通过。

其他：

____

____

出席股东/股东代表（签名）：

列席人员（签名）：

记录人签名：

年　　月　　日

附三：股东大会决议公告

海南双成药业股份有限公司
2015年第四次临时股东大会决议公告〔1〕

公告日期：2015年6月11日

证券代码：002693　　证券简称：双成药业　　公告编号：2015-069

本公司及董事会全体成员保证信息披露的内容真实、准确、完整，没有虚假记载、误导性陈述或重大遗漏。

重要提示：

（1）本次股东大会没有出现否决议案的情形。

（2）本次股东大会没有涉及变更前次股东大会决议。

一、会议召开和出席情况

（1）现场会议召开时间：2015年6月10日（星期三）14:45 网络投票时间：2015年6月9日～10日：

①通过深圳证券交易所交易系统进行网络投票的具体时间为：2015年6月10日交易日9:30-11:30，13:00-15:00；

〔1〕 本公告摘自"同花顺"。

②通过深圳证券交易所互联网投票系统投票的时间为 2015 年 6 月 9 日 15:00～10 日 15:00。

(2)会议召开地点:海南省海口市秀英区兴国路 16 号公司会议室。

(3)会议召开方式:现场投票结合网络投票方式。

(4)会议召集人:公司董事会。

(5)会议主持人:董事长王成栋先生。

(6)本次股东大会会议的召集、召开和表决程序符合《中华人民共和国公司法》、《中华人民共和国证券法》、《深圳证券交易所股票上市规则》、《深圳证券交易所中小企业板上市公司规范运作指引》和《海南双成药业股份有限公司章程》等规定。

(7)出席会议的股东及股东代理人(含网络投票)共 2 人,代表股份 204,432,025股,占上市公司总股份的 48.7689%。

①现场会议出席情况:现场出席会议的股东及股东代理人共 2 人,代表股份 204,432,025 股,占上市公司总股份的 48.7689%。

②网络投票情况:通过网络投票的股东 0 人,代表股份 0 股,占上市公司总股份的 0%。

通过现场和网络参加本次会议的中小投资者(中小投资者是指以下股东以外的其他股东:上市公司的董事、监事、高级管理人员;单独或者合计持有上市公司 5% 以上股份的股东)共 0 人,代表股份 0 股,占上市公司总股份的 0%。

(8)公司部分董事、监事及高级管理人员出席了会议,北京市中伦律师事务所王冰律师和熊德政律师列席了本次股东大会。

二、议案审议表决情况

本次会议采用现场投票和网络投票相结合的方式,审议通过了以下议案:

(1)审议通过了《关于宁波双成实施宁波二期项目的议案》

总表决情况:同意 204,432,025 股,占出席会议所有股东所持股份的 100.0000%;反对 0 股,占出席会议所有股东所持股份的 0.0000%;弃权 0 股(其中,因未投票默认弃权 0 股),占出席会议所有股东所持股份的0.0000%。

(2)中小股东总表决情况:同意 0 股,占出席会议中小股东所持股份的 0.0000%;反对 0 股,占出席会议中小股东所持股份的 0.0000%;弃权 0 股(其中,因未投票默认弃权 0 股),占出席会议中小股东所持股份的0.0000%。

三、律师出具的法律意见

北京市中伦律师事务所王冰律师和熊德政律师列席了本次股东大会,并出具了法律意见书,认为:本次股东大会的召集人资格、召集和召开程序、出席会议的人员资格、表决程序符合法律、法规、规范性文件和《公司章程》的规定,表决结果合法有效。

四、备查文件

(1)经与会董事和记录人签字确认并加盖董事会印章的股东大会决议;

(2)北京市中伦律师事务所出具的《关于海南双成药业股份有限公司2015年第四次临时股东大会的法律意见书》。

特此公告!

海南双成药业股份有限公司董事会
2015年6月10日

附四:股东大会的法律意见书

关于海南双成药业股份有限公司 2015年第四次临时股东大会的法律意见书[1]

公告日期:2015年6月11日

致:海南双成药业股份有限公司

北京市中伦律师事务所(以下简称本所)接受海南双成药业股份有限公司(以下简称公司)的委托,根据《中华人民共和国公司法》(以下简称《公司法》)、《中华人民共和国证券法》、《上市公司股东大会规则》(以下简称《股东大会规则》)等法律、法规、规范性文件及《海南双成药业股份有限公司章程》(以下简称《公司章程》)的有关规定,就公司2015年第四次临时股东大会(以下简称本次股东大会)有关事宜出具本法律意见书。

本法律意见书仅就本次股东大会的召集人资格、召集和召开程序、出席本次股东大会人员的资格、会议表决程序是否符合法律、法规、规范性文件及《公司章程》的规定以及表决结果是否合法有效发表意见,而不对本次股东大会所审议的议案内容以及该等议案所表述的相关事实或数据的真实性、准确性或合法性发表意见。

本法律意见书仅供本次股东大会之目的而使用,未经本所书面同意,不得用作其他任何目的。

为出具本法律意见书,本所委派律师(以下简称本所律师)列席了本次股东大会,并根据有关法律、法规、规范性文件的规定和要求,按照律师行业公认的业务标准、道德规范和勤勉尽责精神,对公司提供的与本次股东大会有关的文件和事实进行了核查和验证。在本所律师对公司提供的有关文件进行核查和验证的

---

[1] 本法律意见书摘自"同花顺"。

过程中，本所假设：

(1)提供给本所的文件中的所有签署、盖章及印章都是真实的，所有作为正本提供给本所的文件都是真实、准确、完整的；

(2)提供给本所的文件中所述的全部事实都是真实、准确、完整的；

(3)提供给本所的文件的签署人均具有完全的民事行为能力，并且其签署行为已获得恰当、有效的授权；

(4)所有提供给本所的复印件与原件一致，并且这些文件的原件均是真实、完整、准确的；

(5)公司在指定信息披露媒体上公告的所有资料是完整、充分、真实的，并且不存在任何虚假、隐瞒或重大遗漏的情况。

基于上述，本所律师对本法律意见书出具之日及以前所发生的事实发表法律意见如下：

一、关于本次股东大会的召集人资格、召集和召开程序

(一)本次股东大会的召集人

本次股东大会的召集人为公司董事会。公司董事会作为本次股东大会召集人，符合《公司法》、《股东大会规则》等有关法律、法规、规范性文件及《公司章程》的有关规定。

(二)本次股东大会的通知

根据公司于2015年5月23日在《证券时报》、《中国证券报》、《上海证券报》及巨潮资讯网(http://www.cninfo.com.cn/)刊载的《海南双成药业股份有限公司第二届董事会第二十三次会议决议》和2015年5月23日在以上媒体刊载的《海南双成药业股份有限公司关于召开2015年第四次临时股东大会的通知》(以下简称《股东大会通知》)，公司董事会已就本次股东大会的召开作出决议，并以公告形式通知召开本次股东大会。

经本所律师核查，《股东大会通知》载明了本次股东大会的召集人、会议时间、会议地点、审议议案、出席会议人员资格、现场会议登记办法、网络投票程序等内容。《股东大会通知》的刊登日期距本次股东大会通知召开时间超过15日，且股权登记日与会议日期之间的间隔不多于7个工作日。

本所律师认为，本次股东大会的通知符合《公司法》、《股东大会规则》等有关法律、法规、规范性文件及《公司章程》的规定。

(三)本次股东大会的召开

本次股东大会采取现场投票与网络投票相结合的方式，现场会议于2015年6月10日在海南省海口市秀英区兴国路16号公司会议室召开，会议由公司董事长王成栋先生主持；通过深圳证券交易所交易系统进行网络投票的时间为2015年6

月10日9:30~11:30和13:00~15:00;通过深圳证券交易所互联网投票系统投票的时间为2015年6月9日15:00至2015年6月10日15:00。

本次股东大会召开的时间、地点、方式及会议内容与《股东大会通知》载明的相关内容一致,符合《公司法》、《股东大会规则》等有关法律、法规、规范性文件及《公司章程》的规定。

综上,本所律师认为,本次股东大会的召集人资格、召集和召开程序符合《公司法》、《股东大会规则》等有关法律、法规、规范性文件及《公司章程》的有关规定。

二、出席本次股东大会人员的资格

(一)出席本次股东大会的股东

经核查,出席本次股东大会的股东及股东代理人共2人,代表有表决权股份数额204,432,025股,所持有表决权股份数占公司股份总数的48.7689%,其中:

1. 出席现场会议的股东及股东代理人

根据公司提供的《股东名册》、出席现场会议的股东及股东代理人的签名和相关股东的授权委托书等文件,出席本次股东大会现场会议的股东及股东代理人共2名,代表股份204,432,025股,占公司总股份的48.7689%(按四舍五入保留四位小数方式计算,下同)。经验证,出席本次股东大会现场会议的股东及股东代理人均具备出席本次股东大会的资格。

2. 参加网络投票的股东

根据深圳证券交易所交易系统及互联网投票系统最终确认,在本次股东大会确定的网络投票时段内,通过深圳证券交易所交易系统、深圳证券交易所互联网投票系统投票的股东共0人,代表股份0股,占公司总股份的0%。参加网络投票的股东的资格已由深圳证券交易所交易系统和互联网投票系统进行认证。

3. 参加会议的中小投资者

通过现场和网络投票的股东0人,代表股份0股,占上市公司总股份的0%。

其中:通过现场投票的股东0人,代表股份0股,占上市公司总股份的0%。通过网络投票的股东0人,代表股份0股,占上市公司总股份的0%。中小投资者是指除单独或合计持有公司5%以上股份的股东以外的其他股东。

(二)出席、列席本次股东大会的其他人员

出席、列席本次股东大会的其他人员包括公司董事、监事、高级管理人员及本所律师。

综上,本所律师认为,出席本次股东大会的人员资格符合《公司法》、《股东大会规则》等有关法律、法规、规范性文件及《公司章程》的有关规定。

三、本次股东大会的表决程序和表决结果

(1)本次股东大会以现场投票与网络投票相结合的方式进行表决。本次股东大会所审议的议案与会议通知所述内容相符，本次股东大会没有对会议通知中未列明的事项进行表决，也未出现修改原议案和提出新议案的情形。现场会议履行了全部议程并以书面方式进行表决，按《公司章程》规定的程序进行计票和监票；网络投票按照《股东大会通知》确定的时段，通过网络投票系统进行。

(2)本次股东大会投票表决结束后，公司根据有关规则合并统计现场投票和网络投票的表决结果。为保护中小企业投资者利益，本次股东大会采用中小投资者单独计票。主持人在会议现场宣布了表决结果，出席现场会议的股东及股东代理人没有对表决结果提出异议。根据会议宣布的经合并统计后的表决结果，本次股东大会审议通过《关于宁波双成实施宁波二期项目的议案》议案的表决情况如下：

①总表决情况：

同意204,432,025股，占出席会议所有股东所持股份的100.0000%；反对0股，占出席会议所有股东所持股份的0.0000%；弃权0股(其中，因未投票默认弃权0股)，占出席会议所有股东所持股份的0.0000%。表决结果为通过。

②中小股东总表决情况：

同意0股，占出席会议中小股东所持股份的0.0000%；反对0股，占出席会议中小股东所持股份的0.0000%；弃权0股(其中，因未投票默认弃权0股)，占出席会议中小股东所持股份的0.0000%。

本所律师认为，本次股东大会表决程序符合《公司法》、《股东大会规则》等法律、法规、规范性文件及《公司章程》的有关规定，表决结果合法有效。

四、结论意见

综上，本所律师认为，本次股东大会的召集人资格、召集和召开程序、出席会议的人员资格、表决程序符合法律、法规、规范性文件和《公司章程》的规定，表决结果合法有效。

本所同意本法律意见书随本次股东大会其他信息披露资料一并公告。

(以下无正文)

(本页无正文，为《北京市中伦律师事务所关于海南双成药业股份有限公司2015年第四次临时股东大会的法律意见书》的签署页)

北京市中伦律师事务所

负责人：张××　承办律师：熊××　承办律师王××

2015年6月10日

第二节 董 事 会

【基础知识】

一、董事会的概念及法律地位

董事会是由股东大会选举产生的董事所组成的公司业务执行和日常经营决策的常设机关。董事会的法律地位体现在：董事会执行股东大会决议，对股东大会负责并报告工作。

首先，董事会是股东大会的执行机关，向股东大会负责。股东大会作出的决议由董事会负责执行，同时也是公司经营决策机构。其次，董事会是公司的代表机关，即董事会对外代表公司。我国《公司法》规定，公司法定代表人依照公司章程的规定，由董事长或者总经理担任，并依法登记。最后，对于股份有限公司，必须设立董事会，是公司的常设机关。

二、董事会的职权

《公司法》第46条关于有限责任公司董事会职权的规定，适用于股份有限公司董事会，请参见其他章节，在此不再赘述。

三、董事会的组成和任免

（一）董事会的组成

董事会由股东大会选举产生的董事组成，成员为5～19人。《公司法》第122条规定上市公司设立独立董事，具体办法由国务院规定。故，上市公司的董事会的董事由两种身份的董事，即内部董事和独立董事（又称外部董事，非执行董事）。

内部董事又称执行董事，除在公司担任董事外，还在公司担任其他职务，直接参与公司的日常经营管理工作。

独立董事是指独立于公司股东且不在公司中内部任职，与公司或公司经营管理者没有重要的业务联系，并对公司事务作出独立判断的董事。独立董事具有独立性、专家性和兼职性的特点，一般在公司之外都有自己的事务，他们不在公司担任除董事外的其他任何职务，只是通过参加董事会会议、审议董事会各项议案行使其权利，没有管理公司的执行职能，且不兼任公司经管职务。独立董事的主要作用是确保董事会作出的决议客观、公平、公正，维护各方当事人的权益。

（二）董事的任免

1.董事的选举

发起设立股份公司的，首届董事会成员由全体发起人选举产生。募集设立股份公司，其首届董事会成员由公司创立大会选举产生。此后的每届董事会成员由股东大会选举产生，董事会中的职工代表由公司职工通过职工代表大会、职工大会或者其他形式的民主选举产生。

《上市公司章程指引》第82条规定，董事、监事候选人名单以提案的方式提请股东大会表决。公司应当在章程中规定董事、监事提名的方式和程序，以及累积投票制的相关事宜。股东大会选举董事的方式有两种：一种是直接投票，另一种是累积投票。直接投票实行"一股一票"的表决权方式，每股对每个董事只有一个投票权。

累积投票制是指股东大会选举董事或者监事时，每一股份拥有与应选董事或者监事人数相同的表决权，股东拥有的表决权可以集中使用。累积投票制制度是为保护少数股东利益，保证少数股东能够选出自己的董事，美国首创了累积投票制制度。我国《公司法》第105条也肯定了累积投票制，但是否实行累积投票制由公司章程或者股东大会规定。

2.董事的任期

关于董事的任期，《公司法》第45条规定："董事任期由公司章程规定，但每届任期不得超过3年。董事任期届满，连选可以连任。"该条关于有限责任公司董事任期的规定，适用于股份有限公司董事。董事任期从股东大会决议通过之日起计算，至本届董事会任期届满时为止。

3.董事的解任

董事在任职期间不得被无故罢免，但当董事违反法律、公司章程，严重失职或不称职等，允许原选任机关作出决议，罢免其董事职务，如董事有《公司法》第148条、第149条等规定的情形。《公司法》第146条第2款、第3项规定，公司违反公司法关于董事、监事及高级管理人员任职资格规定，该选举、委派或者聘任无效。

（三）董事长

董事会设董事长一人，副董事长若干名。股份有限公司的董事长、副董事长由董事会以全体董事的过半数选举产生。

我国《公司法》第109条规定，董事长负责主持股东会会议、召集和主持董事会会议、检查董事会决议实施情况。副董事长协助董事长工作，董事长不能履行职务或者不履行职务的，由副董事长履行职务。此外，董事长的职权除法律明确赋予外，公司章程可以另行授予其他权利。

《公司法》对董事长的任职资格和任期应为同于一般董事，但董事长必须是自然人董事。董事长可以担任公司的法定代表人，但并不当然是公司的法定代表人。

四、董事会会议

(一)定期会议和临时会议

股份公司的董事会有定期会议和临时会议。定期会议，又称例会、常会，是公司法、公司章程规定的必须召开的会议。《公司法》第110条第1款规定，“董事会每年度至少召开2次会议”。

临时会议是不定期的，在必要时召开的会议。《公司法》第110条第2款规定，代表1/10以上表决权的股东、1/3以上董事或者监事会，可以提议召开董事会临时会议。董事长应当自接到提议后10日内，召集和主持董事会会议。

(二)董事会会议的召集和主持

我国《公司法》第109条规定，董事会会议由董事长召集和主持；董事长不能履行或者不履行职务时，由副董事长召集和主持；副董事长不能履行职务或者不履行职务的，由半数以上董事共同推举一名董事履行职务。

对于定期会议，每次会议应当于会议召开10日以前通知全体董事和监事；临时董事会会议，可以另定召集董事会的通知方式和召集时限。

出席董事会会议的董事须达到法定最低人数，董事会议方可召开，通过的董事会决议才有效。对此，《公司法》第111条规定，股份有限公司“董事会会议应由过半数的董事出席方可举行。董事会作出决议，必须经全体董事的过半数通过”。

董事会会议应由董事本人出席，董事因故不能出席，可以书面委托其他董事代为出席，委托书中应载明授权范围。

监事、经理可以列席董事会会议。监事可以对董事会决议事项提出质询或建议。

(三)董事会会议的决议

董事会会议无论在程序上和内容上必须符合法律和公司章程规定，否则，该决议无效或者被撤销。董事会决议实行一人一票，即每一名董事，包括董事长在内，对于所决议事项有一票表决权。股份有限公司董事会决议必须经全体董事的过半数通过方能作出决议。

董事会应当对会议所议事项作成会议记录，出席会议的董事应当在会议记录上签名。会议记录是作为决议获得通过的证明和实施该决议的依据，也是董事对董事会决议承担或免除责任的根据。《公司法》第112条第3款规定：“董事应当对董事会的决议承担责任。董事会的决议违反法律、行政法规或者公司章程，致使公司遭受严重损失的，参与决议的董事对公司负赔偿责任。但经证明在表决时曾表明异议并记载于会议记录的，该董事可以免除责任。”

【应用操作训练】

训练目的

通过实际操作训练，进一步理解和掌握股董事会的组成、法律地位、职权等，掌握会议召开法定程序，制作会议通知书、会议记录、决议内容等，并学以致用，理论联系实际。

【操作训练一】

训练形式：模拟召开董事会会议

训练素材

长阳机械发展股份有限公司，决定召开第四届董事会临时会议，董事会成员共9人，会议议案为：1. 关于聘任胡弘先生为公司总经理的议案；2. 关于聘任公司副总经理、财务总监、技术总监的议案；3. 公司子公司上海秦隆投资管理有限公司继续证券投资的议案。会议召开时间为2015年11月16日，召开地点为兰州市机械大厦第三会议室。

训练要求

请同学根据上述资料，模拟召开董事会会议。(1)撰写并发布董事会会议通知；(2)制作董事会会议记录；(3)撰写并发布董事会决议公告。

【操作训练二】

训练形式：法律咨询，起草诉状

训练素材

某市申华实业股份有限公司（以下简称申华公司）2014年4月28日，董事长召集董事会会议，在该董事会会议上，增选李伟荣、马俊、莫全富三人为公司董事，出席会议的董事全部投了赞成票，并作出了董事会决议。决议公告会，顾先生等许多股东表示反对，并向董事会提出异议，但董事会对此置之不理，股东又向监事会会反映，监事会对此默不作声。

顾先生等股东向律师咨询，董事会增选的董事是否合法有效，该如何处理。

训练要求

请你作为律师为其提供法律意见和建议，并代为起草一份起诉书。

附一:董事会会议通知

×××股份有限公司
关于召开第×届董事会第×次会议的通知

各位董事及相关人员:

经研究,公司决定召开董事会会议。现将会议相关事项通知如下:

一、参会人员:公司各董事。各监事、副总经理、总公司各部室负责人、各分公司经理列席会议。

二、会议时间:2015年5月23日上午9:00

三、会议地点:公司三楼会议室

四、会议内容:审议《深化内部改革实施细则》

五、注意事项:

1. 请携带《深化内部改革实施细则》(讨论稿);

2. 请各参会人员合理安排工作时间,确保准时到会,无特殊情况不得请假。

特此通知。

××××股份有限公司
董事会
二〇一五年五月十七日

附二:董事会会议记录

__________公司
董事会会议记录[1]

时间:________年____月____日____时

地点:____

会议性质:【定期】/【临时】

董事出席情况:

出席董事:________________,其中,董事____________委托________代为出席,缺席董事:__________

列席人员名单(注明在本公司职务):____________________

主持人:____

[1] http://wenku.baidu.com/linkurl 2013-08-27.

记录人:____

会议议题:

1. ____

提出人:____

2. ____

提出人:____

各发言人对每个审议事项的发言要点:

董事______________对议题_____的质询意见、建议如下:

____

____的答复、说明如下:

董事______________对议题_____的质询意见、建议如下:

____

____的答复、说明如下:

____

每一表决事项的表决结果:

(1)对于议题____,赞成的董事为__________,共____名,弃权的董事为__________,共____名,反对的董事为_____,共____名。

该议题形成决议,决议内容为:

____

____

(2)对于议题____,赞成的董事为__________,共____名,弃权的董事为__________,共____名,反对的董事为_____,共____名。该议题未形成决议。

(3)此外,在董事会会议召开过程中,_____董事提出_____议题,对于议题____,赞成的董事为__________,共____名,弃权的董事为_____,共____名,反对的董事为_____,共____名。

该议题未形成决议/该议题形成决议,决议内容为:

____

____。

其他事项:

____

出席董事/董事授权代表(签名):

列席人员(签名):

记录人签名:

年　　月　　日

附三:董事会决议公告

秦川机床工具集团股份公司
第六届董事会第二次会议决议公告[1]

证券代码:000837　　证券简称:秦川机床　　公告编号:2015－02

本公司及董事会全体成员保证信息披露的内容真实、准确、完整,没有虚假记载、误导性陈述或重大遗漏。

秦川机床工具集团股份公司第六届董事会第二会议通知于2015年1月4日以书面方式(直接或电子邮件)发出,并于2015年1月7日以通信方式召开。会议参加表决的董事9人。会议召开符合《公司法》和《公司章程》的有关规定。经与会董事以记名方式投票表决,一致通过如下决议:

(1)关于聘任公司总经理的议案

聘任胡弘先生为公司总经理。

表决结果:同意票9票,弃权0票,反对0票

(2)关于聘任公司副总经理、财务总监、技术总监的议案

聘任赵甲宝先生、田沙先生、司冠林先生、付林兴先生、杭宝军先生为公司副总经理,刘万超先生为公司财务总监,郭宝安先生为公司技术总监。

表决结果:同意票9票,弃权0票,反对0票

(3)公司子公司上海秦隆投资管理有限公司继续证券投资的议案

公司子公司上海秦隆投资管理有限公司继续证券投资,投资额度为3900万元。其中2400万元用于自主投资沪深交易所挂牌的上市公司股权及其他相关有价证券,1500万元用于购买私募基金产品。投资期限自2015年1月1日至2015年12月31日。

表决结果:同意票9票,弃权0票,反对0票

附上述公司高管人员简历

特此公告。

秦川机床工具集团股份公司

董事会

二〇一五年一月七日

---

[1] 本公告摘自"同花顺"。

附四：聘任高级管理人员的公告

北京掌趣科技股份有限公司
关于聘任高级管理人员的公告[1]

证券代码：300315　证券简称：掌趣科技　公告编号：2015－060

公司及董事会全体成员保证公告内容的真实、准确和完整，对公告的虚假记载、误导性陈述或者重大遗漏负连带责任。

根据北京掌趣科技股份有限公司（以下简称公司）总经理姚文彬先生提名，经董事会提名委员会审核通过，公司于2015年7月20日召开第二届董事会第三十五次会议，会议审议通过了《关于聘任高嵩先生担任公司副总经理的议案》，决定聘任高嵩先生担任公司副总经理，任期自董事会审议通过之日至本届董事会届满为止。高嵩先生简历详见附件。

独立董事发表的独立意见，详见中国证监会指定创业板信息披露网站上披露的相关公告。

特此公告。

北京掌趣科技股份有限公司
董事会
2015年7月20日

附件：

高嵩先生个人简历

高嵩先生，1981年出生，中国国籍，无境外居留权。高嵩先生系江南大学信息工程与网络技术专业大专学历。历任北京空中信使信息技术有限公司运营总监、北京酷玩瑞成网络技术责任有限公司总经理、北京世界星辉科技有限责任公司运营经理、北京百度网讯科技有限公司运营总监、北京畅游天下网络技术有限公司副总经理。

高嵩先生未持有本公司股票，不存在《公司章程》第126条规定不得担任高级管理人员的情形，从未受过中国证监会及其他有关部门的处罚和证券交易所惩戒，也不存在《深圳证券交易所创业板上市公司规范运作指引》第3.1.3条所

[1] 本公告摘自“同花顺”。

规定的情形；与持有公司5%以上股份的股东、实际控制人、公司其他董事、监事和高级管理人员不存在关联关系。

第三节 监 事 会

【基础知识】

一、监事会的概念及其法律地位

监事会是由股东大会和职工选举产生的全体监事组成的公司常设监督机关。我国《公司法》将监事会规定为与董事会平行的机关，监事会和董事会分别直接向股东会负责并报告工作。监事会是公司专门的监督机关，负责公司的业务监督与财务监督，不参与公司的经营管理，在正常情况下也不能对外代表公司。

二、监事会的组成

（一）监事会成员的人数及构成

监事会人数不得少于3人，无上限。监事会由股东代表和适当比例的公司职工代表组成，其中职工代表的比例不得低于1/3，具体比例由公司章程规定。监事会中的股东代表由股东大会选举产生。监事会中的职工代表由公司职工通过职工代表大会、职工大会或者其他形式民主选举产生。

在股份有限公司中，监事会设主席一人，设副主席若干。监事会主席和副主席由全体监事过半数选举产生。

（二）监事的资格、任免与任期

设立监事目的在于监督企业高层经营决策活动，需要保持绝对的公正性，所以我国《公司法》规定了董事、高级管理人员不得兼任监事。除此之外，监事的任职资格与董事的任职资格相同，即符合《公司法》第146条的规定。

根据《公司法》第52条规定，监事的任期每届为3年。监事任期届满，连选可以连任。监事任期届满未及时改选，或者监事在任期内辞职导致监事会成员低于法定人数的，在改选出的监事就任前，原监事仍应当依照法律、行政法规和公司章程的规定，履行监事职务。

三、监事会的职权

根据《公司法》第53条、第54条规定，监事会的职权包括：

（一）检查公司财务

监事会有权检查公司财务。《公司法》第54条第2款规定，监事会、不设监事会的公司的监事发现公司经营情况异常，可以进行调查；必要时，可以聘请会计师事务所等协助其工作，费用由公司承担。

（二）对董事、高级管理人员执行公司职务的行为进行监督

监事会对董事、高级管理人员执行公司职务的行为进行监督，对违反法律、行政法规、公司章程或者股东会决议的董事、高级管理人员提出罢免的建议。监事会的监督对象不仅包括董事，还包括经理、副经理、财务负责人等高级管理人员。监督的内容包括董事、高级管理人员的违法、违反章程和股东会决议的行为。

（三）要求董事和经理纠正损害公司利益的行为

当董事和高级管理人员的行为损害公司利益时，有权要求董事和经理予以纠正。如果董事、高级管理人员不予纠正，监事会可以行使诉权。

（四）提议召开临时股东大会会议、召集和主持股东大会会议

监事会有权提议召开临时股东大会会议。另外，无论是定期会议还是临时会议，如果董事会不履行公司法规定的召集和主持股东大会会议职责时，监事会有权自行召集和主持股东大会会议。

（五）股东大会会议提案权

提案权是指监事会或者监事向股东大会会议提出议案，建议将其提出的某一事项列入股东会会议议程、进行审议并作出决议的权利。赋予监事会或者监事的提案权，有利于保证监事会或者监事监督工作的实效性，提高监督效率。提案权的内容原则上应限于监事会或者监事职权范围内的事项。

（六）起诉权

起诉权是指董事、高级管理人员在出现法律规定的违法违规情形时，监事会或者监事依法有权对公司董事、高级管理人员提起民事诉讼。《公司法》第151条规定，董事、高级管理人员执行公司职务时违反法律、行政法规或者公司章程的规定，给公司造成损害应当赔偿时，公司股东可以书面请求监事会或者不设监事会的有限责任公司的监事向人民法院提起诉讼，要求承担赔偿责任。

（七）监事列席董事会会议及质询建议权

《公司法》第110条明确规定，董事会定期会议，每次会议应当于会议召开10日前通知全体董事和监事。监事列席董事会会议有重要意义：首先，对董事会召开会议的程序、议决内容等是否符合法律、符合公司章程、是否有损于公司利益和股东的利益等进行监督，便于发现问题并及早制止和纠正；其次，就决议事项可以向董事会提出意见和建议；最后，及时了解和掌握公司的各项信息，便于有的放矢，进行有效监督。

（八）公司章程规定的其他权力

根据公司自治原则，在不违反法律、法规强制性规定的情况下，公司股东大会

可以通过公司章程,根据本公司的具体情况,赋予监事会或者监事更多的职权。

四、监事会会议与决议

监事会会议同样分为定期会议和临时会议。股份有限公司的监事会每6个月至少召开一次会议。监事可以提议召开临时监事会会议。

监事会的议事方式和表决程序,除公司法有规定的外,由公司章程规定。监事会决议应当经半数以上监事通过。监事会应当对所议事项的决定作成会议记录,出席会议的监事应当在会议记录上签名。

监事会主席召集和主持监事会会议。股份公司由监事会副主席召集和主持监事会会议;监事会副主席不能履行职务或者不履行职务的,由半数以上监事共同推举一名监事召集和主持监事会会议。

【应用操作训练】

训练目的

通过实际操作训练,进一步巩固关于监事会的组成、职权等相关法律知识,便于实践中的应用。

【操作训练一】

训练形式:模拟召开监事会临时会议

训练素材

甲股份有限公司(以下简称甲公司)在成立后不久,董事长高明多次袒护家人,从甲公司搬走多件办公桌椅供私人使用,且经劝说仍不予退还。还有董事会成员肖磊,暗中向甲公司的竞争对手乙公司透露商业机密,致使甲公司丢失多张订单。监事会预备处理上述事项,决定召开临时监事会会议。

训练要求

模拟召开监事会临时会议,商议如何应对上述问题,完成监事会会议记录及监事会决议。

【操作训练二】

训练形式:草拟起诉状和答辩状

训练素材[1]

2004年7月28日,北京艺进娱辉科技投资股份有限公司(原北京瑞星科技股份有限公司,2008年6月17日变更为现名称,以下简称艺进娱辉公司)股东会作出关于监事会换届选举的决议,选举赵家、陆勤和邹志文为公司股东代表担

---

〔1〕 本训练素材改编自《北京艺进娱辉科技投资股份有限公司监事会与王莘、汪超涌、林文获、北京瑞星信息技术有限公司损害公司权益纠纷案》,载 http://www.110.com/panli/panli_258367.html。

任的监事,韩筱卿、张水江为职工代表担任的监事,组成公司新一届监事会,任期3年。

2008年6月18日,艺进娱辉公司股东刘旭给艺进娱辉公司监事会发出《关于要求监事会履行职责提起诉讼维护公司合法权益的请求》(以下简称《起诉请求》),称其发现公司董事王莘、汪超涌、林文获违反《公司法》及公司章程的规定,共同出资设立北京瑞星信息技术有限公司(以下简称瑞星信息公司)并经营管理该公司,从事与本公司相同的反计算机病毒产品开发、销售业务,不但违反同业竞争原则获取非法利益,而且利用瑞星信息公司通过关联交易侵吞本公司资产。同时,刘旭称王莘、汪超涌、林文获利用实际控制艺进娱辉公司公章的便利条件,擅自许可瑞星信息公司使用"瑞星"字号,并将"瑞星"商标、域名擅自转让,严重损害了公司利益,监事会必须立即行使职责,对上述人员及关联公司提起诉讼,并向有关部门举报追究其犯罪行为。

《起诉请求》发出之次月18日,艺进娱辉公司召开2008年第一次监事会,应到监事5名,实际参加的监事或其授权代表4名,全体到会监事一致同意通过以下决议:由艺进娱辉公司监事会向王莘、汪超涌、林文获、瑞星信息公司提起诉讼。监事会一致推举韩筱卿为代表,全权负责具体处理诉讼相关的全部事宜。

训练要求

请同学们举办模拟法庭,并分别作为原告的代理律师,撰写起诉状;作为被告的代理律师,撰写答辩状;一组同学作为审判员,撰写判决书。

附:监事会决议公告

东方电气股份有限公司八届一次监事会决议公告[1]

证券代码:600875　股票简称:东方电气　编号:2015-028

本公司监事会及全体监事保证本公告内容不存在任何虚假记载、误导性陈述或者重大遗漏,并对其内容的真实性、准确性和完整性承担个别及连带责任。

东方电气股份有限公司(以下简称公司)第八届监事会第一次会议于2015年6月30日在成都召开,应到监事3人,实到监事2人,监事文利民先生因公未能出席监事会会议,委托监事王再秋先生代为表决。本次监事会会议由监事王再秋先生主持。会议的召开符合《中华人民共和国公司法》和《东方电气股份有限公司章程》及《监事会议事规则》的有关规定。

经公司2014年股东周年大会、公司职工代表大会选举,第八届监事会监事

[1] 本公告摘自"同花顺"。

由文利民、王再秋、王从远先生组成，其中王从远先生为职工代表监事。

经与会监事表决，会议通过了关于选举第八届监事会主席的议案，文利民先生当选为第八届监事会主席。

特此公告。

东方电气股份有限公司
监事会
2015年6月30日

第八章　公司资本增减与公司债知识与应用

第一节　公司资本概述

【基础知识】

一、公司资本的概念和意义

公司资本，也称公司股本，我国实践中也叫注册资本，是指由公司章程确定的、在登记机关登记的股东认缴的出资总额。公司资本全部来源于股东出资，属于公司股东的永久性投资。公司资本一经登记注册后相对固定不变，非经法定程序，不随公司的经营及实际资产的变动而变动。公司资本对于公司本身、公司股东以及与公司有经济交往的交易相对人均有着重要的意义，主要体现在以下三个方面。

（一）公司资本是公司本身的必然要求

从法律层面，公司是独立于股东的法人，依法须拥有其资本。从生产经营的角度，公司不论从事什么种类的经营活动，也不论经营规模大小，只有拥有适当的物质基础，才能开展经营活动，才有生存和发展的可能。总之，公司资本既是法律对作为独立法人的要求，也是公司从事经营活动最基本的客观需要。

（二）公司资本是公司承担责任的基础

公司拥有独立的法人资格，依法独立行使民事权利，同时独立承担民事责任。法律规定公司以其全部财产对公司债务承担责任，而公司资本是公司财产的重要构成部分，因此公司资本是公司对外承担责任的财产基础。

值得注意的是，公司资本并不完全表明公司的实有资产和实际偿债能力。公司是以其全部财产而非资本清偿债务的。当公司财产因经营不善等原因发生重大亏损时，会出现资不抵债的情况，公司债权人的利益就难以得到保障，甚至严重受损。但这并不否定公司资本是公司承担责任的基础，也是对公司债权人利益的重要保障。

（三）公司资本是股东承担责任的界限

在有限责任制度下，公司以其全部财产对公司债务承担责任，而股东则以其认缴的出资额、认购的股份为限对公司承担责任。股东依法律和公司章程规定全面履行了出资义务之后，就不再对公司承担经济义务，不再对公司债务承担责任。股东认缴的出资额、认购的股份构成了公司的资本。同时，公司资本即是股东承担责任的界限，公司资本总额是全体股东承担债务责任的最高限额。

二、公司资本制度的类型

世界各国和地区因其立法理念、国情有所不同，其立法对公司资本也采取了不同的规定，学术界根据各国或地区的立法规定进行总结，归纳出法定资本制、授权资本制和折中资本制三种公司资本制度，这三种资本制都在不同程度体现了资本确定原则的要求。[1]

（一）法定资本制

法定资本制，是指在公司设立之初在章程中对公司的资本总额做出明确的规定，并由股东全部认足或缴足来成立公司的资本制度。法定资本制多为大陆法系国家所采用，如丹麦、比利时等国家。[2]

法定资本制要求公司在成立时，公司章程必须载明公司资本总额，公司章程记载的公司资本总额必须全部发行并认足，否则公司不能成立。关于股款的缴纳有两种方式：一种是股东在公司成立前全部缴纳其认缴的股款，不允许分期缴纳；另一种是分期缴纳，即各股东可以分期缴纳股款，但法律对股东首次和每次缴纳的股款时间和比例上有一定的限制。而公司成立后要增加资本时，必须经股东大会作出决议，变更公司章程中的资本数额，并依法办理相应的变更登记手续。

法定资本制的优点是，公司章程所载明的公司资本在公司成立之初就已由发起人或股东全部认足，为公司开展经营活动提供了良好的物质基础。同时，能够保证公司资本的真实与可靠，避免公司设立欺诈，尽可能地保障交易安全，保护债权人的利益。

但法定资本制也有其自身缺陷。在公司设立之初缴足出资的要求，增加了公司募集资本的难度，也增加了股东股款缴纳负担，不利于公司的及时设立。公司成立时如不需要大额的资金，这也容易造成公司资本的闲置。而公司在经营过程中，增加注册资本时需要履行股东会决议、变更章程、变更登记等繁琐程序，不利于经营管理人员根据公司经营需要作出灵活的筹集资本决定。

---

〔1〕 赵旭东主编：《公司法学》，高等教育出版社2006年版，第255页。

〔2〕 冯果：《现代公司资本制度比较研究》，武汉大学出版社2000年版，第8页。

（二）授权资本制

授权资本制，是指在公司设立之初将公司资本总额记载于章程，但并不要求全部发行和足额缴纳，只要求发行和认缴资本总额中的一部分公司即可成立，未认缴的部分授权董事会根据需要随时一次或分次发行或募集的资本制度。授权资本制是英、美公司法所创设。由于其更能满足市场的需要，近年来也有不少大陆法系国家修改适用授权资本制。

授权资本制要求公司在成立时，公司章程载明公司资本总额，但不必全部发行并足额缴纳，只须发行公司资本总额的一部分公司就可以成立。未认购的部分在公司成立后，由董事会根据情况决定随时募集，无须变更公司章程，也不必履行增资程序。

授权资本制的优点在于，其并不要求发起人全部发行和认足公司注册资本，只须认购注册资本总额的一部分就可以成立公司，降低了公司的设立难度，有利于方便快捷地成立公司。对于未发行的资本部分，董事会可以就公司的经营情况灵活地做出发行募集的决定，无须股东会决议，也不必变更章程、履行变更登记程序。这一特点充分适应市场经济条件下决策迅速、高效的要求，同时还可以避免大量的资金在公司闲置所带来的损失。

但授权资本制的缺陷是，由于注册资本的相当部分并未被股东认缴，公司的实收资本很有可能只是很少的一部分，容易误导公司的债权人，对公司债权人的权益保护有所不利。不过，这一缺陷很大程度上可以通过“公司法人人格否定”等制度给了弥补和消除。

（三）折中资本制

综合法定资本制和授权资本制的利弊，一些国家的公司立法在其基础上创新了公司资本制度，即折中资本制。折中资本制具体又细分为多种，大体有认可资本制和折中授权资本制两种立法例。

认可资本制，是指在公司设立之初将公司资本总额记载于章程，并由股东全部认足公司才可以成立，但同时授权董事会于公司成立后一定年限内按照一定比例发行新股，增加资本，而无须经股东会特别决议批准的资本制度。如德国《股份公司法》第202条、第203条即规定，公司章程可以授权董事会于公司成立后5年内，在授权时公司资本额之半数范围内，只须经监事会同意，即可发行新股，增加资本。另外，也可以通过股东会决议修改章程，授予董事会在修改章程后最长5年的期限内，于授权时公司资本额之半数范围内，只须经监事会同意，即可发行新股，增加资本。认可资本制向董事会授权、放宽增加资本限制，简化了公司增资程序。

折中授权资本制，是指在公司设立之初将公司资本总额载明于章程，只需要发行并认足部分资本或股份,公司就可以成立,但第一次发行的资本不得低于公司资本总额的一定比例,并授权董事会根据需要随时发行和募集未发行部分的资本制度。与认可资本制不同,折中授权资本制授权董事会在公司成立后根据需要发行和募集资本的范围是公司资本中未被认缴的部分。如日本《商法》166条规定,公司设立之际发行的股份总数不得低于公司股份总数的1/4。

三、我国公司资本制度

1993年我国制定的第一部《公司法》规定了严格的法定资本制度。它不仅规定公司资本最低限额,还规定公司成立时必须全部缴足公司章程载明的公司资本,不允许分期缴纳,否则公司不能成立。严格的设立要求导致部分资金短缺的创业者无法设立公司,实务中出现许多虚假注册资本问题。正因为如此,2005年《公司法》修改的时候,全国人大常委会对我国最严格的法定资本制作出了修改,规定出资人可以分期缴纳出资,最低注册资本的数额也大幅度下降。但即便如此,注册资本最低数额要求仍然将许多创业者挡在市场大门之外。

2013年,国务院常务会议提出了推进公司注册资本登记制度改革,并列出了五项具体内容,其中包括关于公司资本制度的重要两条,分别是放宽了注册资本登记条件、将注册资本由实缴登记制改为认缴登记制。在新规定下,我国公司资本制度仍表现为法定资本制的特点:公司章程必须载明公司资本总额,公司资本必须全部认足,否则公司不能成立。但股东认缴的出资额不需要在公司成立时实际缴纳,而由公司章程规定实际缴纳出资额、出资期限等。这可以很好地起到鼓励投资、激活市场的作用。

【应用操作训练】

训练目的

通过实地调研让同学们切实了解公司资本制度在实际应用中的情况,并通过辩论深入理解各种资本制度中的优势和缺陷,进而深化对公司资本制度知识的掌握。

训练形式:实地调研

训练要求

(1)请同学们分组,分别到公司、银行等地进行实地调研,小组协作完成调查工作。

(2)拟订调查内容计划和提纲,包括:①调查目标公司的法律性质;②调查目标公司的资本构成;③调查目标公司的股东结构、出资形式、缴纳情况,我国公司资本制度的优点和不足,实务部门对我国公司资本制度的意见和建议;④公司资本的意义。

(3)撰写报告。小组讨论进行总结,完成一份1000字的调研报告。

第二节　公司资本的增加与减少

【基础知识】

一、公司资本的增加

(一)公司资本增加概述

增加注册资本,也称增资,是指公司成立后,按照法定的程序增加公司注册资本总额的行为。增加公司资本可以是出于扩大公司的经营规模、提高其资信能力的目的,也可以是为了其他特殊目的。公司资本的增加一般不会影响债权人的利益,因此立法时一般不做过多的限制。

增加公司资本,一种情形是公司现有股东认缴或认购新增资本,不增加新股东,另一种情形是现有股东之外的其他人认缴出资或认购股份,公司增加资本的同时增加了新的股东。根据我国《公司法》的规定,有限责任公司增加资本,除全体股东另有约定外,原公司股东有按照出资比例的优先认缴权;股份有限公司的股东是否享有优先认股权,由公司章程予以规定。

上市公司经常采用配股或送股增资的方式增加公司资本。配股增资是指公司向现有股东按照持股比例配售新股,在配股的情况下,其配售对象仅限于现有股东,且按持股比例配售,不产生新股东。送股是上市公司向公司现有股东按照一定比例无偿分配股份,更多地体现为公司向股东分派利润的一种方式,其结果是使公司资本得到增加。另外,上市公司发行的可转换公司债可依法转换为公司股票,使公司资本得到增加。配股、送股和可转换公司债依法转换为股票不是公司资本增加的一般方式,属于上市公司增加公司资本的特殊情形,按照相关的法律、法规规定实施。

(二)公司资本增加的程序

首先,董事会制定公司增资方案。

其次,有限责任公司需经代表2/3以上表决权的股东通过,股份有限公司需经出席股东大会会议的股东所持表决权2/3以上通过作出增资的决议,国有独资公司增加公司资本由国有资产监督管理机构决定。因此增加公司资本要么现有股东增加出资额,要么增加新的股东,并可能导致股权比例发生变化,关系到股东的利益。另外,有限责任公司增加公司资本,除全体股东另有约定,原公司股东按照出资比例享有优先认缴权。股份有限公司增加公司资本必须符合《公司法》以及《证券法》等法律、法规关于新股发行的条件和程序。

最后，公司在制定出增资方案并经股东(大)会通过后，需要依法修改公司章程中的相应记载，还要依法向公司登记机关办理变更登记。

二、公司资本的减少

(一)减少公司资本的概念

减少注册资本，也称减资，是指公司成立后，按照法定的程序减少公司的注册资本总额的行为。公司注册资本的减少关系到公司的资信和偿债能力，将会导致公司实有资产的减少，影响着公司债权人的利益。为了维护交易安全，保护债权人的权益，公司法对公司减少公司资本规定了更为严格的程序。

(二)减少公司资本的程序

根据《公司法》第177条及其他相关规定，有限责任公司和股份有限公司减少注册资本须遵守以下法律程序：

首先，董事会制订公司减资方案。

其次，有限责任公司需经代表2/3以上表决权的股东通过减资的决议；股份有限公司需经出席股东大会会议的股东所持表决权2/3以上通过减资的决议。国有独资公司减少公司资本由国有资产监督管理机构决定。

再次，公司应当编制资产负债表和财产清单，在作出减少注册资本决议之日起10日内通知债权人，并于30日内在报纸上作出公告。债权人自接到通知书之日起30日内，或未接到通知书的自第一次公告之日起45日内，有权要求公司清偿债务或者提供相应的担保。

最后，公司还需要根据减资情况修改公司章程，并且依法向公司登记机关办理变更登记。

(三)减少公司资本的方式

1.同比减资与不同比减资

同比减资，是指各股东按照原来的出资比例或持股比例减少出资数额，减资后各股东股权比例不发生变化。不同比减资，是指不按各股东的出资或持股比例进行减少资本，而是就某个或某些股东的出资或持股进行部分或全部的减除，会使原股权比例发生变化。

2.回购股份的减资、免除出资义务的减资

公司通过回购全部或者部分已经向公司缴纳的出资的股权或者发行在外股票的方式而达到减少注册资本。如果某位股东的股权被全部回购，那么该股东退出公司。免除出资义务的减资是指对尚未按其认缴的出资额缴足出资的股东进行的全部或部分缴纳义务的免除。

【应用操作训练】

训练目的

通过拟定股东会合并决议的操作训练,让学生了解公司资本增加或者减少时所需要的程序、步骤和法律要求,进而掌握公司在运营过程中遇到资金巨大变动等问题时的处理。

训练形式:模拟公司增加注册资本

训练素材

天罡公司是由三个股东即A公司、自然人甲和自然人乙于2008年4月8日成立的有限责任公司,成立时的注册资本为100万元,其中A公司出资80万元、甲出资10万元、乙出资10万元。公司主要从事玻璃杯的研发和生产。公司成立后稳步发展,但随着公司业务量的不断增加,因此,原有的生产设备、科研设备已经不能适应公司发展需要,因此,公司想筹集更多的资金,吸纳新的投资人,于是欲增加公司注册资本,由现有的100万元增加到500万元。

训练要求

(1)通过网上收集一套某公司增加或者减少注册资本的完整材料,包括董事会增资(减资)的方案、股东会决议、增资(减资)的方式、公司登记机关登记申请书以及其他相关法律程序,分析公司增资(减资)的目的等。(2)根据公司法等要求和上述素材,请同学们分组,模拟该公司增加注册资本,并制作一整套公司增加注册资本的文件材料,如董事会拟定的增加资本的方案、股东会决议等。

附:关于增加注册资本暨修改《公司章程》的公告

证券代码:600565　证券简称:迪马股份　公告编号:2014－068

重庆市迪马实业股份有限公司
第五届董事会第二十二次会议决议公告[1]

本公司及董事会全体成员保证公告内容不存在虚假记载、误导性陈述或者重大遗漏,并对其内容的真实、准确和完整承担个别及连带责任。

董事会于2014年9月5日以电话和传真方式发出关于召开公司第五届董事会第二十二次会议的通知,并以现场加通讯表决方式于2014年9月10日在重庆市南岸区南城大道199号正联大厦公司会议室召开,会议应出席董事7人,

〔1〕 本公告摘自“同花顺”。

实际出席董事7人,会议由董事长向志鹏先生主持,符合《公司法》和《公司章程》的规定。经各位董事审议并形成如下决议:

审议并通过了《关于增加公司注册资本并修改公司章程的议案》

公司向特定对象发行股份购买资产并募集配套资金已于2014年3月26日获得中国证监会上市公司并购重组审核委员会审核通过,中国证监会于2014年4月18日出具《关于核准重庆市迪马实业股份有限公司向重庆东银控股集团有限公司等发行股份购买资产并募集配套资金的批复》(证监许可〔2014〕420号),其中核准公司非公开发行不超过439,422,158股新股,募集本次发行股份购买资产的配套资金。现公司已成功向重庆骏旺投资咨询有限公司、汇添富基金管理股份有限公司、财通基金管理有限公司、建信基金管理有限责任公司、华夏人寿保险股份有限公司、江海证券有限公司6家机构非公开发行股份共计439,422,158股,发行价格3.15元,募集资金总额1,384,179,797.70元。立信会计师事务所(特殊普通合伙)对公司该次非公开发行股份股票的募集资金到位情况进行了审验,于2014年9月2日出具了《重庆市迪马实业股份有限公司非公开发行股票募集配套资金验资报告》(信会师报字〔2014〕第310515号)。

本次发行新增股份已于2014年9月9日在中国证券登记结算有限责任公司上海分公司办理完毕登记股份等相关手续,经公司第五届董事会第二十二次会议审议通过《关于增加公司注册资本并修改公司章程的议案》,现拟将公司注册资本由1,906,439,826元增加至2,345,861,984元。同时,根据中国证监会《上市公司章程指引(2014年修订)》和《上市公司股东大会规则(2014年修订)》的相关规定,拟对《公司章程》作出如下修改:

原章程第六条　公司注册资本为人民币1,906,439,826元。

公司因增加或者减少注册资本而导致注册资本总额变更的,在股东大会通过同意增加或减少注册资本决议后,应就修改本章程的事项通过决议,并授权董事会具体办理注册资本的变更登记手续。

修改为:第六条　公司注册资本为人民币2,345,861,984元。

公司因增加或者减少注册资本而导致注册资本总额变更的,在股东大会通过同意增加或减少注册资本决议后,应就修改本章程的事项通过决议,并授权董事会具体办理注册资本的变更登记手续。

原章程第二十条　公司的股份总数为1,906,439,826股,全部为人民币普通股。每股面值人民币1元。

修改为:第二十条　公司的股份总数为2,345,861,984股,全部为人民币普通股。每股面值人民币1元。

上述增加注册资本暨修改《公司章程》的事项将提交公司股东大会审议通

过后方可生效。

本议案7票同意,0票反对,0票弃权。

特此公告。

重庆市迪马实业股份有限公司
董事会
二〇一四年九月十日

附件:

独立董事意见

根据中国证监会《关于上市公司建立独立董事制度指导意见》、《上市规则》等相关规定,在仔细审阅公司董事会提交的有关资料,听取公司董事会情况介绍的基础上,基于我们个人的客观、独立判断,就公司第五届董事会第二十二次会议审议的议案,发表独立意见如下:

公司本次发行新增股份募集配套资金工作基本完成,鉴于公司股份登记相关手续的结束,公司增加注册资本并修改《章程》程序合法合规,符合《公司法》、《公司章程》及相关法律法规的有关规定,修改的内容符合中国证监会2014年6月发布的《上市公司章程指引》(2014年修订)等现行法律、法规、规范性文件的规定,符合公司实际情况,不存在损害公司利益或中小股东利益的行为。同意《关于增加公司注册资本并修改公司章程的议案》并提交股东大会审议。

独立董事:潘建华、但小龙、汤超义

二〇一四年九月十日

第三节　公　司　债

【基础知识】

一、公司债与公司债券概述

公司债是公司依照法定条件和程序,通过发行有价证券的形式,向社会公众募集资金所产生的债务。公司债券是公司依照法定程序发行的、约定在一定期限还本付息的有价证券。

公司债是公司法上的一个特定概念，区别于公司的一般借贷之债，尤其是“公司债务”。公司债与一般债务相比，具有以有价证券的形式而成立的债务、债权人具有公众性、不特定性、债权人权利义务的平等性等法律特征。因此，公司债不同于一般的公司债务。

公司债与股票都是有价证券，具有流通性，均是公司向社会公众筹集资金的手段。但公司债券与股票有着本质：第一，权利性质和权利内容不同。公司债券的持有人是公司的债权人，与公司形成债权债务关系。而认购或持有公司股票的人是公司的股东，与公司形成股权关系，股东依其所持股份享有股东权。第二，发行主体不同。股票的发行人只能是股份有限公司。而公司债券的发行人不限于股份有限公司，有限责任公司依法也可以发行公司债券。第三，风险不同。公司债的利率一般是固定的，不论公司盈亏，公司都应按约定的利率向公司债的债权人还本付息。而股份的红利一般是不固定的，有无或多少完全取决于公司的经营业绩。

公司债有多种分类，主要是记名公司债与无记名公司债、担保公司债与无担保公司债、可转换公司债与非转换公司债等。根据《公司法》第 161 条规定，我国发行可转换公司债的公司仅限于上市公司，其他公司不能发行可转换公司债。

二、公司债的发行

（一）公司债的发行条件

1. 公司债的发行主体

根据《证券法》第 16 条规定，股份有限公司和有限责任公司均可以依法发行公司债券。

2. 发行债券的条件

我国《证券法》第 16 条规定：“公开发行公司债券，应当符合下列条件：(1)股份有限公司的净资产不得低于人民币 3000 万元，有限责任公司的净资产额不得低于人民币 6000 万元；(2)公司累计债券余额不得超过公司净资产的 40%；(3)最近三年平均可分配利润应足以支付公司债券一年的利息；(4)筹集的资金投向符合国家产业政策；(5)债券的利率不超过国务院限定的利率水平；(6)国务院规定的的其他条件。公开发行公司债券筹集的资金，必须用于批准的用途，不得用于弥补亏损和非生产性支出。上市公司发行可转为股票的公司债券，除应当符合第一款规定的条件，还应当符合本法关于公开发行股票的条件，并报国务院证券监督管理机构核准。”

（二）公司债的发行程序

公司公开发行公司债券，既关系公司、公司股东的利益，也关系公司债券持有人的利益。因此,公司公开发行公司债券必须履行严格的法律程序。根据《证券法》、《公司法》的规定,公司公开发行公司债时,应当履行下列程序:(1)董事会制订发行公司债券的方案(《公司法》第46条、第108条);(2)股东(大)会作出决议(《公司法》第37条、第99条);(3)报请国务院证券监督管理机构核准;(4)经国务院证券监督管理机构核准,准许公司发行公司债券的,公司应依法公告公司债券募集办法(《公司法》第154条);(5)认购并缴纳公司债债款。发行人向不特定对象公开发行的证券,法律、行政法规规定应当由证券公司承销的,发行人应当同证券公司签订承销协议,由证券公司以代销或者包销方式向社会公开发行。公司发行公司债券应当置备公司债券存根簿。

三、公司债券的转让、还本付息与转换

(一)公司债券的转让

公司债券为有价证券,可以依法进行转让。公司债券持有人一旦转让了债券,受让人成为公司的债权人。根据《公司法》第159条规定,公司债券协议转让的,转让价格由转让人与受让人约定,公司债券在证券交易所上市交易的,按照证券交易所的交易规则转让。

(二)公司债券的还本付息

公司债券的偿还,就是指发行公司按照事先约定的时间和利率等条件,将公司债券的本息交付给公司债券持有人的行为。《公司法》对公司债券的还本付息未作详细规定,仅规定公司债券募集办法中应载明债券的利率、还本付息的期限和方式等事项。因此,债券的还本付息,应依公司债募集办法中的有关规定,债券和债券存根簿上记载的事项以及有关法律、法规的规定办理,否则,公司应向债券持有人承担违约责任。

(三)公司债券的转换

上市公司经股东大会决议可以发行可转换为股票的公司债券,并在公司债券募集办法中规定具体的转换办法。上市公司发行可转换为股票的公司债券,应当报国务院证券监督管理机构核准。公司发行可转换为股票的公司债券的,应当按照其转换办法向债券持有人换发股票,但债券持有人对转换股票或者不转换股票有选择权(《公司法》第162条)。若发行公司拒绝可转换公司债券持有人的转换请求,即构成违约,债权人可以根据民法中有关债务不履行的规定要求发行公司承担法律责任。可转换公司债券转换为公司股票后,公司债券的发行公司与持有人之间的债权债务关系消灭,债权人转换为发行公司的股东。

【应用操作训练】

训练目的

通过模拟发行公司债，巩固所学知识，学用结合，培养学生实际动手能力和独立解决问题的能力，达到培养目标。

【操作训练一】

训练形式：模拟公司发行公司债、撰写法律文书。

训练素材

请同学们根据法律规定的发行公司债的条件、程序等，自拟公司的基本情况，并申请发行公司债。

训练要求

(1)请归纳总结我国对公司发行公司债的条件、程序等，并以图表或者其他形式详细列出。

(2)模拟公司发行公司债。请同学们按照法律规定的条件和程序，并撰写发行公司债所需的法律文书和申请材料。

【操作训练二】

训练形式：课堂辩论、法律意见书

训练素材

1996年9月，海南赛格公司为了清偿证券回购债务，向中国人民银行申请发行特种金融债券。中国人民银行11月批准赛格公司发行特种金融债券2.7亿元，期限为3年，年利率为12%。这批债券于当年12月底在人民银行海南省分行指定的海南金融印刷厂印制，并开始发行。由于赛格公司所欠的债务较多，许多公司逼赛格公司还债，为了维持公司的运转，1997年年初，公司原总经理李健民召集原负责人万善颐、阮庆生商议，决定印制超发的特种金融特种债券2.7亿元，由江西南昌证券印刷厂印制。1997年3月，赛格公司让南昌证券印刷厂再次印制特种金融债券2.7亿元。这两批债券由资金调度中心、信托部、各证券营业部等下属部门向外发行。

从1997年9月至1998年5月，先后有西宁财政证券交易所等20家单位将其所持有的14190.6万元赛格公司特种金融债券送交赛格公司办理托管。但赛格公司没有按照规定将全部托管债券送交中央国债登记结算有限公司，而是将上述托管债券中的9319.7万元，由资金调度中心办理出库手续，再次用于发行。[1]

---

〔1〕 本案例节选自：《海南赛格国际信托投资公司擅自发行债券案》，载 www.chinacourt.org，最后访问日期：2002年7月10日。

训练要求

请结合《公司法》、《证券法》等法律规定，分析海南赛格公司发行公司债券的违法之处，以及对其违法之处依法应当进行的处罚，并提交法律意见书。

附：发行公司债券的公告

美好集团：关于发行公司债券的公告[1]

股票简称：美好集团　股票代码：000667　公告编号：2015－36

美好置业集团股份有限公司
关于发行公司债券的公告

本公司及董事会全体成员保证公告内容的真实、准确和完整，没有虚假记载、误导性陈述或者重大遗漏。

美好置业集团股份有限公司（以下简称公司）根据《公司法》、《证券法》等有关法律、法规、规范性文件中关于发行公司债券的相关规定，拟非公开发行不超过30亿元公司债券：

一、具体方案

1. 发行规模

本次发行的公司债券票面总额不超过人民币30亿元（含30亿元），可一期或分期发行。具体发行规模提请股东大会授权董事会在上述范围内确定。

2. 票面金额和发行价格

本次公司债券面值100元，按面值平价发行。

3. 发行对象

本次公司债券拟向具备相应风险识别和承担能力且符合《公司债券发行与交易管理办法》的不超过200名合格投资者非公开发行，合格投资者以现金认购。

4. 债券期限及品种

本次发行的公司债券期限不超过3年（含3年）。债券品种可以为单一期限品种，多种期限的混合品种，有担保债券、无担保债券或有担保债券、无担保债券混合品种，具体品种提请股东大会授权董事会根据相关规定及市场情况确定。

5. 债券利率

本次非公开发行的公司债券票面利率及利息的支付方式由发行人和主承销商根据市场情况确定。本期债券采用单利按年计息，不计复利。

---

〔1〕 本公告摘自“同花顺”。

6. 担保方式

本次公司债券是否全部或部分采用担保及具体的担保方式提请股东大会授权董事会根据相关规定及市场情况确定。

7. 发行方式

本次发行采取向合格投资者非公开发行公司债券的方式，选择适当时机一次或分期向合格投资者发行公司债券，具体发行方式提请股东大会授权董事会根据市场情况和公司资金需求情况确定。

8. 募集资金用途

本次发行公司债券预计募集资金总额不超过人民币30亿元（含30亿元），本期债券募集资金扣除发行费用后，拟用于偿还公司借款、补充公司流动资金。

9. 募集资金专项账户

在募集资金到位后，发行人将严格按照《公司债券发行与交易管理办法》、《深圳证券交易所主板上市公司规范运作指引》（2015年修订）等规定，将募集资金存入专项账户，规范募集资金存储和使用。

10. 偿债保障措施

（1）公司为本期债券设立偿债保障金专户，用于兑息、兑付资金的归集和管理。在本期债券付息日10个工作日前，公司将应付利息全额存入偿债保障金专户；在本金到期日30日前累计提取的偿债保障金不低于本期债券余额的20%，在本金到期日的5个工作日前累计提取的偿债保障金余额不低于本期债券余额的100%。偿债保证金自存入偿债保障金专户之日起，仅能用于兑付本期债券本金及利息，不得挪作他用。

（2）本次公司债券发行后，在出现预计不能按期偿付债券本息或者到期未能按期偿付债券本息的情况时，提请股东大会授权公司董事会作出决议并采取相应措施，至少采取如下措施：

①不向股东分配利润；

②暂缓重大对外投资、收购兼并等资本性支出项目的实施；

③调减或停发董事和高级管理人员的工资和奖金；

④主要责任人不得调离。

（3）若在规定期限内未能足额归集偿债保障金，不以现金方式进行利润分配。

11. 发行债券的交易流通

在满足交易流通条件的前提下，提请股东大会授权公司董事会根据中国证监会和深圳证券交易所的相关规定办理本次公司债券交易流通事宜。

12. 决议有效期

本决议自股东大会审议通过之日起12个月内有效。

二、本次公司债券发行授权事项

为保证本次发行公司债券工作能够有序、高效地进行，董事会拟提请公司股东大会授权董事会在有关法律法规规定范围内全权办理本次公司债券发行相关事宜，包括但不限于下列各项：

(1)依据国家法律、法规及证券监管部门的有关规定和公司股东大会决议，根据公司和市场的实际情况，确定本次公司债券的具体发行方案，包括但不限于具体发行规模、债券期限及品种、债券利率或其确定方式、发行时机、发行期数与各期发行规模、是否设置回售或赎回条款、是否提供担保及担保方式、担保具体事宜、信用评级安排、具体申购办法、还本付息的期限和方式、募集资金用途、偿债保障和交易流通安排、确定承销安排等与发行条款有关的一切事宜；

(2)决定聘请参与此次发行公司债券的中介机构及选择债券受托管理人；

(3)负责具体实施和执行本次公司债券发行及申请转让事宜，包括但不限于制定、授权、签署、执行、修改、完成与本次公司债券发行及转让相关的法律文件，包括但不限于公司债券募集说明书、承销协议、债券受托管理协议、债券持有人会议规则、各种公告等，并根据法律法规及其他规范性文件进行相关的信息披露；

(4)如国家法律法规或监管部门的相关政策或市场条件发生变化，除涉及法律法规及公司章程规定必须由股东大会重新决议的事项外，可依据有关法律法规和公司章程的规定、监管部门的意见(如有)对本次公司债券发行的具体方案等相关事项作适当调整或根据实际情况决定是否继续开展本次公司债券发行的相关工作；

(5)全权负责办理与本次公司债券发行及交易流通有关的其他事项，及授权董事长签署与本次公司债券发行相关的文件；

(6)本授权自股东大会审议通过之日起12个月内有效。

三、本次发行履行的内部审批程序

本次非公开发行公司债券已经公司第七届董事会第十六次会议和第七届监事会第六次会议审批通过，尚须提交公司股东大会审议批准。公司将按照有关法律、法规的规定及时披露本次公司债发行的情况。

四、备查文件

(1)公司第七届董事会第十六次会议决议；

(2)公司第七届监事会第六次会议决议。

特此公告。

美好置业集团股份有限公司

董事会

2015年7月13日

第九章　公司财务会计制度与利润分配知识与应用

第一节　公司财务会计报告

【基础知识】

一、公司财务会计制度概述

财务会计制度，是一项记录公司真实财务状况与经营成果相关信息并进而将这些信息完整揭露并公正表达的重要制度。公司的财务会计制度需依照法律、行政法规和国务院财政部门的规定建立。

公司财务会计制度以财务会计报告的制作为核心。公司财务会计报告是指公司对外提供的反映公司某一特定日期的财务状况和某一会计期间的经营成果、现金流量等会计信息的文件。依照法律、行政法规和国务院财政部门的规定，公司应在每一会计年度终了时制作编制财务会计报告。

二、公司财务会计报告制作要求

公司应在每一会计年度终了时编制财务会计报告，财务会计报告应当依照法律、行政法规和国务院财政部门的规定制作，并依法经会计师事务所审计。公司应当向聘用的会计师事务所提供真实、完整的会计凭证、会计账簿、财务会计报告及其他会计资料，不得拒绝、隐匿、谎报。除法定的会计账簿外，公司不得另立会计账簿。《公司法》第202条规定："公司在依法向有关主管部门提供的财务会计报告等材料上作虚假记载或者隐瞒重要事实的，由有关主管部门对直接负责的主管人员和其他直接责任人员处以3万元以上30万元以下的罚款。"

三、公司财务会计报告的公开

根据规定，有限责任公司依公司章程规定期限将财务会计报告送交各股东。股份有限公司的财务会计报告在召开股东大会年会的20日前置于本公司以便其股东查阅，公开发行股票的股份公司必须公告其财务会计报告。

【应用操作训练】

训练目的

通过实际操作训练,加深理解和掌握公司财务会计制度,实践中能够灵活运用。

训练形式:提供法律咨询、书面法律意见书

训练素材

1996 年 6 月,北京市凯亚实业公司、何亦、李海、朱丹共同出资设立了北京飞泰克工程技术服务有限公司(以下简称飞泰克公司),并共同签署了飞泰克公司章程。公司章程规定:公司注册资本为 80 万元(其中,朱丹出资 25 万元);股东享有了解公司经营状况和财务状况的权利;公司应当依照法律、行政法规和国务院财政主管部门的规定建立公司财务、会计制度,并应在每一会计年度终了时制作财务会计报告,于第二年 1 月 15 日前送交各个股东。

根据朱丹反映,2006 年年初,其将飞泰克公司起诉到北京市某区人民法院,诉称在近十年的时间里,飞泰克公司一直以经营亏损或持平为借口,拒绝向其分配利润。作为公司股东,朱丹一直无法了解公司的业务和财产状况,也无法看到公司的任何财务会计资料,进而也无法对飞泰克公司侵害股东权益的行为采取必要的法律手段。朱丹要求飞泰克公司提供公司自 1996 年 5 月 29 日开始至 2006 年 4 月 3 日为止的股东会会议记录供其查阅、复制;提供自 1996 年 5 月 29 日开始至 2006 年 4 月 3 日为止的公司年度财务会计报告(包括资产负债表、损益表、财务状况变动表、财务情况说明书、利润分配表)供其查阅、复制;提供公司自 1996 年 5 月 29 日开始至 2006 年 4 月 3 日为止的会计账簿供其查阅、复制。

但飞泰克公司拒绝,并称朱丹作为公司股东虽然已有十余年,但其长期生活在国外,根本就没有参加过公司的任何经营活动。因此,飞泰克公司不能同意朱丹的上述请求。[1]

于是,朱丹提出如下问题:(1)飞泰克公司近十年时间未向其提交财务会计报告是否合法?(2)飞泰克公司依法是否有权拒绝其查阅公司财务会计报告、会计账簿等?(3)朱丹依法如何进行维权?

---

〔1〕 本案例节选自李松等:《北京二中院首次确认股东查账权》,载《法制日报》2006 年 8 月 7 日;张先明:《北京终审一起知情权案,股东查账权终获支持》,载《人民法院报》2006 年 9 月 11 日。

训练要求

(1)请你作为为律师,依法详细解答其提出的问题。(2)请作为其诉讼代理人,写一份起诉状。

第二节　公司利润分配

【基础知识】

一、公司利润分配概述

公司利润是公司在一定期间的经营收益,可分为税前利润和税后利润。公司应先以当年利润总额为计税依据缴纳企业所得税,然后再将税后利润进行分配。股利分为股息和红利,实践中没有区分这两者,一般统称股利或红利。

税后利润的分配不仅仅是公司、股东的事情,还直接关系到公司债权人、公司职工和国家等各方利益,各利益主体的利益并不一致,甚至是冲突的。因此,公司利润的分配并非完全由公司自主决定,法律对此有明确的规定和要求,以协调和照顾各方利益。我国《公司法》对公司当年税后利润规定按照规定的顺序进行分配,体现了国家为保护相关各方利益而对公司事务的介入和干预。

二、公司税后利润分配顺序

(一)弥补亏损

公司往年留存的公积金不足以弥补以前年度亏损的,在依照规定提取法定公积金之前,应当先用当年利润弥补亏损。

(二)提取法定公积金

法定公积金又称强制公积金,是指依照公司法规定必须从税后利润中提取的公积金。法定公积金的提取和提取比例是强制性的,公司既不得以其章程或股东会决议予以取消,也不得削减其法定比例。

公司以前年度没有亏损,或以前年度亏损已得到弥补的,将从税后利润中提取法定公积金。《公司法》第 166 条规定,法定公积金,应当按税后利润的 10% 提取。当公积金已达注册资本的 50% 时可不再提取。《公司法》第 168 条规定,公积金用于弥补公司的亏损、扩大公司生产经营或者转为增加公司资本。法定公积金转为资本时,所留存的该项公积金不得少于转增前公司注册资本的 25% 。

资本公积金是公司非营业活动所产生的收益。其来源主要有:一是公司股票溢价发行而取得的溢价款；二是处置公司资产所得的收入；三是资产重估价值与账面净值的差额；四是国务院财政部门规定列入资本公司积金的其他收入。

（三）提取任意公积金

任意公积金是公司在法定公积金之外，依照公司章程或股东会决议而从税后利润中提取的公积金。任意公积金与法定公积金一样也来自税后利润，但是任意公积金的提取不具有法律强制性。

提取上述法定公积金后，经公司股东（大）会决议，公司可从税后利润中提取任意公积金。该股东（大）会决议属于普通决议。任意公积金是否提取及提取比例完全由股东（大）会决定，故称任意公积金。任意公积金用途与法定公积金相同。

（四）分配股利

所谓股利，是指公司依照法律或章程的规定，按期以一定的数额和方式分配给股东的利润。为坚持资本维持原则，保证公司资本的真实性，维护公司债权人的权益，我国《公司法》明确规定，公司只有在弥补亏损、提取法定公积金之后有剩余利润时，才可向股东分配股利。否则，公司不得分配股利，如果已分配的要退还公司。但公司以前年度未分配的利润，可以并入本年度向股东分配。

《公司法》第74条规定，有限责任公司连续5年不向股东分配利润，而公司该5年连续盈利，并且符合公司法规定的分配利润条件的，股东对股东会不分配利润的决议投反对票的，可以请求公司按照合理的价格收购其股权，以此退出公司。

三、公司利润分配方式

公司依法拟向股东分配公司利润，依据《公司法》规定，由董事会拟定分配方案，并须由股东会或股东大会通过，作出决议后方可实施。

根据《公司法》第34条、对于有限责任公司，股东按照实缴的出资比例分取红利，而不依股东实缴出资比例进行分配。但是，如果全体股东约定不按照出资比例分取红利，则优先按照股东约定分配股利。实践中，有限公司基本都是按照股东出资比例进行股利分配。

对于股份有限公司，《公司法》第166条第4款规定，“股份有限公司按照股东持有的股份比例分配，但股份有限公司章程规定不按持股比例分配的除外”。股份公司的章程对红利分配方式有规定的，则优先依照公司章程规定向股东分配红利，公司章程没有规定的，则按照股东持有的股份比例分配。实践中，股份公司基本都是按照股东持股比例进行分配股利。

股利分配权是股东的固有权、单独股东权，公司不得以任何方式剥夺某一股东的股利分配权，否则股东有权提起诉讼。

实践中，我国利润分配方式主要是以现金股利、股票股利等方式向股东分配公司利润。

【应用操作训练】

训练目的

通过实际操作训练，进一步明确和掌握公司利润分配的法律要求，并能在实际工作中熟练运用所学知识。

【操作训练一】

训练形式：模拟公司向股东分配利润

训练素材

某股份有限公司经证监会批准于2014年3月在深圳证券交易所上市，公司主要从事天然气汽车加气站设备及信息化集成监管系统的研发、设计、生产、销售和服务等业务。公司总股本为0.71亿股，流通股为0.15亿股。根据公司年报，截至2014年12月31日，2014年公司每股收益3.18元，每股净资产10.26元，每股公积金9.3元，每股未分配利润7.08元。公司章程对公司利润分配没有特别规定，公司往年没有亏损。公司第一大股东张先生向公司董事会提议，公司2014利润向全体股东分红，具体为每10股分配红利5元（含税）；同时，以资本公积金向全体股东每10股转增5股。

训练要求

（1）董事会制作2014年度公司利润分配方案；（2）召开股东大会会议，对2014年度公司利润分配作出决议；（3）制作并公告公司2014年度利润分配方案；（4）其他相关工作。

【操作训练二】

训练形式：课堂辩论、模拟法庭、制作法律文书

训练素材

2005年11月11日，上海快立达物流有限公司（以下简称快立达公司）因工作需要，聘请黄小山作为合作伙伴，担任公司经理，处理上海公司的一切业务，并订立聘请合作书，约定黄小山投入20万元，公司每3个月分红一次。之后，黄小山参与了快立达公司的经营管理。因黄小山无法一次性投入20万元，双方口头约定该投资款在应分配给黄小山的红利中逐步扣除。但公司并未到公司登记机关依法办理公司资本增加以及股东变更登记等手续。

2006年6月25日，黄小山提出退出。7月2日快立达公司出具结算单一份，同意在7月底前支付黄小山未分配的红利。但该公司未兑现承诺。黄小山遂起诉至法院，要求快立达公司支付红利7万元，并提供了盖有物流公司公章的

结算单予以证明。结算单的内容是“黄小山于2005年11月11日进入公司工作至2006年6月25日止，其间共应分得红利7万元”。

对于黄小山的起诉要求，快立达公司则提出了不同意见。他们认为，黄小山并未向公司投入资金，不是公司股东，结算单上的公章是黄小山利用职务之便私自加盖的。快立达公司为了证明自己的主张，申请两名证人出庭作证，证明黄小山在担任上海公司经理期间掌管着公司的公章。[1]

训练要求

请同学们举办模拟法庭，分别作为原告黄小山、被告快立达公司和合议庭等人员，对各自的主张依法进行辩论。(1)原告写出起诉书；(2)被告写出答辩状；(3)合议庭成员和其他同学写出判决书。

提示：请厘清快立达公司与黄小山的法律关系，即(1)二者之间是何种性质的民事法律关系？(2)“结算单”的法律性质如何认定？

附一：年度公司利润分配预案的预披露公告

四川友利投资控股股份有限公司

关于2013年度公司利润分配预案的预披露公告[2]

证券代码：000584　证券简称：友利控股　公告编号：2014-01

本公司及董事会全体成员保证信息披露内容的真实、准确和完整，没有虚假记载、误导性陈述或重大遗漏。

2014年1月6日，四川友利投资控股股份有限公司(以下简称公司)控股股东江苏双良科技有限公司(以下简称该公司或双良科技)向公司董事会提交了《关于2013年度公司利润分配预案的提议及相关承诺》。为公平披露信息，保护广大投资者利益，现将有关事项公告如下：

(1)双良科技的来函为：充分考虑到广大股东要求共享公司经济发展经营成果的合理诉求，依据贵公司《章程》中有关公司利润分配政策的相关规定，提议贵公司2013年度利润分配预案为：以截至2013年12月31日公司股份总数408,882,893股为基数，向全体股东按每10股派发现金股利人民币8元(含税)，预计合计派发现金股利327,106,314.40元(含税)；同时，以资本公积金向全体股东每10股转增5股。

该公司作为以上分配预案的提议人，特此承诺：在贵公司董事会及股东大会

---

〔1〕 参见朱炜、王永亮：“上海一公司经理要求分红被驳回”，载《法制日报》2006年11月7日第11版。

〔2〕 本公告摘自“同花顺”。

审议上述2013年度利润分配预案时投赞成票。

(2)公司董事会接到双良科技的该来函后,公司董事缪双大、江荣方、李峰林、程高潮、牛福元对上述利润分配预案提议进行了讨论,参与讨论的董事超过公司董事会组成人数1/2以上。参与讨论的董事一致认为:双良科技作为公司股东,依照公司《章程》中有关公司利润分配政策的相关规定,提出的2013年度利润分配预案提议充分考虑了公司全体股东的利益和合理诉求,与公司经营业绩相匹配,不会因此造成公司生产经营资金短缺或其他不良影响,该项提议符合相关法律、法规以及公司《章程》规定。上述五名董事承诺,在公司董事会审议上述利润分配相关议案时,投赞成票。

(3)公司董事会接到双良科技提交的《关于2013年度公司利润分配预案的提议及相关承诺》后,严格控制内幕信息知情人的范围,并对相关内幕信息知情人履行了保密和严禁内幕交易的告知义务。为避免公司股票交易价格异常波动,保护广大投资者利益,经公司向深圳证券交易所申请,公司股票于2014年1月6日开市起临时停牌。

(4)本次预披露的以上利润分配预案仅为双良科技向公司董事会提出的提议。依照公司《章程》规定,公司利润分配方案须由公司董事会及股东大会审议通过。2013年度公司利润分配事项最终以公司董事会审议通过后提交股东大会表决通过的利润分配方案为准。

敬请广大投资者理性投资,注意投资风险。

特此公告。

四川友利投资控股股份有限公司

董事会

2014年1月7日

附二:董事会公司利润分配预案公告

中国平安保险(集团)股份有限公司
第九届董事会第十七次会议决议公告[1]

证券代码:601318　证券简称:中国平安　公告编号:临2015-015

中国平安保险(集团)股份有限公司(以下简称本公司)董事会及全体董事保证本公告内容不存在任何虚假记载、误导性陈述或者重大遗漏,并对其内容的

[1] 本公告摘自"同花顺"。

真实性、准确性和完整性承担个别及连带责任。

本公司第九届董事会第十七次会议(以下简称会议)通知于2015年3月5日发出,会议于2015年3月19日在深圳市福田区福华路星河发展中心大厦419会议室召开,会议应出席董事19人,实到董事19人,会议有效行使表决权票数19票。本公司部分监事和高级管理人员列席了会议,会议的召集、召开程序符合《中华人民共和国公司法》和《中国平安保险(集团)股份有限公司章程》(以下简称《公司章程》)的相关规定,会议合法、有效。

会议由本公司董事长马明哲先生主持,与会董事经充分讨论,审议通过了如下议案:

(1)审议通过了《公司2015年工作计划》

表决结果:赞成19票、反对0票、弃权0票

(2)审议通过了《公司2014年度财务决算报告》,并同意提交股东大会审议

表决结果:赞成19票、反对0票、弃权0票

(3)审议通过了《公司2014年度利润分配预案》,并同意提交股东大会审议

基于本公司的长远和可持续发展,在综合分析金融行业经营环境、金融集团资本需求特点、境内外股东要求、社会资金成本、外部融资环境和监管政策等因素的基础上,本公司充分考虑目前及未来的业务发展、盈利规模、投资资金需求、集团及子公司偿付能力或资本充足率状况等情况,平衡业务持续发展与股东综合回报之间的关系,制定了本公司2014年度利润分配预案。

按照中国会计准则和国际财务报告准则,本公司2014年度合并财务报表中归属于母公司股东的净利润均为人民币392.79亿元,而母公司净利润均为人民币72.14亿元。根据《公司章程》及其他相关规定,本公司在确定可供股东分配的利润额时,应当按照母公司净利润的10%提取法定盈余公积,法定盈余公积累计额为公司注册资本的50%以上的,可以不再提取。经过上述利润分配,并结转上年度未分配利润后,确定本公司可供股东分配利润额为人民币326.78亿元。

综合考虑股东投资回报、监管机构对偿付能力要求以及本公司业务可持续发展等因素,本公司拟以总股本9,140,120,705股为基数,派发2014年度末期现金股息每股人民币0.50元(含税),并以资本公积金(来源于股本溢价所形成的资本公积)转增股本,每10股转增10股,合计派发现金股息人民币4,570,060,352.50元、转增股本人民币9,140,120,705元。本公司于2014年中期已分配现金股息每股人民币0.25元(含税),共计人民币1,979,051,313.25元。2014年中期现金股息和末期现金股息合计人民币6,549,111,665.75元,为当年归属于母公司股东的净利润的16.7%,其余未分配利润结转至2015年度。

派发2014年度末期现金股息和资本公积金转增股本后，本公司剩余未分配利润为人民币281.08亿元，总股本变更为18,280,241,410股。本公司未分配利润主要作为内生资本留存，以维持合理的偿付能力充足率水平，并用于向下属各子公司注资，以维持子公司的偿付能力充足率或资本充足率在合理水平。

对A股股东而言，本公司将根据《公司章程》及《上海证券交易所股票上市规则》的有关规定，确定2015年7月24日为股权登记日。凡于2015年7月24日A股交易结束后当天在中国证券登记结算有限责任公司上海分公司登记在册的A股股东均有权收取本公司2014年末期现金股息及资本公积金转增A股股份。本公司A股2014年末期现金股息发放日为2015年7月27日，资本公积金转增A股股份的发放日期为2015年7月27日、上市流通日为2015年7月28日。

对H股股东而言，本公司将根据《公司章程》第51条及《香港联合交易所有限公司证券上市规则》的有关规定，于2015年7月29日至2015年8月3日(包括首尾两天)暂停办理股份过户登记。于2015年8月3日名列本公司H股股东名册的H股股东均有权收取公司2014年末期现金股息及资本公积金转增股份。本公司H股2014年末期现金股息发放日为2015年8月13日，资本公积金转增H股股份的发放日期为2015年8月4日、上市流通日为2015年8月5日。

上述利润分配及转增股本方案尚须本公司2014年年度股东大会审议通过后实施。

董事会同意授权本公司执行董事根据境内外有关法律法规及上市规则的规定对上述利润分配的日期安排进行调整和具体实施。同时，由于上述利润分配预案涉及资本公积金转增股本，董事会提请股东大会授权董事会，并由董事会转授权本公司执行董事，在股东大会审议通过上述利润分配预案以及利润分配预案正式实施后，相应修改《公司章程》中涉及注册资本及实收资本相关条款。

本公司独立董事对该项议案发表了同意的独立意见。

表决结果：赞成19票、反对0票、弃权0票。

特此公告。

中国平安保险(集团)股份有限公司董事会

2015年3月19日

附三：年度利润分配实施公告

贵州茅台酒股份有限公司
2014年度利润分配实施公告[1]

证券简称：贵州茅台　证券代码：600519　编号：临2015-012

本公司董事会及全体董事保证本公告内容不存在任何虚假记载、误导性陈述或者重大遗漏，并对其内容的真实性、准确性和完整性承担个别及连带责任。

重要内容提示：

每股分配比例：以2014年年末总股本114,199.80万股为基数，对公司全体股东每股派送红股0.10000股、每股派发现金红利4.37400元（含税）。

扣税前与扣税后每股现金红利：扣税前每股派发现金红利4.37400元；扣税后个人股东（包括证券投资基金）每股派发现金红利4.15030元，合格境外机构投资者（QFII）股东每股派发现金红利3.92660元，通过沪港通投资本公司A股股份的香港市场投资者每股派发现金红利3.92660元。

股权登记日：2015年7月16日

除权（除息）日：2015年7月17日

新增无限售条件流通股份上市日：2015年7月20日

现金红利发放日：2015年7月17日

一、通过分配方案的股东大会届次和日期

贵州茅台酒股份有限公司（以下简称公司或本公司）2014年度利润分配方案已经2015年5月20日召开的本公司2014年度股东大会审议通过。股东大会决议公告刊登于2015年5月21日的《上海证券报》、《中国证券报》和上海证券交易所网站（网址：www.sse.com.cn）。

二、分配方案

（1）发放年度：2014年度

（2）发放范围

截至2015年7月16日（股权登记日）下午上海证券交易所收市后，在中国证券登记结算有限责任公司上海分公司（以下简称登记公司）登记在册的本公司全体股东。

（3）本次分配以2014年年末总股本114,199.80万股为基数，对公司全体股

---

〔1〕本公告摘自“同花顺”。

东每股派送红股0.10000股、每股派发现金红利4.37400元(含税),共分配利润5,109,299,052.00元。

(4)扣税说明

①对于个人股东(包括证券投资基金),根据《关于实施上市公司股息红利差别化个人所得税政策有关问题的通知》(财税〔2012〕85号)的规定,公司暂按5%的税率代扣代缴个人所得税,扣税后实际每股派发现金红利4.15030元。如股东持股期限在一个月以内(含一个月)的,其股息红利所得全额计入应纳税所得额,实际税负为20%;持股期限在一个月以上至一年(含一年)的,实际税负为10%;持股期限超过一年的,实际税负为5%。

个人股东(包括证券投资基金)转让股票时,登记公司根据其持股期限计算实际应纳税额,超过已扣缴税款的部分,由该股东指定交易的证券公司从其个人资金账户中扣收并划付登记公司,登记公司于次月5个工作日内划付本公司,本公司在收到税款当月的法定申报期内向主管税务机关申报缴纳。

②对于居民企业(该词语具有相关中华人民共和国税务法规及规则下的涵义)股东(含机构投资者),本公司不代扣代缴所得税,每股派发现金红利4.37400元。

③对于合格境外机构投资者(QFII)股东,根据2009年1月23日国家税务总局颁布的《国家税务总局关于中国居民企业向QFII支付股息、红利、利息代扣代缴企业所得税有关问题的通知》(国税函〔2009〕47号)的规定,按10%的税率代扣代缴企业所得税后,实际每股派发现金红利3.92660元;如该类股东认为其取得的股息红利收入需要享受税收协定(安排)待遇的,可按照相关规定在取得股息红利后自行向主管税务机关提出退税申请。

④对于通过沪港通投资公司A股股份的香港市场投资者(包括企业和个人),其股息红利将由公司通过登记公司,按股票名义持有人账户以人民币派发,根据财政部、国家税务总局、证监会《关于沪港股票市场交易互联互通机制试点有关税收政策的通知》(财税〔2014〕81号)的规定,公司按照10%的税率代扣代缴所得税,税后每股实际派发现金红利人民币3.92660元。

⑤对于其他非居民企业股东,本公司不代扣代缴所得税,由纳税人自行缴纳。

三、相关日期

股权登记日:2015年7月16日

除权(除息)日:2015年7月17日

新增无限售条件流通股份上市日:2015年7月20日

现金红利发放日:2015年7月17日

四、分派对象

截至2015年7月16日(股权登记日)下午上海证券交易所收市后,在登记公司登记在册的本公司全体股东。

五、分配实施办法

(1)现金红利:股东中国贵州茅台酒厂(集团)有限责任公司、贵州茅台酒厂集团技术开发公司的现金红利由本公司直接派发。除上述股东外,其余股东的现金红利委托登记公司通过其资金清算系统向股权登记日登记在册并在上海证券交易所各会员单位办理了指定交易的本公司股东派发。已办理指定交易的股东可于红利发放日在其指定的证券营业部领取现金红利,未办理指定交易的股东红利暂由登记公司保管,待办理指定交易后再进行派发。

(2)股票股利:本次送股由登记公司通过计算机网络系统,根据股权登记日登记在册的公司股东的持股数,按比例自动计入股东账户。送股过程中产生的不足一股的零碎股份,登记公司按照股东零碎股份的数量大小顺序排列,零碎股份数量相同的,由电子结算系统随机排列。登记公司按照排列顺序,依次均登记为一股,直至完成全部送股。

六、股本变动结构表

(略)

七、实施送股方案后,按新股本1,256,197,800股摊薄计算的公司2014年度每股收益为12.22元。

八、有关咨询办法

联系部门:公司董事会办公室

地址:贵州省仁怀市茅台镇邮政编码:564501

电话:0851－22386002　传真:0851－22386193

九、备查文件

公司2014年度股东大会决议及决议公告。

特此公告。

贵州茅台酒股份有限公司

董事会

2015年7月10日

第十章　公司合并、分立与组织形式变更知识与应用

第一节　公司的合并

【基础知识】

一、公司合并概述

公司合并，是指两个或两个以上的公司订立合并协议，依照法定程序，不经清算程序，而组成一个公司的法律行为。通过合并可以使公司扩大生产经营规模，实现社会资源的合理配置，增强公司实力，或者拓宽公司经营范围，实现综合化经营。公司合并形式可分为吸收合并和新设合并。《公司法》第172条第1款规定，公司合并可以采取吸收合并或者新设合并。

吸收合并，也称为兼并，指两个或者两个以上的公司合并后，其中一个公司吸收其他公司而继续存在，其他各公司主体资格予以消灭的公司合并形式。吸收合并的基本方式主要有两种：一是吸收方发行股份以换取被吸收方全部资产或股份，消失公司的股东获得存续公司的股份，从而成为存续公司的股东；二是吸收方用现金购买被吸收方的全部资产或股份，被吸收方以所得现金付给公司原股东，即消失公司的股东以股份换取存续公司的现金，从而丧失股东资格。

新设合并，指两个或两个以上公司合并设立一个新的公司，合并各方解散。在新设合并下，新设立的公司接受各终止公司的全部资产和负债，被终止公司的股份转换成新公司的股份，原公司股东成为新设公司股东。

二、公司合并与股权转让

公司合并可以产生合并方主体资格消灭或者变更的效果。而通过股权转让，公司股东向股东或者第三人转让其对公司拥有的投资权益，股权转让能够引起公司股东或者股权结构的变化，却不影响公司的主体资格。公司合并与股权转让在当事人身份、行为的目的、实施的法定程序等方面存在较大的差异。

实践中，公司通过收购其他公司的股权，而成为目标公司的第一大股东（控

股股东），甚至是唯一股东，目标公司成为收购方的控股子公司或者全资子公司，达到兼并之目的，虽然不同于公司法中规定的公司合并，这也常常被称为兼并。

三、公司合并的程序

公司的合并涉及公司的解散、变更和设立等一系列法律事宜，事关合并各方公司、公司股东、债权人等各方当事人的利益，为确保合并顺利实现，合并行为必须按照法律规定的程序进行。否则不仅会导致合并无效，还会产生相应的法律责任。根据《公司法》规定，公司合并应依下列程序进行：

（一）董事会拟定合并方案，订立合并协议

根据《公司法》第46条第7项规定，制定公司合并方案属于董事会的职权，但也是其义务。

参加合并的各方应当在平等协商的基础上，就合并的有关事项达成合并协议。合并协议属于合同的范畴，不但要遵守《公司法》的规定，还要受《合同法》的调整，遵守《合同法》的相关规定，应坚持平等、自愿、公平等基本原则。

（二）股东（大）会作出决议

公司合并将引起公司股权比例、股东结构等重大变化，直接关系到股东的切身权益，因而《公司法》规定，公司合并必须经股东会作出决议，且属于特别决议，即有限公司作出公司合并决议，须经代表2/3以上表决权的股东通过；股份有限公司须经出席会议的股东所持表决权的2/3以上通过。国有独资公司合并必须由国有资产监督管理机构决定。公司合并方案没有获得公司股东（人）会通过的，董事会此前签订的各项合并文件，皆不产生预定的法律效力。另根据《公司法》第74条和第142条的规定，对股东（大）会关于公司合并、分立决议投反对票的股东，可以请求公司按照合理的价格收购其股权。

（三）编制资产负债表及财产清单

《公司法》第173条规定："公司合并，应当由合并各方签订合并协议，并编制资产负债表及财产清单。"因此，股东（大）会作出合并决议，且合并协议生效后，公司应当编制资产负债表和财产清单。一方面为合并各方提供准确的资产及债权债务依据，决定合并各方的权利和义务；另一方面，有利于维护公司债权人的利益。资产负债表应明确公司资产的借贷情况，财产清单应将公司所有的动产、不动产、债权、债务及其他资产分别注明。

（四）通知和公告债权人

《公司法》第174条规定，公司应自作出合并决议之日起10日内通知债权人，并于30日内在报纸上公告。债权人自接到通知书之日起30日内，未接到通知书的自公告之日起45日内，有权要求公司清偿债务或者提供相应的担保。这样规定主要是为保护公司债权人的利益。

（五）办理公司登记

在完成上述程序后，合并公司应在法定期限内，在公司登记机关办理登记。合并登记分成三种情况：合并后存续的公司，涉及登记事项发生变更的须进行变更登记，如注册资本变更登记等；因合并而消灭的公司，须进行注销登记；因合并而新设公司的，进行设立登记。

四、公司合并的效力

（一）参与合并公司的变化

依合并方式的不同，公司合并的效力也有所区别。概括地说，可导致公司消灭、公司变更和公司设立4种结果：其一，公司终止。公司合并后，必有一方公司或各方公司消灭，消灭的公司应当办理注销登记。其二，公司变更。在吸收合并时，存续公司的公司章程、股东、注册资本等事项可能发生变化，应依法修改公司章程并办理变更登记。其三，公司设立。在新设合并时，合并前的所有公司法人资格终止，并设立新公司，依法履行公司设立的法定程序。其四，股东身份发生变化。公司合并为，仍然留在公司的股东属于合并后公司的股东。

（二）公司权利和义务的概括承受

无论是吸收合并还是新设合并，已终止公司的全部权利和义务由存续公司或新设公司概括承受。《公司法》第174条规定，公司合并时，合并各方的债权、债务，应当由合并后存续的公司或者新设的公司承继。合并后的公司概括承受被终止公司的一切权利和义务，包括动产、不动产、债权、债务等全部移转于合并后的公司。这种承受是一种法定的当然承受，不得附加任何条件。2002年最高人民法院《关于审理与企业改制相关的民事纠纷案件若干问题的规定》第34条对此作出了明确的规定：企业吸收合并或新设合并后，被兼并企业应当办理而未办理工商注销登记，债权人起诉被兼并企业的，人民法院应当根据企业兼并后的具体情况，告知债权人追加责任主体，并判令责任主体承担民事责任。

（三）股东变动

终止公司的股份转换为存续公司或新设公司的股份的情况下，被终止公司的股东，当然成为存续公司或新设公司的股东。但当终止公司的股东依法退出公司的，则不再成为公司股东。

【应用操作训练】

训练目的

通过实际操作训练，掌握公司合并的条件、程序等，并能在实际中熟练应用。

训练形式:模拟办理公司合并事宜

训练素材

1999年8月15日,山西金盟实业有限公司(以下简称金盟公司)与太原市锅炉修理安装公司(以下简称锅炉安装公司)经过协商,拟定公司合并,经双方协商同意拟定兼并方案,金盟公司兼并锅炉安装公司及下属经销部整体,接受全部资产,享有全部权益,接受全部债权债务,接收锅炉安装公司及所属经销部在册职工和退休职工。

8月16日,双方又签订了兼并意向书。意向书约定,金盟公司须在意向书签订之日给付锅炉安装公司210万元的兼并款项;意向书签订后锅炉安装公司不得以任何理由与第三方进行有关兼并或其他形式的洽谈;双方于1999年8月20日完成考察、审计、评估工作,8月25日签订兼并协议。另,锅炉安装公司欠银行贷款500万元尚未归还。[1]

训练要求

(1)起草金盟公司与锅炉安装公司的书面合并协议。(2)召开股东会讨论通过公司合并决议。(3)编制资产负债表和财产清单(可省略)。(4)在法定期限内通知债权人并在报纸上公告,处理债权人的银行欠款事宜。(5)在公司登记机关办理变更登记手续。

附:扩展阅读:吸收合并典型案例[2]

案例1:上海电气集团股份公司吸收合并上海输配电股份公司

合并方:上海电气集团股份有限公司(以下简称上海电气)于2004年9月整体变更为股份有限公司,并在2005年4月在香港联交所上市,发行H股。公司主要从事设计、制造及销售电力设备、机电一体化设备、重工设备、交通设备及环保系统产品并提供相关服务。公司为中国最大的综合型装备制造业集团之一,在百万千瓦级核电机组、特高压输变电成套设备等行业具有突出地位和显著优势。

被合并方:上海输配电股份公司(以下简称上电股份600627),于1993年1月在上海证券交易所上市,主要从事输配电设备制造和输配电工程总承包。上海电气集团股份公司是其控股股东,持有其83.75%的股权,性质为限售流通股,其他股东持有16.25%的股权,性质为无限售条件流通股。

---

〔1〕 本案例节选自北大法律信息网,载http://vip.chinalawinfo.com。

〔2〕 Zeus:"公司吸收合并及典型案例",载http://blog.sina.com.cn/s/blog_85160acd010159zf.html,最后访问日期:2012年5月6日。

一、换股吸收合并的动因

上电股份专注于输配电设备制造行业，由于公司对该行业的景气度有较大的依赖性，公司面临业务单一、产品单一的风险。如果电网公司未来固定资产投资增速放缓会导致待业需求增长不足，或因上游原材料价格大幅波动导致公司成本上升，经营业绩将受到重大不利影响。

上海电气是综合性装备制造业集团，吸收合并后，上海电气的业务跨电力设备（含发电设备和输配电设备）、机电一体化、重工设备、交通设备、环保设备五大领域，上海电气业务多元化可有效防范单一行业风险对股东利益的影响。同时，上电股份将下属公司股权纳入上海电气股权投资管理体系，有利于股权的集中管理，提高公司运行效率，并达到上海电气集团公司的A股在上海证券交易所上市的目的。

二、换股吸收合并的方式

以换股吸收合并方式合并上电股份，并且上海电气A股发行与吸收合并上电股份同时进行。上电股份总股本51,796.55万股，其中：上海电气持有上电股份43,380.72万股，为限售流通股，该部分股份不参与换股，也不行使现金选择权，合并完成后予以注销；境内法人持有3315.82万股，已于2007年11月7日起上市流通；社会公众持有5100万股，为流通股。

上海电气发行的A股全部用于换股吸收合并上电股份，不另向社会公开发行股票募集资金。吸收合并后，上电股份终止上市，法人资格注销，全部资产、负债及权益并入存续公司。

三、换股价格

上海电气A股发行价格为4.78元；上电股份换股价格为28.05元，考虑到股票市场波动风险，并对参与换股的上电股份股东给予一定的风险补偿，在此基础上溢价24.78%，上电股份股东实际换股价格相当于35元。

四、换股比例

换股比例为1:7.32，即上电股份股东（上海电气除外，但包括向行使现金选择权的上电股份股东支付现金从而获得上电股份股票的第三方）所持的每一股上电股份股票可以换取7.32股的上海电气A股。

案例2：沈阳东软软件股份公司换股吸收合并东软集团有限公司

案例参考《沈阳东软软件股份有限公司换股吸收合并东软集团有限公司报告书》。

合并方：沈阳东软软件股份有限公司（以下简称东软股份600718）于1996年6月在上海证券交易所上市发行股票，公司以软件服务为主营业务，主要为政府和企业的大型信息基础设施建设、运营和维护提供解决方案与服务，并向国际市场提供软件外包服务。2008 年 1 月以换股吸收合并控股股东东软集团有限公司。

被合并方：东软集团有限公司，中外合资企业，主要从事软件技术和服务为核心的软件与服务业务、数字医疗业务、教育与培训业务。

(1)换股吸收合并的动因

东软集团是中外合资企业。随着外国投资者的引入，东软集团主营业务的战略重点向软件外包业务转移，使集团业务与子公司东软股份的国际业务逐渐趋于重合，因此，东软股份与东软集团存在着潜在的同业竞争关系。

母子公司业务相近，又分别建立各自独立的业务、市场、财务等运行机构，这种独立已经开始制约和影响双方的业务发展，加大了企业的运营成本，降低了企业的效率。

另外，东软集团资产质量优良、业务模式简单、盈利能力强。合并后其能得到集团的优良资产，与外国投资机构建立战略伙伴关系，进一步加快了国际软件业务的发展。

(2)换股吸收合并的方式

东软股份通过换股吸收合并东软集团的方式实现整体上市，即东软集团全体股东分别以其对东软集团的出资额按照合并换股比例转换成东软股份(存续公司)的股权，以实现东软集团非融资整体上市。

合并完成后，东软集团持有的东软股份的全部股份(包括限售流通 A 股 139,878,823股及非限售流通 A 股1,700,985股，共计141,579,808股)将予以注销。东软集团的全部资产、负债及权益并入存续公司，其法人资格注销。

(3)换股价格

东软股份股价在吸收合并公告前一个交易日的收盘价为24.49 元/股，前20个交易日股票均价为22.78 元/股，为了保护非限售流通股股东的利益，确定东软股份的换股价格为24.49 元/股。

东软集团作为非上市有限责任公司，确定换股价格的方法前面已介绍过，为每元出资额7 元。

(4)换股比例

换股比例为1:3.5，即东软集团每3.5 元出资额可以转换为1 股东软股份的股份。

第二节 公司的分立

【基础知识】

一、公司分立概述

公司分立是指一个公司通过签订协议，依法分成两个或两个以上公司的法律行为。当公司发展到一定规模以后，可以通过公司分立的形式，整合现有资源，实现公司组织和资产的分立。公司分立有新设分立和派生分立两种形式。

新设分立，也称解散分立，是指分立前的公司将全部资产和营业分别划归两个或两个以上的新设公司、原公司主体资格消失的公司分立。在新设分立的情况下，原公司解散，须办理注销登记，新设公司须办理设立登记。

派生分立，又称存续分立，是指分立前公司分出部分资产另设新公司，原公司和新设公司的公司法人资格并存，分立前公司的股东按照相应比例分别持有原公司或新设公司的全部股份。

公司分立不同于公司转投资。公司转投资是指由公司出资设立新的公司或者取得既存公司的股份，进而成为新公司或者既存公司的股东。在转投资的情况下，投资公司的资产总额、股东等并不发生变化。但在公司分立的情况下，其财产作相应的分割。在新设分立的情况下，原公司解散，其财产移转给新设的各公司。在派生分立的情况下，不但原公司的股东发生变化，而且公司的资产总额减少，一部分资产转移给新设的公司。

二、公司分立的法律程序

（一）董事会制定分立方案

依据法律规定，公司分立首先由董事会制定公司分立方案，并就公司分立的必要性、分立的形式、分立后公司股份的安排、分立后各公司承担的债务等事项做出详细计划和说明。

（二）股东会作出分立决议

公司分立同样关系到公司股东的重大权益，因此，董事会拟定的公司分立方案须经股东（大）会审议通过，即有限公司作出公司分立决议，须经代表2/3以上表决权的股东通过；股份有限公司须经出席会议的股东所持表决权的2/3以上通过。国有独资公司分立必须由国有资产监督管理机构决定。

（三）由分立各方订立分立协议

公司分立，涉及多方当事人的利益，如分立前公司的股东、公司债权人、债务人的利益,涉及公司资产的分割、债权债务的清理等。因此,公司分立在客观上应当签订分立协议。但是,分立协议的当事人为何人,看法不一。我们认为,分立协议的当事人应为分立公司的各股东。分立协议涉及公司的债权人和债务人,也应为公司分立协议的一方当事人。

(四)编制资产负债表及财产清单

根据《公司法》要求,公司分立必须依法编制资产负债表及财产清单,以清资核产,便于分立。

(五)公司通知债权人并发布公告

《公司法》第175条规定,公司分立,公司应当自作出分立决议之日起10日内通知债权人,并于30日内在报纸上公告,以保护债权人的权益不受侵害。公司分立前的债务由分立后的公司承担连带清偿责任。但是,公司在分立前与债权人就债务清偿达成书面协议的,将按协议执行。

(六)办理公司登记

公司分立必然会导致新公司设立,根据所采取的公司分立方式不同,可分别产生原公司解散或者变更的效果。因而,在新设分立的情况下,原公司要办理注销登记,新设立的公司要办理设立登记;在派生分立的场合,原公司要办理变更登记,派生的公司要办理设立登记。

三、公司分立的法律效果

(一)公司人格的变动

新设分立的情况下,原公司解散,其公司法人人格消灭,同时产生两个或两个以上的新的公司;派生分立中,原公司的注册资本等登记事项发生变化,并产生新的公司人格,即分立出新的公司。

(二)公司股东的变动

在公司分立的情况下,原公司股东的资格或者所持股权比例可能会发生变化。新设分立中,新设立的两家或两家以上公司向原公司股东分派股份,股东持有的原公司股份由原公司注销,原公司股东取得新设公司股东资格。派生分立中,原公司主体资格不变,并依法设立一家或多家新公司,但注册资本有所减少。

(三)债权、债务的承受

《公司法》第176条规定,公司分立前的债务由分立后的公司承担连带清偿责任。但是,公司在分立前与债权人就债务清偿达成的书面协议的,按照协议履行。

【应用操作训练】

训练目的

通过实际操作训练,能够加强理解和掌握公司分立程序,债务承担等,并能够将公司分立的法律制度应用于实践，为当事人解决相关法律问题。

【操作训练一】

训练形式：模拟法庭、课堂讨论、撰写法律文书

训练素材

江苏省南京市县郊化工公司（以下简称县郊化工公司）是由南京市化工总公司投资设立的国有独资企业，注册资金140万元。1992年11月，县郊化工公司与栖霞岔路口容器厂合资开办南京市化工容器厂（以下简称化工容器厂）。栖霞岔路口容器厂出资现金44万元，县郊化工公司以其厂房、土地、水电齐全等作价56万元出资。但县郊化工公司并未履行出资义务，而是将其厂房、土地等固定资产租赁给化工容器厂。

1995年4月，县郊化工公司在其原下属的分支机构基础上出资60万元，成立了具有独立法人资格的独资企业——朝阳减水剂厂。该厂公司章程规定：朝阳减水剂厂的资金来源是公司调拨，法定代表人由县郊化工公司任命，企业人员来自县郊化工公司职工。同时，县郊化工公司将其95%的固定资产（包括土地、厂房、机器设备等价值120万元）调拨朝阳减水剂厂，并进行了工商登记。工商登记资料载明：注册资金为60万元，投资人为县郊化工公司。

1996年7月，县郊化工公司的主管部门南京市化工总公司下发批文，同意县郊化工公司与朝阳减水剂厂分立。2005年，朝阳减水剂厂进行"三联动"改制，由新朝阳公司出价1200万元购买朝阳减水剂厂整体产权，朝阳减水剂厂更名为新朝阳公司。

2001年6月5日，化工容器厂向玄武湖信用社贷款70万元。至2007年年初，因化工容器厂未按照借款合同约定履行还款义务，玄武湖信用社诉至法院，请求法院判令：(1)化工容器厂归还借款本金及利息共计100万元；(2)县郊化工公司在60万元内承担出资不到位的补充赔偿责任；(3)新朝阳公司对县郊化工公司的债务承担连带责任。

本案争议的焦点是新朝阳公司是否应当对县郊化工公司的债务承担连带责任。围绕这个问题，县郊化工公司与朝阳减水剂厂之间是投资关系还是分立关系便成为关键。审理过程中存在三种意见：

第一种意见认为，县郊化工公司与朝阳减水剂厂之间应是分立关系。理由是：(1)县郊化工公司及南京市化工总公司在其往来的各种公文、批复中均使用的是分立字样。(2)朝阳减水剂厂的资金来源是公司调拨而非公司投资，企业人员来自县郊化工公司职工而非招聘，法定代表人由县郊化工公司任命，不符合公司投资的特征。(3)验资报告中载明县郊化工公司将其95%的固定资产（包括土地、厂房、机器设备等价值120万元）调拨朝阳减水剂厂，印证了县郊化工公

司与朝阳减水剂厂是分立关系。

第二种意见认为，县郊化工公司与朝阳减水剂厂之间应是投资关系。理由是：(1)认定企业变动的法律性质应以工商登记资料为准。朝阳减水剂厂设立时的工商登记资料及验资报告载明县郊化工公司是组建单位和投资人，注册资金为60万元，因此，县郊化工公司与朝阳减水剂厂是两个具有独立资格的法人。(2)从保护债权人利益的角度来看，县郊化工公司投资设立朝阳减水剂厂的行为，并不导致法人财产的减少，只是公司资产的形态发生变化，即由实物形态转变成股权形态。(3)朝阳减水剂厂经过“三联动”改制后产权发生整体转移，县郊化工公司在朝阳减水剂厂的股权已获得了1200万元的对价，如认定县郊化工公司与朝阳减水剂厂系分立关系，意味着新朝阳公司将背起县郊化工公司的沉重债务。

第三种意见认为，县郊化工公司与朝阳减水剂厂之间既不属于公司分立关系，也不属于转投资关系，而是借公司改制逃废债务的行为。理由是：(1)县郊化工公司设立朝阳减水剂厂的注册资金只有60万元，但却将其95%的固定资产(包括土地、厂房、机器设备等价值120万元的资产)都调拨到朝阳减水剂厂，致使县郊化工公司成为“空壳”，无力偿还债务，其行为应属逃废债务的违法行为。(2)最高人民法院《关于审理企业改制相关的民事纠纷案件若干问题的规定》(以下简称《企业改制司法解释》)第7条规定：“企业以其优质财产与他人组建新公司，而将债务留在原企业，债权人以新设公司和原企业作为共同被告提起诉讼主张债权的，新设公司应当在所接收的财产范围内与原企业共同承担连带责任。”据此，县郊化工公司将其主要资产转移到朝阳减水剂厂，其债务应当随即转移至朝阳减水剂厂。[1]

训练要求

(1)举办模拟法庭。请同学自愿组合，分成若干小组。模拟原告、被告和合议庭，写出起诉状、答辩状和判决书。特别是就本案是否属于分立等问题进行辩论、分析，得出结论

(2)举办课堂辩论，就本案是否属于公司分立等进行辩论、分析，并提交法律意见书。

【操作训练二】

训练形式：法律咨询、提供法律意见书

---

[1] 徐涛：“公司分立和转投资的区别与认定”，载 http://www.110.com/ziliao/article-334636.html，2012年12月4日访问。

训练素材

2001年5月某市通利制药厂与某市物资公司签订了一份购买药材合同，合同约定，物资公司向通利制药厂供应4吨药材，每吨单价为10万元，交货期限为2001年8月底，通利制药厂应于6月30日前预付款20万元，其余货款待交付药材后10天内全部付清。合同对所购药材的质量以及双方的违约责任作了明确规定。合同签订后，通利制药厂按期预付了20万元的货款。7月中旬，通利制药厂由于改制的需要，分立为通利药业有限公司和通利对外服务公司两个单位。通利制药厂向物资公司购买的4吨药材作为分配财产为通利药业有限公司所有。通利制药厂在清理原订合同时和物资公司协商约定，所购药材剩余价款由分立的两个单位各负担一半。8月底，物资公司送货时被告知药材运至通利药业有限公司，通利药业有限公司向物资公司支付了10万元，物资公司向其追要剩余的10万元，通利药业有限公司按照公司分立时签订的协议回复，自己对这笔债务只负担一半，其余一半应由通利对外服务公司支付。而通利对外服务公司提出自己并未占有、使用这4吨药材，这是通利药业有限公司所欠的货款，与己无关。物资公司追索无果，于是向律师咨询，该笔债务依法究竟应该由谁清偿，特别是通利对外服务公司是否应当给付10万元货款？[1]

训练要求

请你作为律师，对物资公司提出的法律问题，依法给予解答。对通利对外服务公司依法是否应当给付10万元货款，提供法律意见和建议，并写出一份法律意见书。

附一：公司合并协议

××××××公司合并协议[2]

__________股份有限公司（以下称甲方）与____股份有限公司（以下称乙方）董事会代表经充分协商，就甲方吸收合并乙方事宜一致达成协议如下：

一、甲乙双方实行吸收合并，甲方吸收乙方而继续存在，乙方解散。

二、甲乙双方合并期日为____年____月____日。但是，合并手续于该日不能完成时，甲乙双方可以协议延期。

三、甲方现有资本总额____元，股份总数____股，每股____元，因合并而发行

〔1〕 熊晶晶："医药公司分立，能否免除拖欠药品货款的违约责任?"，载 http://www.110.com/ziliao/article-41091.html，最后访问日期：2015年6月26日。

〔2〕 http://www.3Lian.com/ZL/2012/06-06/109270.html，最后访问日期：2012年6月6日。

股份____股,每股金额不变,资本总额增至____元,股份总数增至____元。

乙方现有资本总额____元,股份总数____股,每股金额____元。

乙方于合并期日在册股东所持股票因合并而全部换为甲方股票,对换比例为____:____。乙方股东每换一股甲方股票,补交金额____元(乙方股东对换时无须交付股款。乙方股东每换甲方一股,甲方交付股款差额____元)。

甲乙双方于合并协议签字至合并完成,不再变动资本、股份及股东。

四、乙方于合并期日的所有财产及权利义务,均由甲方无条件承受。

五、乙方于本协议生效后至合并期日,应以善良管理人的注意,继续管理其业务。但是,处理财产、负担义务,____元以上的支出等,应经甲方同意。

六、乙方全体管理人员及职工,于合并后当然成为甲方管理人员及职工,其工作年限、工资及其他劳动条件不变。个别调换工作者,不在此限。

七、本协议未尽事项,由甲乙双方代表协商决定。

八、甲乙双方应于本协议签字日起一周内,向有关领导机关申请合并。一方或双方合并申请未得领导机关批准时,本协议失效。

九、甲乙双方应于合并申请获批准后召开股东大会,讨论通过本协议。一方或双方股东大会未通过时,本协议失效。

十、本协议一式____份,甲乙双方各执____份,____份有同等效力。

甲方:________________________________

名称:________________________________

住所:________________________________

法定代表人:(签名盖章)________________________

乙方:________________________________

名称:________________________________

住所:________________________________

法定代表人:(签名盖章)________________________

____年____月____日于____地

附二:存续分立协议

存续分立协议[1]

拟存续公司:××××有限公司(以下简称甲方)

拟定住所:

[1] http://www.doc88.com/p-1723923768030.html,最后访问日期:2013年8月26日。

法定代表人：

拟新设公司：×××××有限公司（筹）（以下简称乙方）

拟定住所：

法定代表人：

鉴于甲方是由（　　）__________有限公司（以下简称投资方）在东莞市______投资设立的外资企业，由投资方100%控股。为了扩大生产规模，提高管理效益，拓展业务。经投资方认可，甲方董事会同意，依照《关于外商投资企业合并与分立的规定》实施存续分立。

经甲方、乙方协商一致，双方就有关分立事宜，达成以下协议，供双方共同遵照执行：

第一条　分立形式

本次外资企业分立采取存续分立形式，分立为甲方和乙方：其中甲方为存续公司；乙方为分立后新设立的一家外商独资公司，与甲方均为同一投资方。

第二条　分立后各方的注册资本

1. 甲方在分立前的投资总额为____万美元，注册资本为____万美元。

2. 分立后甲方的投资总额为____万美元，注册资本为____万美元，其中，以进口设备作价出资____万美元，外汇币出资____万美元。

3. 分立后乙方的投资总额为____万美元，注册资本为____万美元，其中，以进口设备作价出资____万美元，外汇币出资____万美元。

第三条　财产分割方案

甲方原来的财产由分立后甲、乙双方全部承继，根据甲方____年____月____日净资产专项审计报告（____[____]第____号）净资产为人民币____元，等值美元为____元；由甲方承继净资产为人民币____元；等值美元为____元，乙方承续净资产为人民币____元；等值美元为____元（详见“财产分割清单”）。

第四条　债权、债务的承继方案

原甲方的债权、债务由分立后甲、乙方双方全部承继，债务由分立后甲方承继人民币____元，乙方承继人民币____元；债权由分立后甲方承继人民币____元；乙方承继人民币____元（详见“债权、债务承继清单”）。

第五条　职工安置办法

1. 甲方原来的职工全部转入分立后甲方，由甲方继续雇用，已经签订的劳动合同将维持不变。

2. 甲方原来____分公司的职工全部转入分立后乙方，由乙方继续雇用。待乙方取得法人营业执照后，将以乙方名义与该全部职工重新签订劳动合同，劳动合同期限、条件等保持不变。

第六条 违约责任

本协议由甲方与乙方共同遵守,如因违约造成损失,均由有过错方承担。

第七条 争议解决方式及适用法律

1. 甲方、乙方因履行本协议产生任何争议的,均应通过友好协商解决或者如有争议由投资方(因甲、乙双方同属投资方____有限公司100%子公司)最终解决。

2. 本协议的成立、效力、解释、适用、解除等均适用中华人民共和国法律。

第八条 签约日期、地点

本协议由甲方、乙方于____年____月____日在中国广东省东莞市____镇×××有限公司签署。

第九条 其他

1. 本协议自甲方法定代表人签名并加盖甲方印章、乙方拟定法定代表人签名后生效。

2. 本协议以中文签署,协议文本一式六份,具有同等效力。甲方、乙方各执一份,其余用于提交给审批机关、登记机关。

甲方:×××××有限公司(盖章)

法定代表人(签名):

乙方:×××××有限公司

拟定法定代表人(签名)

附三:公司分立公告

西安鹏程机电设备有限公司
公司分立公告

根据公司2011年2月15日股东会议决议,西安鹏程机电设备有限公司拟派生分立为西安鹏程机电设备有限公司和西安鹏程新材料高压壳体有限公司。分立前公司的债务由分立后的公司承担连带责任或由西安鹏程机电设备有限公司与债权人另行签订债务清偿协议。

根据公司法和相关法律法规的规定,请债权人自接到通知之日起30日内,未接到通知的自本次公告之日起45日内,对自己是否要求本公司清偿债务或者提供相应的担保作出决定,并于该期间内通知本公司,否则,本公司将视其为没有提出要求。特此公告!

联系人:王××、李×××

联系电话:84512627

地址:西安市未央区三桥街道建章路中段路东

西安鹏程机电设备有限公司

2011年3月1日

第十一章　公司解散、清算与终止知识与应用

第一节　公 司 解 散

【基础知识】

一、公司解散概述

“解散”这一概念在我国的使用比较混乱，学者对此有不同的理解，学理上未形成统一的认识。有的学者认为，公司解散是公司法人资格消灭的原因；有的学者认为，公司解散是公司法人资格消灭的程序；还有的学者则认为，公司解散是公司法人资格消灭的原因和程序。本书的观点是，公司解散是指公司终止事由出现后至公司终止前的一种事实状态。

公司解散不同于公司终止。公司终止是指公司根据法定程序彻底结束经营活动并使公司的法人资格归于永久消灭的事实状态和法律结果。由此可见，公司终止是公司的法人资格消灭。而公司解散后，公司人格并未消灭。公司人格消灭前依法须先行完成清算，再办理公司注销登记和公告。

公司解散虽不直接消灭公司的法人资格，但公司解散导致公司进入清算状态，产生一系列的法律后果。首先，公司一旦解散，除进行与清算有关的活动外，不得进行任何经营性活动。其次，公司职权由清算组来执行，原代表机关和业务执行机关的董事会不再对外代表公司行使职权。但公司的股东会和监事会并不因此解散，其仍然存在并仍可以行使法律或章程规定的职权。另外，公司与股东的法律关系也不受影响，公司法中关于股东与公司关系的规定仍然适用。

二、公司任意解散

公司解散事由，在理论上分为任意解散和被强制解散。任意解散，也称自愿解散，是指公司基于其公司或股东的意志而自行解散。这种解散并非因外在原因被迫解散，而取决于公司章程的规定或者股东的意志，具体包括：

（一）公司章程规定的解散事由出现

当公司出现公司章程规定的解散事由时，公司即当解散，无须股东会（包括

股份有限公司的股东大会,下同)另行作出解散决议。相反,欲使公司继续存续,则应由股东会作出决议。

1. 公司经营期限届满

公司章程规定的存续期限届满,公司应予解散。但在公司存续期限届满前,股东会可以通过决议,即有限责任公司经持有2/3以上表决权的股东通过,股份有限公司经出席股东大会会议的股东所持表决权2/3以上通过作出决议,使公司在经营期限届满后继续存在,并修改公司章程。

2. 公司章程规定的其他解散事由

当公司章程规定的解散事由出现时,公司即可解散,按照法律和公司章程规定的清算办法进行清算。但股东会可以通过决议修改公司章程,使公司得以延续而不解散。

(二)股东会决议解散

公司在经营期间,虽无法定或章程规定的解散事由出现,但经股东会决议可以解散公司。有限责任公司的解散决议,须经代表2/3以上表决权的股东通过;股份有限公司的解散决议须经出席会议的股东所持表决权的2/3以上通过。国有独资公司因不设股东会,其解散的决定应由国家授权投资的机构或部门作出。中外合资有限责任公司也不设股东会,其董事会可以决议解散。

(三)公司因合并或分立而解散

公司因合并或分立可能导致现有公司的解散。在吸收合并时,除一公司继续存在外,其他参与合并的公司均解散;在新设合并时,参与合并的原有公司均解散。在新设分立时原公司解散,并设立新公司。

三、公司被强制解散

强制解散是由于有权机关作出公司解散决定而被迫解散。强制解散具体分为以下几种:

(一)因公司出现僵局而司法解散

司法解散,通常是指人民法院根据股东的诉讼请求,依照法律规定裁决公司解散的情形。根据《公司法》第182条的规定,公司经营管理发生严重困难的,继续存续会使股东利益受到重大损失,通过其他途径不能解决的,持有公司表决权10%以上的股东,可以请求人民法院解散公司。

公司在存续运行中由于股东之间矛盾激化而处于僵持状况,导致股东会、董事会等公司机关不能按照法定程序作出决策,从而使公司陷入无法正常运转、甚至瘫痪的状况,理论上称为公司僵局。

在公司僵局的情形下,公司或股东又无其他救济措施,法律便允许股东向法院提起诉讼,请求法院解散公司。公司股东行使公司解散请求权,应满足以下四个条件：

第一，公司必须陷入僵局。即公司的运行机制完全失灵，股东（大）会、董事会等权力机构和管理机构无法对公司的任何事项作出任何决议，公司的一切事务处于瘫痪状态，并由此导致公司继续存在会使股东利益受到重大损失。

根据《公司法解释二》第1条的规定，符合条件的股东可以下列事由之一提起解散公司诉讼：(1)公司持续两年以上无法召开股东会或者股东大会，公司经营管理发生严重困难的；(2)股东表决时无法达到法定或者公司章程规定的比例，持续两年以上不能做出有效的股东会或者股东大会决议，公司经营管理发生严重困难的；(3)公司董事长期冲突，且无法通过股东会或者股东大会解决，公司经营管理发生严重困难的；(4)经营管理发生其他严重困难，公司继续存续会使股东利益受到重大损失的情形。第(1)、(2)项属于股东会出现僵局，第(3)项是董事会僵局，且无法通过股东会解决。

第二，请求的主体须为单独或者合计持有公司全部表决权10%以上的股东。请求解散公司事关公司的前途命运，属于公司的重大事项，涉及全体股东的根本利益，为防止股东滥用诉权，规定了享有请求权的股东持股比例，且在法定解散事由发生时及在诉讼过程中仍应具有公司股东身份。

第三，公司僵局不能通过其他途径予以解决。通常情况下在公司经营管理发生严重困难时，司法解散应该是解决僵局的最终的救济手段。如果还可以通过其他途径予以解决，则不应采用司法解散。《公司法解释二》第5条明确规定："人民法院审理解散公司诉讼案件，应当注重调解。当事人协商同意由公司或股东收购股份，或者以减资等方式使公司存续，且不违反法律、行政法规强制性规定的，人民法院应予支持。当事人不能协商一致使公司存续的，人民法院应当及时判决。"

第四，股东提起解散公司诉讼应当以公司为被告。原告以其他股东为被告一并提起诉讼的，人民法院应当告知原告将其他股东变更为第三人；原告坚持不予变更的，人民法院应当驳回原告对其他股东的起诉。原告提起解散公司诉讼应当告知其他股东，或者由人民法院通知其参加诉讼。其他股东或者有关利害关系人有权申请以共同原告或者第三人身份参加诉讼。

（二）行政解散

行政解散，是指当公司经营行为违反法律、行政法规，严重损害国家或社会公共利益时，行政主管机关可依法作出解散公司的决定。依据《公司法》第180条第4项规定，公司因依法被吊销营业执照、责令关闭或者被撤销而解散。公司一旦受到吊销营业执照、责令关闭或者被撤销等行政处罚时，必然引起公司解散。公司严重违法不仅仅指公司法，也包括违反其他法律、行政法规，如《产品质量法》、《环境保护法》等,被有关主管机关责令关闭、吊销经营许可证等,并因此而解散。

(三)宣告破产

宣告破产是指人民法院依据当事人的申请,依法宣告债务人破产以清偿债务的活动。自法院作出破产宣告之日起,公司即告解散。宣告公司破产而导致公司解散,该等效力系因法律规定而直接产生,属于当然解散或者法定解散。

【应用操作训练】

训练目的

通过实际操作训练,使得同学们对公司解散有一更深入的理解,并掌握公司解散的定义,解散的原因,解散的效力等,同时能够熟练运用所学知识。

【操作训练一】

训练形式:法律咨询

训练素材

2010年,苏某与刘某共同出资设立四川惠松工程机械有限责任公司(以下简称惠松公司),注册资本100万元,股东刘某出资51万元,占公司资本的51%,苏某出资49万元,占公司资本的49%。刘某担任法定代表人、执行董事,苏某任总经理。

2010年5月,苏某向律师陈述,公司经营过程中,刘某独占公司的经营、财务、人事等权利。2011年11月28日,惠松公司擅自解除自己的总经理职务。公司自成立近3年时间未按公司章程规定召开过股东会会议,原告曾多次要求召开股东会会议,刘某要么拒绝,要么在召开股东会会议时,两人一番吵闹后不欢而散,什么决议也作不出。而且公司自成立后,一直没有分红。苏某找到刘某,要求分红。刘某以公司没有利润而拒绝,也不允许他查看公司财务账目。苏某曾试图卖掉自己的股份,但包括刘某在内,没有人愿意购买。

苏某多次提出解散公司,但股东会未通过解散公司的决议。公司已经有3年的时间无法正常经营,长此以往,不但公司的财产损失殆尽,自己的利益也将遭受重大损失。于是,苏某向律师咨询,遇此情形,依法该如何处理。[1]

训练要求

请你作为律师,依法回答苏某提出的问题,并给其提出法律意见和建议,并根据你的建议,为苏某撰写民事起诉状。

---

〔1〕 江平、李国光主编:《最新公司法案例评析》,人民法院出版社2006年版,第588页。

【操作训练二】

训练形式：举办模拟法庭、课堂辩论、案例研究

训练素材

李某和王某共同出资组建了利国租赁有限责任公司，其中，李某占67%的股份，王某占33%的股份。公司营业期限为15年。一年后，因李某独揽财政和决策大权，王某十分不满，遂要求撤股。遭李某拒绝后，王某诉至法院，要求解散利国公司，清算公司财产，按股份享有权利、承担义务。

一审法院经过审理，判决解散利国公司，并且通过清算，判决公司给付王某按股份应得的收益。一审法院判决后，李某不服，以原判处理不公，判决公司解散于法无据为由提出上诉，不同意解散公司。二审法院经过审理认为，李某的上诉理由成立，故撤销原判，驳回了王某的起诉。王某不服，说自己撤股撤不了，解散散不了，股东应有的所有权利也享受不了，坚持法院对该案进行再审。

上述案件的不同处理结果，代表了两种截然对立的观点。一种观点认为：从本质上看，公司是依据股东之间的合意而成立，而且有限责任公司的人合性体现得更为明显。当股东之间出现了无法合作的情形时，应允许股东提出解散公司的要求。另一种观点认为：公司一经成立，就享有独立的法人人格。公司法规定股东在公司登记后，不得抽回出资。除非股东依章程作出决议或出现其他法定情形，原则上公司股东不能要求解散公司，股东可以根据公司法的规定在股东之间或在股东与非股东之间转让其出资。[1]

训练要求

(1)举办模拟法庭。请同学们作为原告和被告，进行法庭辩论，并撰写起诉状、答辩状。合议庭的同学撰写判决书。(2)课堂辩论。根据本案案情，以及反映出的观点，就你所支持的观点或者就自己独立的观点，从法律规定和理论角度进行公开辩论，并写出书面法律意见书。(3)请同学们根据法律规定和公司法原理，撰写案例研究。

【操作训练三】

训练形式：课堂辩论、案例研究

训练素材

原告林方清诉称：常熟市凯莱实业有限公司(以下简称凯莱公司)经营管理发生严重困难，公司陷入僵局且无法通过其他方法解决，其权益遭受重大损害，请求解散凯莱公司。

被告凯莱公司及戴小明辩称：凯莱公司及其下属分公司运营状态良好，不符

---

〔1〕 王伟、陈学芹："有限责任公司股东解散请求权刍论"，载《人民司法》2002年第7期。

合公司解散的条件,戴小明与林方清的矛盾有其他解决途径,不应通过司法程序强制解散公司。

法院经审理查明:凯莱公司成立于2002年1月,林方清与戴小明系该公司股东,各占50%的股份,戴小明任公司法定代表人及执行董事,林方清任公司总经理兼公司监事。凯莱公司章程明确规定:股东会的决议须经代表1/2以上表决权的股东通过,但对公司增加或减少注册资本、合并、解散、变更公司形式、修改公司章程作出决议时,必须经代表2/3以上表决权的股东通过。股东会会议由股东按照出资比例行使表决权(各方当事人一致认可该"1/2以上"不包括本数)。2006年起,林方清与戴小明两人之间的矛盾逐渐显现。同年5月9日,林方清提议并通知召开股东会,由于戴小明认为林方清没有召集会议的权利,会议未能召开。同年6月6日、8月8日、9月16日、10月10日、10月17日,林方清委托律师向凯莱公司和戴小明发函称,因股东权益受到严重侵害,林方清作为享有公司股东会1/2一表决权的股东,已按公司章程规定的程序表决并通过了解散凯莱公司的决议,要求戴小明提供凯莱公司的财务账册等资料,并对凯莱公司进行清算。同年6月17日、9月7日、10月13日,戴小明回函称,林方清作出的股东会决议没有合法依据,戴小明不同意解散公司,并要求林方清交出公司财务资料。同年11月15日、25日,林方清再次向凯莱公司和戴小明发函,要求凯莱公司和戴小明提供公司财务账册等供其查阅、分配公司收入、解散公司。

另查明,从2006年6月1日至今,凯莱公司未召开过股东会。服装城管委会调解委员会于2009年12月15日、16日两次组织双方进行调解,但均未成功。

裁判结果:江苏省苏州市中级人民法院于2009年12月8日以(2006)苏中民二初字第0277号民事判决,驳回林方清的诉讼请求。宣判后,林方清提起上诉。江苏省高级人民法院于2010年10月19日以(2010)苏商终字第0043号民事判决,撤销一审判决,依法改判解散凯莱公司。[1]

训练要求

请同学们根据本案案情和法律规定,你认为本案是否应当判决公司解散,并详细说明理由,并根据本案以及法律规定、公司法原理等写出一篇案例研究。

---

〔1〕 最高人民法院指导案例8号《林方清诉常熟市凯莱实业有限公司、戴小明公司解散纠纷案》,最高人民法院审判委员会讨论通过,2012年4月9日发布。

第二节　公司清算与终止

【基础知识】

一、公司清算概述

公司的清算是指公司解散或被宣告破产后,依照法律程序处分其财产,终结其债权债务关系,从而消灭公司法人资格的法律行为。我国实行"先散后算"制度,公司清算完毕,向公司登记机关申请注销登记,公司法人资格从此消灭。

清算主要是对公司进行清资核产,了结公司未了结的法律事务,向股东分配公司剩余财产等。相对于公司终止而言,清算是公司终止的必经程序。由于公司解散之后终止之前唯一的活动就是清算,因此,此时的公司也称为清算法人。

理论上,公司清算有普通清算和特别消算之分。普通清算,是指由公司股东自行组成清算组织实施的清算,依法定程序行进行清算,是消灭公司主体资格、了解公司债权以及债务关系的最主要形式。

特别清算是指公司因被宣告破产,或者在普通清算发生显著障碍无法继续时,由法院指定人员组成清算组织,在法院监督下依法定程序进行清算。《公司法》第183条规定,公司因本法第181条第(1)项、第(2)项、第(4)项、第(5)项规定而解散的,应当在解散事由出现之日起十五日内成立清算组,开始清算,逾期不成立清算组进行清算的,债权人可以申请人民法院指定有关人员组成清算组,进行清算。根据该规定,公司解散后不进行普通清算时,将由普通清算转化为特别清算。

此外,公司清算还有破产清算与非破产清算之分。我国《公司法》规定,公司被依法宣告破产的,依照有关企业破产的法律规定实施破产清算。非破产清算,又称正常清算,是指公司非因破产而致公司解散时对公司所进行的清算。我国《公司法》第187条规定:"因公司解散而清算,清算组在清理公司财产、编制资产负债表和财产清单后,发现公司财产不足清偿债务的,应当立即向人民法院申请宣告破产。公司经人民法院裁定宣告破产后,清算组应当将清算事务移交给人民法院。"[1]非破产

---

〔1〕　最高人民法院《关于适用〈中华人民共和国公司法〉若干问题的规定(二)》第17条规定:"人民法院指定的清算组在清理公司财产、编制资产负债表和财产清单时,发现公司财产不足清偿债务的,可以与债权人协商制作有关债务清偿方案。债务清偿方案经全体债权人确认且不损害其他利害关系人利益的,人民法院可依清算组的申请裁定予以认可。清算组依据该清偿方案清偿债务后,应当向人民法院申请裁定终结清算程序。债权人对债务清偿方案不予确认或者人民法院不予认可的,清算组应当依法向人民法院申请宣告破产。"

清算因此而转化为破产清算。本章所讲的清算仅指非破产清算。

二、清算组的组成

清算组是指公司解散后终止前,履行清算职责,对外代表公司的机关。根据《公司法》第183条规定,公司应当在解散事由出现之日起15日内成立清算组,开始清算。逾期不成立清算组进行清算的,债权人可以申请人民法院指定有关人员组成清算组,进行清算。另根据最高人民法院《关于适用〈中华人民共和国公司法〉若干问题的规定(二)》(以下简称《公司法解释二》)第7条规定,有下列情形之一,债权人或者股东可以申请人民法院指定清算组进行清算:(1)公司解散逾期不成立清算组进行清算的;(2)虽然成立清算组但故意拖延清算的;(3)违法清算可能严重损害债权人或者股东利益的。该规定一是增加了申请法院组成清算组的申请人,即债权人和股东;二是增加了可以向法院申请组成清算组的情形。

根据《公司法》第183条规定,有限责任公司的清算组由股东组成,股份有限公司的清算组由董事或者股东大会确定的人员组成。在清算组的具体组成人员中,除公司的股东等人员外,还可以聘请会计师、律师等专业人员或者律师事务所、会计师事务所等中介机构作为清算组的成员。

三、清算组的职权

清算组成立后,公司即进入清算程序,由清算组对内履行清算职权、对外代表公司,此时公司董事会,包括经理停止执行职务。清算组存在于公司解散后终止前,取代董事会的地位,执行与公司清算有关的各项工作,但不得从事经营性活动。我国《公司法》第184条规定,清算组在清算期间行使下列职权:

(一)清理公司财产,编制资产负债表和财产清单

清算组成立以后,应当对公司的财产进行全面清理和核查,并分别编制资产负债表和财产清单。资产负债表是指全面反映公司资产、负债和股东权益的会计报表,由公司资产、负债和股东权益三部分组成。财产清单是指公司全部资产的明细表,包括公司的固定资产、流动资产、无形资产和其他资产。查清公司的资产是公司进行清算的前提条件,没有查清公司的资产,清算工作无法继续进行。

(二)通知、公告债权人

《公司法》第185条规定:“清算组应当自成立之日起10日内通知债权人,并于60日内在报纸上公告。”清算组应当将公司解散清算事宜书面通知全体已知债权人,并根据公司规模和营业地域范围在全国或者公司注册登记地省级有影响的报纸上进行公告最高人民法院《公司法解释二》第11条。

清算组未履行通知和公告义务,导致债权人未及时申报债权而未获清偿,债

权人有权要求清算组成员对因此造成的损失承担赔偿责任。

(三)对债权人申报债权进行登记

《公司法》第185条规定,债权人应当自接到通知书之日起30日内,未接到通知书的自公告之日起45日内,向清算组申报其债权,债权人申报债权,应当说明债权的有关事项,并提供证明材料。清算组应当对债权进行登记。债权人逾期未申报债权的,视为自动放弃债权。在申报债权期间,清算组不得对债权人进行清偿。

根据《公司法解释二》第12条、第13条的规定,债权人对清算组核定的债权有异议的,可以要求清算组重新核定。如果清算组不予重新核定,或者债权人对重新核定的债权仍有异议,债权人可以公司为被告向人民法院提起诉讼请求确认。

债权人在规定的期限内未申报债权,在公司清算程序终结前补充申报的,清算组应予登记。公司清算程序终结是指清算报告经股东会、股东大会或者人民法院确认完毕。

债权人补充申报的债权,可以在公司尚未分配的财产中依法清偿。公司尚未分配的财产不能全额清偿,债权人可以要求股东以其在剩余财产分配中已经取得的财产予以清偿的。但债权人因重大过错未在规定期限内申报债权的除外(《公司法解释二》第14条)。

(四)清收债权

债务人对解散公司所欠债务,由清算组负责清收。此外,由于公司资本实行认缴制,因此,股东认缴而未实际缴纳的出资,以及股东未按公司章程规定应当缴纳的出资、抽逃的出资,在公司清算时一律清收,并入公司财产。对此,《公司法解释二》第22条明确规定:“公司解散时,股东尚未缴纳的出资均应作为清算财产。股东尚未缴纳的出资,包括到期应缴未缴的出资,以及依照《公司法》第26条和第80条的规定分期缴纳尚未届满缴纳期限的出资。公司财产不足以清偿债务时,债权人主张未缴出资股东,以及公司设立时的其他股东或者发起人在未缴出资范围内对公司债务承担连带清偿责任的,人民法院应依法予以支持。”

(五)处理与清算有关的公司未了结的业务

所谓与清算有关的公司未了结的业务,主要是指公司解散之前已经订立的但尚未履行或者未完全履行的合同,清算组负责继续履行或者解除该合同。清算组处理与清算有关的公司未了结的业务,应当遵守法律、行政法规的规定,并应当有利于保护公司全体债权人的合法权益。

(六)分配公司财产

清算组在清理公司财产、编制资产负债表和财产清单后,制定清算方案,并报股东会、股东大会或者人民法院确认(由人民法院组成清算组的)后,公司财产按以下顺序分配:(1)支付清算费用;(2)职工的工资、社会保险费用和法定补偿金;(3)缴纳所欠税款;(4)清偿公司债务;(5)股东分配公司剩余财产。清算组清偿完毕前述4项顺后的公司剩余财产,有限责任公司按照股东的出资比例分配,股份有限公司按照股东持有的股份比例分配。

未经确认的清算方案,清算组不得执行。执行未经确认的清算方案给公司或者债权人造成损失,公司、股东或者债权人有权要求清算组成员承担赔偿责任。

(七)代表公司参与民事诉讼活动

公司依法清算结束并办理注销登记前,有关公司的民事诉讼,应当以公司的名义进行。公司成立清算组的,由清算组负责人代表公司参加诉讼;尚未成立清算组的,由原法定代表人代表公司参加诉讼。在清算期间,如果已解散的公司要起诉或者应诉,清算组在其职权范围内代表公司进行民事诉讼活动。

四、公司注销登记

《公司法》第188条规定,清算组对公司清算结束后,应当制作清算报告,报股东会、股东大会或者人民法院确认,并报送公司登记机关,申请注销公司登记,公告公司终止。上述工作也是清算组的职权(职责)。公司自注销登记之日起,公司法人资格终止,即公司消灭。

申请注销登记时提交下列文件:(1)公司清算组负责人签署的注销登记申请书;(2)公司依照公司法作出的决议或者决定,或行政机关责令关闭的文件;(3)股东会、股东大会或者人民法院确认的清算报告;(4)《企业法人营业执照》;(5)法律、行政法规规定应当提交的其他文件。

【应用操作训练】

训练目的

通过实际操作训练,加深理解和掌握公司解散后清算组的组成、职权及其法律责任等,能够将所学知识熟练运用于实践,培养学生实际操作能力。

【操作训练一】

训练形式:模拟公司清算

训练素材

同学们分组,每组自行收集案例,设计编排某有限责任公司解散以及公司的各相关情形,然后组成清算组进行清算。

训练要求

每组同学根据自行设计的某有限责任公司解散及其他相关情形,依据法律规定的要求组成清算组，对公司进行清算。要求每组同学按照公司法等法律规定的清算要求，撰写并提交完成清算工作的整套材料。

【操作训练二】

训练形式：课堂辩论

训练素材

1999 年 8 月，原余姚市建筑材料工业公司，因企业改制变更为余姚市城乡建材房屋开发有限公司，股东为杨先生、陈先生等 29 名原内部职工，注册资金为 207 万元。2014 年 9 月 1 日，公司因未参加工商年检，被工商行政管理局吊销营业执照，公司召开股东会，股东会虽一致同意成立清算组依法清算，但陈、杨两派股东在清算组成员组成及人数上产生严重分歧。以陈先生为首的一派股东（占公司股份 63.8%）决定由陈先生、闻先生等 5 人组成清算组，并于 6 月 3 日以公司清算小组名义通知了全体股东。

杨先生等 9 名股东则认为这样的决议损害了股东权益，于是，6 月 13 日杨先生等 9 名股东起诉另外 20 名股东，要求法院判令宣告上述股东会决议无效。

庭审中，原告方认为，股东会关于“由陈先生等五人组成清算组”的决议，既在股东表决权份额上未达至《公司法》规定的 2/3 以上绝对多数，亦有违《公司法》关于清算组由全体股东及有关机关和专业人员组成的规定，应属无效。

但是被告方认为，清算组组成人员的表决并不适用《公司法》关于 2/3 以上表决权通过的相关规定，公司章程也无此特别规定，进行清算及成立清算组是全体股东一致同意的，由陈先生等五人组成清算组也经多数有表决权的股东通过，并无违法之处，不因此而影响该事项决议的有效性，请求依法驳回原告的诉讼请求。[1]

训练要求

请同学们进行分组，依据法律规定和公司法理论，对公司清算组的组成是否合法有效的问题，就各自的组织进行讨论和辩论，并写一份分析报告。

【操作训练三】

训练形式：法律咨询、撰写法律意见书

训练素材

A 有限责任公司由刘某、张某和吴某共同出资设立，注册资本 50 万元。根据工商部门登记资料，刘某占公司注册资本总额的 75%，法定代表人张某和吴某分别占公司注册资本总额的 20% 和 5%。

2003 年，A 公司因经营之需向 B 公司借款人民币 10 万元，约定日后归还，

---

〔1〕 本案例选自：“少数股东组成的清算组无效”，载《人民法院报》2004 年 10 月 8 日第 5 版。

但未按约还款。后公司法定代表人因犯诈骗罪被判有期徒刑十五年。因未按时年检,A公司被工商行政管理部门吊销了营业执照。但A公司一年多未组成清算组进行清算,公司的全部资产不知去向。B公司得知后,要求A公司的三位股东还款。刘某承认借款事实,但认为他未全额出资,其部分投资款是由开发区垫付。张某和吴某则认为,自己未按出资比例投资,也未收到公司的红利,自己不是股东,拒绝还款。B公司向律师咨询,其依法该如何维护自己的权益,主张债权。

训练要求

请你作为律师,依据相关法律规定为其提供法律意见和建议,并进行详细分析和论证,给B公司写一份完整的法律意见书。

附一:公司解散及成立清算组的股东会决议

公司解散及成立清算组的股东会决议

根据《公司法》及本公司章程的有关规定,_______公司临时股东会会议于____年____月____在_________召开。本次会议由______提议召开,______于会议召开____日以前以____方式通知全体股东,应到会股东____人,实际到会股东____人,占总股数____%。会议由____主持,形成决议如下:

一、基于__________的原因,同意解散__________公司。

二、成立清算组,成员为_____、_____、_____,其中___为清算组负责人。

三、清算组在成立之日起10日内应当将清算组成员、清算组负责人名单向公司登记机关办理备案。

四、清算组成立之日起10日内通知债权人,并于60日内在报纸上公告。在清理公司财产、编制资产负债表和财产清单后,及时制定清算方案,报股东确认。

五、清算结束后,清算组应制作清算报告,报股东确认。

以上事项表决结果:同意的,占总股数____%

不同意的,占总股数____%

弃权的,占总股数____%

股东(签字、盖章)

记录人:

年　　月　　日

附二:公司解散清算公告

长沙浦沅废旧物资有限公司
解散清算公告

长沙浦沅废旧物资有限公司股东会议,于2013年7月25日作出决议,决定解散公司,并于2013年7月26日成立了公司清算组。为保护本公司债权人的合法权益,自本公告发布之日起45日内,请公司债权人向本公司清算组申报债权。

清算组联系方式:0731－85667467

清算组联系人:刘题逊

特此公告。

长沙浦沅废旧物资有限公司清算组
2013年7月31日

附三:清算报告

××××有限公司
清算报告

本公司清算组出具的清算报告已经公司股东审核确认,报告内容不含虚假,如有虚假,本股东愿承担一切法律责任。

根据本公司××××年××月××日的股东会会议,解散××××有限公司(以下简称公司),并于××××年××月××日成立清算组,清算组由×××、×××组成,清算组负责人由×××担任,并于××××年××月××日在工商部门核准备案登记。清算组人员已对××××有限公司进行了完全彻底的清算,具体清算结果如下:

一、清算公告情况

我公司已于××××年××月××日在《××××》上刊登清算公告,要求债权人申报债权。

二、资产及债权、债务清理情况

(1)公司清算期初存货××元,清算期间处置存货收入现金××元,差额××元转入清算损益。清算期初固定资产净值××元,作价××元出售给××××,处置固定资产差额××元转入清算损益。

(2)由于公司债权不多,客户信誉良好,经过我们清算组的不懈努力,清算期末应收账款余额××元已全部收回。

(3)公司债务不多,我们在处理资产和收回应收款项同时,用现金归还××元,与应收账款对冲××元,清算期末已支付完所有债务。

三、缴付所欠税款

公司已缴清所欠税款及清算过程中产生的税款,并已于××××年××月××日注销了国税税务登记证,××××年××月××日注销了地税税务登记证。

四、支付职工工资、社会保险费用和法定补偿金

职工工资、社会保险费用和法定补偿金××元在于××××年××月××日前全部支付完毕。

五、支付清算费用

清算组人员在债权追讨、清偿债务等清算过程中所发生的费用和清算组人员工资××元均在××××年××月××日前支付完毕(日期应在清算工作结束后)。

六、人员安排

所有员工均在清算结束前安排妥当。

七、分公司和对外投资

公司没有办理分公司(××××有限公司××分公司已于××××年××月××日经工商部门核准注销登记),清算期末没有进行对外投资。

八、会计资料保管

经股东会/股东研究决定由×××保管公司的会计凭证、会计账簿、财务会计报告及其他会计资料。

九、剩余财产分配

公司财产在支付上述所有款项后,截至清算期末,公司资产总额××元,其中:流动资产××元;负债总额××元;净资产总额××元。股东按实缴出资比例分配净资产,其中,×××占××%,×××占××%。

综上所述,清算组对××××公司的清算工作已完成,全体股东保证公司债务已清偿完毕,所报清算备案材料真实、完整,并承担由此产生的一切责任。

清算组成员签字:

××××有限公司

清算组

××××年××月××日

第三节　公司清算中的法律责任

【基础知识】

公司解散后，须由具体的人或者组织负责组成清算组，启动清算程序，否则，清算工作将无法开展。清算组组成后的清算阶段，清算组替代董事会作为清算中公司的机关，其履行职务必须遵守法律、法规和公司章程的规定及股东会的决议。为此，为了明确权利、义务和责任，《公司法》、《公司法解释二》做了专门规定。

一、公司股东、董事和实际控制人的责任

（一）逾期成立清算组的法律责任

《公司法解释(二)》第18条规定，有限责任公司的股东、股份有限公司的董事和控股股东未在法定期限内成立清算组开始清算，导致公司财产贬值、流失、毁损或者灭失，债权人主张其在造成损失范围内对公司债务承担赔偿责任的，人民法院应依法予以支持。根据上述规定，一方面，债权人或者公司股东有权申请人民法院组成清算组。另一方面，有限责任公司的全体股东、股份有限公司的董事和控股股东有义务在法定期限内成立清算组，开展清算工作。否则将承担相应的法律责任。上述情形系实际控制人原因造成，债权人有权要求实际控制人对公司债务承担相应的民事责任。

（二）财产、账册和文件灭失的责任

有限责任公司股东或者股份有限公司的董事和控股股东怠于履行其义务，导致财产、账册和文件灭失的，应对债权人承担连带清偿责任。上述情形系因实际控制人原因造成，债权人有权要求实际控制人对公司债务承担相应民事责任。

（三）恶意处置财产的责任

《公司法解释(二)》第19条规定，有限责任公司的股东、股份有限公司的董事和控股股东，以及公司的实际控制人在公司解散后，恶意处置公司财产给债权人造成损失，或者未经依法清算，以虚假的清算报告骗取公司登记机关办理法人注销登记，债权人主张其对公司债务承担相应赔偿责任的，人民法院依法予以支持。

（四）未经清算办理注销登记责任

公司解散应当在依法清算完毕后，申请办理注销登记。公司未经清算即办理注销登记，导致公司无法进行清算，债权人主张有限责任公司的股东、股份有限公司的董事和控股股东，以及公司的实际控制人对公司债务承担清偿责任的，人民法院应依法予以支持(《公司法解释(二)》第20条)。

(五)注销登记时的承诺清偿责任

公司未经依法清算即办理注销登记，股东或者第三人在公司登记机关办理注销登记时承诺对公司债务承担责任，债权人主张其对公司债务承担相应民事责任的，人民法院应予支持。

《公司法解释(二)》第21条规定："对于上述的各种法律责任，有限责任公司的股东、股份有限公司的董事和控股股东，以及公司的实际控制人为二人以上的，其中一人或者数人按照本规定第18条和第20条第1款的规定承担民事责任后，主张其他人员按照过错大小分担责任的，人民法院应依法予以支持。"

二、清算组成员的法律责任

《公司法》第189条规定："清算组成员应当忠于职守，依法履行清算义务。清算组成员不得利用职权收受贿赂或者其他非法收入，不得侵占公司财产。清算组成员因故意或者重大过失给公司或者债权人造成损失的，应当承担赔偿责任。"公司在进行清算时，清算组成员不得隐匿财产，对资产负债表或者财产清单作虚假记载，不能在未清偿债务前分配公司财产，不得利用职权徇私舞弊、谋取非法收入或者侵占公司财产。否则，将承担相应的民事责任和行政责任。《公司法解释(二)》第23条规定，清算组成员从事清算事务时，违反法律、行政法规或者公司章程给公司或者债权人造成损失，公司或者债权人有权要求其承担赔偿责任。此外，有限责任公司的股东、股份有限公司连续180日以上单独或者合计持有公司1%以上股份的股东，依据《公司法》第151条第3款的规定，有权对清算组成员的上述行为向人民法院提起诉讼。

三、公司解散与清算案件的诉讼管辖

根据《公司法解释(二)》第24条规定，解散公司诉讼案件和公司清算案件由公司住所地人民法院管辖。公司住所地是指公司主要办事机构所在地。公司办事机构所在地不明确的，由其注册地人民法院管辖。

基层人民法院管辖县、县级市或者区的公司登记机关核准登记公司的解散诉讼案件和公司清算案件；中级人民法院管辖地级、地级市以上的公司登记机关核准登记公司的解散诉讼案件和公司清算案件。

【应用操作训练】

训练目的

同学们通过实际操作训练，进一步理解和掌握公司解散后负责组成清算组、启动清算程序的具体责任人,掌握清算义务人、清算组成员因违法应承担的法律责任,并能够熟练运用相关法律。

【操作训练一】

训练形式:模拟公司清算、模拟法庭、制作法律文书

训练素材

杭州市久灵装饰设备有限公司(以下简称久灵公司)由股东毛峰、文章、李婵共同出资设立,公司注册资本150万元,其中,毛峰出资100万元;文章出资25万元;李婵出资25万元。2012年,西湖区鼎峰装饰材料有限公司(以下简称材料公司)给久灵公司供应了一批装饰材料,货款为50万元,但久灵公司始终未支付货款。材料公司追债时发现,久灵公司因严重违法已于2013年12月被吊销企业法人营业执照,但现在已过去一年多了也未组成清算组进行清算。

材料公司在追偿债务过程中还查明:第一,毛峰出资100万元,但实际缴纳了70万元,直至公司解散也未全部缴纳出资;第二,公司解散后,李婵将公司名下的一辆价值10万元的轿车在未付分文的情况下私自过户到自己名下;第三,久灵公司的部分账册已经不知去向,无法查明公司现有的全部资产。材料公司要求股东清偿债务,但各股东均以该款项是公司所欠,与自己无关为由拒绝清偿。现材料公司不知该如何维护自己的权益,追回久灵公司所欠的50万元货款。

训练要求

(1)请你根据本案案情以及法律规定,为材料公司提供一份完整的法律意见书,提出法律意见和建议。(2)请你作为材料公司的代理人,通过依法向法院申请组成清算组,模拟清算组对公司进行清算,并依法追究责任的法律人,主张债权。(3)代为起草民事诉讼状、答辩状、判决书。

【操作训练二】

训练形式:法律咨询、法律意见书

训练素材

江苏省兴化市锡山车行(以下简称锡山车行)与兴化市雄源五金交电建工有限公司(以下简称雄源公司)因摩托车联营销售合同纠纷诉至法院。法院依法判决:终止原、被告双方所订联营销售合同的履行;被告在判决生效后立即归还原告摩托车销售款17,300元。一审民事判决生效后,权利人锡山车行于2012年12月向法院申请执行。

法院在执行过程中查明:被执行人雄源公司系有限责任公司,注册资本50万元(实物出资),股东顾中明和舒远湘各出资25万元,租房经营,法定代表人为顾中明,2013年7月22日经工商行政管理部门核准注销。该公司在经营期间

未建立完善的财务、会计制度，申请注销公司登记时也没有依法进行清算。[1]

申请执行人锡山车行向律师咨询，现在公司已经不存在了，其 17,300 元债权依法该如何主张。

训练要求

请你作为律师，为申请执行人锡山车行出谋划策，依据相关规定为其提供法律意见和建议，特别是依法可以向谁主张该笔债权，出具一份完整的法律意见书。

---

〔1〕 卞文斌："此案能否变更股东为被执行人"，载 http://www.china,court.com，最后访问日期：2015 年 9 月 23 日。

主要参考文献

范健、王建文:《公司法》,法律出版社 2015 年版。

施天涛:《公司法论》,法律出版社 2014 年版。

宋晓明、刘俊海主编:《人民法院公司法指导案例裁判要旨通纂》,北京大学出版社 2014 年版。

甘培忠:《企业与公司法学》,北京大学出版社 2014 年版。

史际春:《企业和公司法》,中国人民大学出版社 2014 年版。

赵江、王雨静主编:《公司法基础与实务》,中国政法大学出版社 2013 年版。

叶林:《证券法》,中国人民大学出版社 2013 年版

赵旭东主编:《公司法学》,高等教育出版社 2012 年版。

时建中编著:《公司法原理精解、案例与运用》,中国法制出版社 2012 年版。

虞政平:《公司法案例教学》(上、下册),人民法院出版社 2012 年版。

刘俊海:《现代公司法》,法律出版社 2011 年版。

朱慈蕴:《公司法原论》,清华大学出版社 2011 年版。

刘俊海:《现代证券法》,法律出版社 2011 年版。

叶林主编:《公司法原理与案例教程》,中国人民大学出版社 2010 年版。

邓峰:《普通公司法》,中国人民大学出版社 2009 年版。

王德山:《公司法学》,中国政法大学出版社 2008 年版。

李建伟主编:《公司法案例:裁判经验与法理解释》,中国政法大学出版社 2008 年版。

顾功耘主编:《公司法》,北京大学出版社 2008 年版。

李智、席志国主编:《新编公司法案例教程》,中国民主法制出版社 2008 年版。

赵旭东等:《公司法实例与法理》,法律出版社 2007 年版。

曹兴权:《公司法的现代化:方法与制度》,法律出版社 2007 年版。

王保树、崔勤之:《中国公司法原理》,社会科学文献出版社 2006 年版。

李晓安主编:《现代企业法律规范与约束》,经济管理出版社 2006 年版。

周友苏:《新公司法论》,法律出版社 2006 年版。

王晓川主编:《新公司法典型案例评析》,中国工商出版社 2006 年版。

江平、李国光主编:《最新公司法案例评析》,人民法院出版社 2006 年版。

沈四宝:《西方国家公司法原理》,法律出版社 2006 年版。

石少侠:《公司法教程》,中国政法大学出版社 2006 年版。

贺荣主编:《公司法新型疑难案例判解》,法律出版社 2006 年版。

杨东、于敏译:《最新日本公司法》,法律出版社 2006 年版。

北京市第一中级人民法院民四庭:《公司法审判实务与典型案例评析》,中国检察出版社 2006 年版。

柯芳枝:《公司法论》,中国政法大学出版社 2004 年版。

王文宇:《公司法论》,中国政法大学出版社 2004 年版。

赵万一:《公司治理法律问题研究》,法律出版社 2004 年版。

江平主编:《新编公司法教程》,法律出版社 2003 年版。

刘连煜:《公司法原理》,中国政法大学出版社 2002 年版。

毛亚敏:《公司法比较研究》,中国法制出版社 2001 年版。

[日]末永敏和:《现代日本公司法》,金洪玉译,人民法院出版社 2000 年版。

冯果:《现代公司资本制度比较研究》,武汉大学出版社 2000 年版。

朱伟一:《美国公司法判例解析》,中国法制出版社 2000 年版。

胡果威:《美国公司法》,法律出版社 1999 年版。

黄学海等:《企业法公司法案例精选精析》,法律出版社 1999 年版。

朱慈蕴:《公司法人格否认法理研究》,法律出版社 1998 年版。

孔祥俊:《公司法要论》,人民法院出版社 1997 年版。

卞耀武主编:《当代外国公司法》,法律出版社 1995 年版。

图书在版编目(CIP)数据

公司法实训教程/王德山,张长利主编.—北京:法律出版社,2015.12

ISBN 978-7-5118-8695-8

Ⅰ.①公… Ⅱ.①王…②张… Ⅲ.①公司法—中国—教材 Ⅳ.①D922.291.91

中国版本图书馆CIP数据核字(2015)第267370号

公司法实训教程

王德山 张长利 主编

责任编辑 周丽君
装帧设计 李 瞻

开本 720毫米×960毫米 1/16
印张 16.25 **字数** 280千
版本 2016年2月第1版
印次 2016年2月第1次印刷
出版 法律出版社
编辑统筹 独立项目策划部
总发行 中国法律图书有限公司
经销 新华书店
印刷 三河市龙大印装有限公司
责任印制 张建伟

法律出版社/北京市丰台区莲花池西里7号(100073)
电子邮件/info@lawpress.com.cn
销售热线/010-63939792/9779
网址/www.lawpress.com.cn
咨询电话/010-63939796

中国法律图书有限公司/北京市丰台区莲花池西里7号(100073)
全国各地中法图分、子公司电话:
第一法律书店/010-63939781/9782
西安分公司/029-85388843
重庆公司/023-65382816/2908
上海公司/021-62071010/1636
北京分公司/010-62534456
深圳公司/0755-83072995

书号:ISBN 978-7-5118-8695-8
定价:48.00元
(如有缺页或倒装,中国法律图书有限公司负责退换)